心理臨床への手びき

初心者の問いに答える

田中千穂子

東京大学出版会

A Straightfoward Guide to Psychotherapy : Message to Beginners
Chihoko TANAKA
University of Tokyo Press, 2002
ISBN4-13-012036-0

目　次

第1章　本書の出発点 —— 1
　1　はじめに —— 1
　2　学びの核・学びの糧 —— 4
　3　こころをつかって聞くということ —— 8

第2章　プレイセラピーのワーク――非言語の世界につながるために —— 19
　I　非言語の世界とのつながり —— 19
　　1　二重同時話者への道 —— 19
　　2　「困る」ということ —— 22
　　3　プレイセラピーにあらわれる「対話する関係」 —— 23
　II　ロールプレイの実際 —— 27
　III　学生のコメントをもとに —— 29
　　1　「まじ」になる —— 29
　　　演技でなくなっていくフシギ
　　2　セラピストの頭の中・こころの中 —— 30
　　　自分のことで精一杯／「私に何を求めるの！」と叫びだしたいセラピスト／相手とむきあえる自分に／頭で考えすぎて何もできない／足元がぐらぐらするほどの不安
　　3　導入するとき —— 36
　　　お願いして遊んでもらう？!――初回の導入のむずかしさ／お母さんから離さないで！――子どもの悲鳴／一体何をしてくれるの！――父親役をやってみた実感／これほどまでに不安な私――母親役をやってみた実感
　　4　プレイセラピーって？ —— 42

「何をしてもいい」と言われても——クライエントが感じる重荷／「何もしたくない」ということは？／"一緒に嘆く"むずかしさ／ためす行為の背後にある、セラピストへの期待感／「せんせいの赤ちゃんになりたい！」「彼氏になって！」と言われて／"何とかしなくちゃ"病／玩具についての知識はどのくらい？・子ども独自のルールの奨励／意識しない部分での必然性としての行動／手を貸す、助けるっていうことは？／敬語をつかう？・フランクにしゃべる？

5　攻撃性ととっくんで ──────────────── 57

粘土をなすりつけられて／苦し紛れのひとこと——それで生まれる視点の転換／"偶然"を味方につけて／自分の世界にはいりこんでしまう子になってみて／「ここで遊べなくなるよ」って言ってみた——限界設定／死んだらよみがえろう！

6　関わること・関わり方 ─────────────── 68

言いだしにくいセラピストへのクレーム／どっちが先に部屋にはいる？／「これっていつまでやるの？」は何のサイン？／私（セラピスト）の存在はどんな意味？／話しかけるということは／ぴったりあう、っていうことも

7　終わるとき ───────────────────── 76

せんせいを困らせた、いたずら成功！——お帰りのごね／次の子の方が大切なの？

第3章　箱庭ワーク──自分に触れる・自分にとどく ──── 83

I　箱庭療法 ────────────────────── 83

1　箱と砂で奏でる世界 ──────────────── 84
2　"おき手"と"み手"の関係性 ─────────── 85
3　象徴ということ ───────────────── 86
4　個性化の過程へのいざない——自己理解のための箱庭 ── 87

II　箱庭ワークの実際 ───────────────── 90

III　学生のコメントをもとに ─────────────── 92

1　箱庭をおいてみて ──────────────── 92

自分の内面がでるなんて！／のみこまれる怖さ・侵入される怖さ／形にしようとする"しんどさ"／あくまでも自分のために／"み手"の影響／プロセスとしての箱庭／コメントのなかに響く"み手"の姿勢／他者とは"自分がつくれないものをつくる人"／他者に自分をみせる苦しさを知る

 2 自分を表現してみると ──────────────── 101

  こんなの私じゃない！／自分の姿の映しだし／自分のこころが勝手に動く

 3 連想すること ──────────────────── 104

  連想が違う、という体験／連想が乏しいということの悲しさと腹立ち

第4章　語りのワーク ── "相手の響きを感じられる"自分になる ── 109

Ⅰ　こころをつかった対話 ──────────────── 109

Ⅱ　語りのワークの実際 ───────────────── 113

Ⅲ　学生のコメントをもとに ───────────────── 121

 1 からだからのアプローチ ─────────────── 121

  何のための"からだのワーク"？・頭でっかちだからこそ／脱力するってどん意味？・からだに相談している感じ／頭も脱力に協力！・イメージをつかう／言葉のコミュニケーションの方が高次なの？

 2 相手との関係性 ────────────────── 127

  相手によって変わる自分／招くための必然性⁉／やっぱり"言葉"は欲しいもの／ほめられる心地よさ・ほめた相手を確認することで得る自信

 3 言葉が届くということは ─────────────── 133

  言葉は自分のなかにある／言葉の風──言葉にもある"かたち"／応答のレッスンで──言いあてること、はずれること

 4 守りの枠 ───────────────────── 137

  守られている空間・柔軟性を失わず

第5章　スーパービジョン ―――――――――――――――― 141

Ⅰ　相互的な育ち――スーパービジョン ――――――――――― 141

Ⅱ　学生のコメントをもとに ―――――――――――――――― 145

　1　心理面接の流れの中で ―――――――――――――――― 145

　　「(うちの子は) かえって悪くなってきた」と親が言う／面接の"つらなり"・「あてていくのよ」と「はずれてもいいのよ」／「カウンセリングって何？」と問われたら／失敗はするもの、アクティング・アウトはするもの／クライエントの日常を守るということ／面接の現実とドラマ性／質問の意図も加えて語って／"わからない"ことをも含めて一緒に歩む／面接の進め方／力のいれどころ・抜きどころ／常に最悪の事態と最良の事態を考える

　2　はじまるとき・終わるとき ――――――――――――――― 160

　　泣かれてしまって終われない！――枠をめぐって／前の面接が延びていたら・帰る姿を想像しながら送りだす

　3　関係性ということ ――――――――――――――――――― 163

　　「学園祭に来てください」と言われたとき・一緒に呑みにいくことは？／ケース・バイ・ケースの意味は？／困った気持ちは相手も同じ

　4　ごく"ふつう"の感覚も ――――――――――――――― 168

　　カウンセラーは相談相手／あたり前の感覚を大切に／「ここに来るとほっとする」と言われたら／日常性・非日常性

　5　スーパービジョンを受けてみて ――――――――――――― 172

　　スーパービジョンを受けること――"関係のなかで変わる"体験／スーパービジョンでめげるとき／言い回しの真似をしてみる／スーパーバイザーは黒幕か？・頼る悔しさ／残っていく"体感"／"一緒にわかっていく瞬間"という体験

　6　頭とこころは半分自由に ――――――――――――――― 181

　　"一字一句聞く"危険／「……と考えてみる」自由さを／たどたどしく言うこと／思ったことを、なるべくそのまま言う

第6章　私の考える心理臨床 —— 187
　1　"関係性"への注目 —— 187
　2　"発達援助"という名の心理臨床 —— 190
　3　乳幼児心理臨床のまなざし —— 194
　4　人生の伴走者としての心理臨床家 —— 198
　5　心理臨床における研究とは —— 203

あとがきにかえて —— 213
手びきの言葉（索引）—— 221

第1章 本書の出発点

1　はじめに

　心理臨床の現場で20数年の間、毎日たくさんのクライエントに接してきた自分が、4年前から大学院という、心理臨床の実践家や研究者を育てるという教育の場に身をおくことになりました。それは、学生たちが一人前の心理臨床家になってゆくための、そして自分なりの言葉で人のこころのあり様を探求し、深く考えることができるようになるための応援です。そのためのあらたなる仕事がはじまりました。

　学生たちからは、彼らが抱えているケースをどのように理解し、対応していったらよいかという問いをはじめとして、心理臨床のさまざまなことをめぐる疑問が、授業や自主ゼミ、あるいはカンファレンスや個別のスーパービジョンの折々にたくさん投げかけられました。それらがどのような内容のものだったのかは、今では定かではありません。しかし私にとってはあまりにも当たり前、ことさらに言葉にするまでもないようなことが彼らには新鮮、「そんなこと誰も教えてくれなかったし、どこにも書いてない」といわれてびっくりした、という体験がしばしばありました。

　当然のことですが、学生たちは初回面接でなすべきことや情報の収集の仕方、アセスメントの意味やそのやり方、問題の把握の仕方や病態水準の捉え方、セラピストとクライエントの関係性から面接をどのように進めていくか等々、いわゆる心理臨床の基礎知識や技法の基本形については、すでに書物で読んだり授業を通して多くを学んでいます。あるいは工夫されたカリキュラムのもとに、現在進行形でも知識やスキルを獲得しつつあるわけです。

　ところが実際にケースを担当するようになると、きちんと学んで"わかった気"になっていたはずのものでは、ほとんど太刀打ちできないことに気づ

きます。しかもケースの数が増えれば増えるほど、そうなのです。「どうなってるの？」というよりもむしろ、「どうしたらいいの!?」という切羽詰まった顔、「一体自分は何を勉強していたのだろう」という当惑顔から、「教えてくれたものなんて、何の役にもたたないじゃないのよ」という憤りの顔まで、多種多様。それこそ困った顔のパレードです。

　理論という基本枠と、"生身であるこころの手当て"という実務との間には、もともと大きな断層があります。フロイトの精神分析理論を本を読んで学んでも、そのままでは実際の精神分析はできない、つまり"それとこれとは違うもの"ということは、よく知られている事実です。私たちが心理面接のなかで出会い、立ち会い、扱うのは人のこころの傷つきです。症状という形をとるにしろ、問題行動という形をとるにしろ、障害や不治の病という形をもつにしろ、生き方模索であるにしろ、人のこころの苦しみは、いくら専門的な勉強をしたからといって、簡単にわかるはずも、解決できるはずもありません。体系化する、そのみなもとの部分にあたる心理臨床の実務の部分を、隙間なく系統的に説明するということなど、もともと不可能なことなのです。そう考えていくと、「教わってもわからない」という、先の初心者たちの叫びは、むしろ、まっとうな反応だといえるでしょう。

　とはいえ、大学に来てから私は、心理療法というものが本来内包している、この実務と理論の間の断層が、もう少し別の角度からも強化されているらしいことに気づきました。マニュアル世代の私たちは、頭でわかると、まるで"人のこころが扱える"かのような錯覚をもちやすいということです。"頭でわかる"ということと、"腹でわかる"ということの違いは、心理面接で人のこころに実際に向かいあうことによって、はじめて味わうことができるというもの。これもまた、よく知られた事実です。

　このような性質をもっている心理臨床の学びの過程で、教えたことをしっかりとやれば心理面接はちゃんとできるはずだ（それはすなわち、できないのはしっかりと覚えていないからだ）と教えてしまいがちな教官と、教わればできるものだと思い込んでいる学生。マニュアル世代を生きている私たち（教官と学生双方）の特性が、この実務と理論の間の断層をより大きくするのに一役買っているようにも思えます。であるならば、どうしても存在するこの両者の間の断層を、何かで補うことはできないものか……と私は考える

ようになりました。それはちょうど、大人にはひとまたぎの高い階段一段分の間に、小さな踏台をつけることで、小さな子どもが階段を昇りやすくしようとする、あの工夫に似ているでしょうか。

　このように私と同じことを考えた人はいるはずです。そこでまず、これまで先達たちはどのように考え、初学者のための手びきをしているのかを知りたくなり、そのような書物があるかどうかを調べました。そうしたところ、邦訳のある『心理療法入門——初心者のためのガイド』（ザロ、1987）や『臨床面接のすすめ方——初心者のための13章』（ハーセン & ハッセル、2001）、そして『対話精神療法の初心者への手引き』（神田橋、1997）など、国内・国外共にわずかな書物は見つかりましたが、まとまったものは少ないようです。このように、初心者の学びに直接に役立つ書物が少ないことの理由として、神田橋はその手びき書のなかで、対話精神療法それ自体が実務であり、現場における気づきや工夫が雑多につもったものであるがゆえに、系統的な記述になじまないのだろうと述べています。実際にこの種の本の多くは「セラピストとして、どうするか」という指南書であり、「クライエントが何をどう体験しているか」をうけてのセラピストの関わり、という両者の絡みを十分にはすくいあげてはいないように感じます。

　そこで次に私は、理論の記述というよりも、心理臨床や精神科診療の現場における気づきや工夫がもりこまれている書物を探しました。ベテランの心理臨床家や精神科医たちの臨床体験から凝縮されてでてきた、珠玉の言葉が並べられたものは、河合（1992a）や前田（1999）をはじめとして、たくさんあります。それらが初心者にとっても役に立たないはずはありません。現に学生たちはくり返し、むさぼるようにそれらの書物を読んでいます。しかしどうも諸先生方のメッセージは、彼らからすると自分の出会っている心理面接とはずいぶん違う、遙かに遠い世界のことのよう。それはまるで、まだ離乳食を食べはじめたばかりの赤ちゃんが、ナイフとフォークで味わうフルコースの料理を前に「凄いんだー」「なるほどなー」「おいしそー」と圧倒され、深く感動しているような雰囲気です。どんなに強く望んでも、自分ではまだ、それを食べることはむずかしい……ここにもまた、先生方からのメッセージと彼らとの間に、ちょっとした段差があるようです。

　赤ちゃんの頃に自分がしたはずの寝返りからハイハイをへて歩けるように

なっていくまでの過程を、大人になってもまだ詳細に記憶している人は、ほとんどいないでしょう。また、経験をつみ、臨床家としての力量があがればあがるほどに、自分の力量を越えるような重篤なケースが待っている、というのが心理臨床の実際です。時間経過による忘却に加え、むずかしくなる一方の課題に直面し続けてゆくなかで、私たちが初心者の頃に抱いた疑問や驚きの体験は、自然に忘れさられてゆくのかもしれません。系統的な記述になじまないということに加え、このこともまた、初心者の"等身大の手びき書"がないことの大きな要因になっているようにも思います。

ではカウンセリングや心理療法の、初心者向けのトレーニング・プログラムとしては、どのようなものがあるのだろうかと、今度はその線で本や論文を調べてみました。ファンタジーグループやロールプレイ、あるいは箱庭を用いたグループワーク、試行カウンセリング……等々、さまざまなものが考案され、導入されています。しかしそれらを記述したものはいずれもがトレーニングの実際と、そのプロセスのなかで起こったことの分析、あるいはそのアプローチの有用性の検討などであり、教える側からのメッセージである、という点が共通しています。

こう考えていくと、これまでのところで欠けているもの、それは初心者の側からのメッセージ。心理療法という"人のこころ"に触れる場で、初心者のこころのなかにわきおこっているに違いない、純粋な感覚やナマな感触、そして素朴な疑問。それらをまず、そっくりそのまま加工せず、すくいとることができないものか……そういう思いが、次第に私のなかで育ってゆきました。

2　学びの核・学びの糧

たった一人のクライエントとの面接でも、毎回毎回が新しい出会いです。相手の語った内容や、面接のなかで生じた沈黙がどのような意味なのか……その答えはどこにも書かれてはいません。「あのとき彼女は、苦しさを歯の奥でかみ殺すようにしながら言葉を選んで語っていた。だからあの言葉の意味は……」あるいは「あんな凄い言葉を、あっさりと言ってのけていた。だから……」「いやいやそれよりも、帰り際の腰の重さ、椅子から立ち上がる

ときの間の長さが、何か妙にひっかかる」「言ってることは立派だし、洞察的な語りだなー。でもなんとなく、できすぎている……」等々。そのクライエントの言葉や行動の意味や意図を考えていこうとするとき、セラピストが手がかりとするのは、相手との関係のなかでうまれ、わきおこった、言葉にならない、あるいは言葉にしにくい感触のようなものでしょう。それこそが、相手への理解の中核にくるはずのもの。

　ところが、その感覚や感触、つまり自分のなかにわきおこったフィーリングを手がかりに、相手のこころに届いていこうとするのは、何とも心もとないものなのです。なぜならば、そういったフィーリングは、なかなかピッタリした言葉にすることができないから。「そんな感じがして……」という、きわめて情緒的で曖昧な言い方は、明快な論理的な言葉使いで徹底的に教育され抜いてきた私たちにとっては、一段、格（価値）が低いもののように思えてしまう。

　さらに困ったことに、自分のこころの動きをみつづけていくと、多くの場合「こうなのかもしれない」「ああなのかもしれない」「いや、もしかしたら」等々、考えるほどに拡散の一途をたどっていくのです。"？マーク"はふえる一方。何とか収まりをつけようと出席した講義でもカンファレンスでも、収束とは反対にさまざまな疑問（？マーク）が渦をまいて増えていってしまうのです。

　本当はそうなって当たり前。いえ、もしそうならなかったらかえって「何かがおかしい」のです。くり返しになりますが、人のこころというものは、そんなに簡単にわかるはずがないのです。私たちにできるのは、相手のこころを"わかろう"とすることだけです。もちろんそれは、"どうせわからないのだから"と居直ることではありません。"わかろうとする"こと、そのことを手抜きしてはいけません。でもいくらわかろうとしても、それは全部を"わかる"ということではないのです。ある瞬間、あるいはある"とき"に、相手のこころの真実に触れることはあるはずです。というよりも、もしもそれがなかったら、そのセラピーは続きません。続けられるわけがありません。それが土台であり基本です。ですから"わかるとき""わかったと感じるとき"というのはもちろん、あるのです。

　とはいえ、それは、その人のこころの全体の、限られたごく一部分にしか

すぎません。その瞬間、相手の真実につながったとしても、それでその人のこころの全体がわかるほど、人のこころは安っぽいものではありません。わかったと思いながら、そしてわかってもらえたと相手に思ってもらった"とき"をもちながら、その後も面接を続けていくと、何とか問題を解決して終結にいたることもある一方で、あるところで自分は「一体何を知った気になっていたんだろう。全然わかっていなかったじゃないか」と気づいて愕然となる、ということも多いのです。少なくとも私はそういう体験をたくさんもっています。

　でもそれは、それまで「わかっていなかった」ということとは違うのです。わかった部分は確かにあったのです。でもわかっていない部分、わかったと思ったことでその後、そのことに安住して方向違いになってしまったということ、相手の傷つきの深さや、必然的にうまれたこころの鎧のぶ厚さを、こころならずも軽視してしまい、わかった気になってしまっていたということ、あるいは問題がある程度みえてきて解決の方向がわかってきたような気持ちから、油断が起こってきて全体が見えなくなってしまったということ、等々のことが起こったのだと思うのです。でも、そんなセラピストの見当違いを教えてくれ、方向を変えてくれる示唆を与えてくれるのはクライエント本人です。"わかる"ということの質、理解の層には厚みがあって、けっしてそのすべてをセラピストがわかることはあり得ない。だから"わからない"ことの方が圧倒的に多いのだ、わかったとしても、わからない世界もあるのだということについて、少なくとも頭のなかではわかっていることが必要でしょう。「その人を知ろうとすること、理解しようとすることは、相手のことがわかると同時に、それを知らなかった自分、わかっていく自分、まだ知らないことがある自分を知ること、そんな自分に気づくことでもあるのだろう」とはある学生の感想です。人のこころは複雑で、どんなに逆立ちしても到底わかり得ない、遙かなる未知の、そして豊かで尊い世界なのです。

　"わからない"。だから相手のことを"わかりたい"とたっぷりと考える。セラピストが自分（クライエント）のことで時間とこころをたっぷり使い、しっかり悩んでくれている。まずはそのことが、心理療法の関係の基盤になります。「もちろん早くよくなりたい。だけどそんなに早くわかってなんか欲しくない。そんなに簡単なことだったら、とっくに自分で解決できたはず。

こんなとこには来ないよね」……そういうクライエントの声が聞こえてくるようです。

　先に私がお話しした、初心者のうぶでナマな感触が、まずは相手を"わかろう"とするための手がかりです。あえて順番に並べるならば、心理面接によって生じた、セラピストのなかにわきおこってきたフィーリングが最初にあり、それを大切に感じとること。その次に、それを足がかりに相手のこころの中をしっかりと自覚し、探究していこうとすること。「察するこころ」も必要です。学んだ心理臨床の諸理論は、クライエントのこころの理解を助けるための枠組みの提供です。治療機序も治療技法も同様です。うまく使うと、相手への理解がよりふくらみ、よりよい援助になります。反対に、理論の枠に相手をあてはめていこうとすれば、相手のこころから遠ざかってしまうでしょう。心理療法では"感じる"ことがエッセンス。"考える"ことはその次にくる作業なのです。それは、言ってみれば「感じることを通して考える」世界であるといえるでしょう。

　先にも書きましたが、この"わからない"という自分の貴重な（苦しい）感覚を、初心者ほど自分の能力が足りないせい、自分が鈍いから、あるいは基礎的な勉強が足りないから、と捉える傾向が強いように思います。今まで学んだ専門的な立派な考えと比べると、自分のなかに浮かんだものなど、がっかりするほど素朴で稚拙。だから「大したことじゃない」とつぶしてしまい、なかったことにしてしまう。「こんなこと（誰かに）聞いちゃ、恰好悪い」という幾ばくかの見栄もプライドも手伝って、やっぱりそんなものは意味ないんだろう……と考えてしまう。そして専門用語をはりめぐらせてケース理解をしようとする。でも、これらのことは、初心者自身のなかにある負い目やうまく言語化できないから、という理由からだけではなく、"それ（自分が感じとったもの）こそが心理臨床の学びの核である"という位置づけが明確になされていないからではないのだろうか、と私には思えます。わきおこってくるフィーリングこそ、何よりも意味ある価値あるもの、そこからしかそのセラピストの心理臨床はスタートしえない、という理解を、私たち心理臨床の教官がどれほど彼らに伝え、彼らと共有しているのだろうか、と思わず自分自身に問いかけるこの頃です。

　自分に向き合い、人と向き合う、という特殊な専門性をもつのが心理臨床

の世界です。ひとりのセラピストが、相手が発する言葉や言葉にならないメッセージをどううけとめるか、自分なりの響き方、響かせ方を自分でつかみ、知り、それを基盤として心理臨床をしていこうという発想は、当然のことながら、これまでにも心理臨床教育のなかに流れていたに違いありません。しかし心理臨床家のトレーニングがシステム化されていくなかで、あらためてこの点を核とする、ということを確認し、位置づけられることが必要ではないか、と思います。

そのためには、臨床経験をまだあまりもっていない初心者の考えることこそが財産です。心理臨床の教官の一番重要な役割は、セラピストがまず、頭で考える前に、いえ頭で考えてもいいから、それと同時に自分のからだとこころを通してわきおこってくるもの、感じているものをつかまえようとすることを大切にすること、そしてその次にセラピストが自分の力でしっかりと考えることを補助すること……私は今、そう考えて心理臨床教育の場に臨んでいます。

3　こころをつかって聞くということ

次に私が大学で教えるようになって痛切に感じたのは、私たちが日常もっている「言葉世界の貧しさ」です。

カンファレンスなどに出ていると、クライエントが語ったことが、文字どおり「言葉だけの意味」でセラピストに受けとられてしまっている、と思われる事態にしばしば出会います。極端なところでは、「困っていることある？」と問うたところ、相手に「別にない」と言われて、「困っていないんだ」と受けとってしまったというシンマイセラピスト……冗談のようなホントの話。

次に、よくありそうな家庭でのひとコマ。「今日はどうだった？」「変わったことあった？」と学校から帰った子どもに親が聞くというシーン。この問いかけに子どもは「うん、楽しかったよ」あるいは「べつに」とか「ないよ」などと返事をします。と、なぜかその言葉がそのまんま、「楽しかった」なら楽しかったのだろう、「べつに」なら別に何もなかったのだろう……と受けとられてしまう。これもまた、よくある話。

第1章　本書の出発点

　話を聞くということは相手の語りの響きそのものにふれ、感じようとすることです。話しかけることもまた同様。それは言葉をつかって相手にはたらきかけることです。フロイト（1977）は「言葉はもともと魔術でした……言葉は感動をよびおこし、人間が互いに影響しあうための一般的な手段なのです」と語っています。この文章に出会ったとき、「言葉そのものは本来含意的なものであり、象徴性をもったものである」という光元（光元ら、2001）の言葉を思いだしました。

　私たちのこころのなかには、さまざまな思いや考えがくっついたり離れたりしながら雑居しています。それはまだ言葉にならない、フィーリングや雰囲気のようなもの。それをざっくりとあるまとまり、束にしてすくいとってくるためには、イメージの力が必要です。イメージを仲介役として使いながら、それを何とか"ある言葉のまとまり"に収斂させてゆくのです。「コトバは五感で捉えたイメージを運ぶもの」「コトバはイメージを運ぶ荷車である」とは神田橋（1997）。このようにイメージがのった言葉には"いのち"が通っています。私たちが文字を読んだり語ったりすることで、みずからのなかに変化が起こったり、相手との関係が変わっていくのは、伝達手段である言葉そのものが生きているからなのでしょう。

　心理面接におけるセラピストとクライエントとの間でなされる"対話"とは、そういう"いのち"をもった言葉をつかったやりとりです。だから相手に響いていく。もちろん、そこには非言語的なメッセージも含まれます。言葉と言葉以外のメッセージが混じりあい、絡みあいながら、あふれるほどのイメージが自分と相手の間を活発に行き来します。もちろんこの場合、聞き手の側にもイメージを受けとめ、摑む力が必要です。私流にいうならば、それは"こころをつかって聞く"という姿勢。

　ところが先の「困っている」という例では、ただ単に目の前にある言葉だけが単品でやりとりされ、「困ったこと」の内実も、「ある」あるいは「ない」ということの幅も含みも一切無視されてしまっているようです。それは形は"言葉"でも、名ばかりの、"いのち"の通っていない記号です。空洞化した、形だけの言葉がやりとりされ、イメージの力もはたらかず、非言語のメッセージもまた、おいてきぼりをくってしまったやりとりです。それはすなわち「貧しい対話」。それに対して「豊かな対話」とは、もっと非言語

の世界とつながり、イメージの力を味方につけたものなのです。

　先の光元は「近代化に伴い、合理的な思考法が支配的になるにつれ、言葉は象徴的な使われ方ではなく明示的・記号的な使われ方の方向へと洗練されてきた」とのべています。私はこの問題を、言葉そのものの象徴性が低下しただけではなく、言葉を使っている私たち個々人が、その使い方が下手になってしまったために、結果として言葉の象徴性が低下したように見えているのではないか、と考えています。ではなぜ、私たちは言葉を単なる記号として、明示的にしか使えなくなってしまったのでしょうか。

　私は、そのひとつの答えは敗戦後の日本人の生き方の方向性にあると考えています。敗戦後、驚異的な復興をとげていくなかで重視されたのは、ひとえに能率や効率ということでした。とにかく先に進むために、「あれもこれも」ではなく、「あれかこれか」と単純化させ、一目みてわかるもの、わかりやすいもの、即効性のあるものに光があたり、その反対にわかりにくいこと、目にみえないものは軽んじられ、影になりました。

　もちろん、そのような工夫によってこれほどまでの高度な経済復興が可能になったのであり、そのこと自体が悪いのではありません。しかしこの一見してわかる、目にみえるものに極端に価値をおくということは、ある意味では偏りです。その価値観が"言葉"をめぐるやりとりのなかにも侵入し、イメージをのせず、できるかぎり明確で、限定化させたものが"言葉"として使われるようになり、イメージやフィーリングの世界をも含めた、いわば感覚的なものをも有している"言葉"は、隅の方に追いやられていったように思います。その結果、私たちは豊かで多義的な言葉から遠のいてしまったばかりでなく、下手な、貧しい言葉によるやりとりしかできなくなっていったのではないでしょうか。そこには私たちのイメージする力の弱化、つまり想像力の貧しさも一役買っていると考えます。

　語られている言葉を聞きながら、語られていない部分の思いをそこにのせ、相手のいわんとしていることを摑もうとする。それは私たち日本人にはなじみ深い"察するこころ"を使った聞き方です。しかし敗戦後のこの半世紀の歩みのなかで、私たちは「察するこころ」を失ってゆきました。「対話する関係の喪失」（田中、1996、1997）です。今、人々が心理療法を求めるのは、そして心理臨床家になりたいという人がふえているのは、もしかしたら私た

ちの日常のなかから急速に失われていった、人と人との豊かな関わりや対話を求めている、そのあらわれなのかもしれない、とも思うのです。一応、高度経済成長をなしとげたこれからの私たち日本人の課題は、イメージの世界とつながり、「察するこころ」を回復させ、言葉に魔術をとり戻させるということなのではないか、と思います。

　だから「言わなければわからない」のではなく、「言葉にならない苦しさ」をわかちあい、イメージをはたらかせ、言葉に凝集してゆくまでの、"語れるまで"（広い意味で表現するという意味です）にいたるプロセスに、しっかりとつきあうのが心理臨床家の重要な役割です。

　プレイセラピーのカンファレンスに出席していると、「なぜちゃんと言葉でやりとりしないでプレイ（なんか）をしているのか」「もっと言語が使える子なのに！」という非難とも抗議ともとれるような問いが、フロアーのセラピストたちから担当セラピストに投げかけられることがしばしばあります。ただ遊べばいい、というわけでもただ言葉をつかえばいい、ということでもない、むずかしい問題をこの質問は含んでいます。

　現代の子どもたちは、早くから言葉を達者に用います。でもそれはともすると、首から上だけ、頭だけを使って概念としてわかっている言葉です。からだ全体で感じた、体験からにじみでてきた言葉とは違う、もうひとつ手応え感のない言葉であることが多いのです。たとえば「楽しいね」「苦しいよ」「面白いなー」という簡単な言葉をとってみても、楽しいという意味を概念としてわかっているということと、体験として身にしみてわかっているということとは違います。体験として味わうことなく、言葉だけをわかった風に用いている。だから表面的には"やりとり"をしていても、うわすべりが起こるのです。頭で覚えた言葉をからだ全体を使うことで再度確認し、その意味をしっかりとつかんでゆこうとする、そういう機能がプレイセラピーのなかにあるのだろうと私は考えています。セラピストもクライエントも共に、ただ頭だけで捉えた言葉をつかい、それで自覚化や意識化が進んでゆくと考えてしまう。そういう危険を私たちみんながもっています。その子どもの使っている「言葉」にいのちを通わせ、体験に近づけさせるために、「遊ぶ」ことが重要な機能をもっているのです。

　この、言葉を表面的に受けとってしまうという問題をめぐって、あるとき

大学院のゼミのなかで次のようなやりとりがありました。

　未熟児でうまれた赤ちゃんを前に「この子、どうでもいいっていう顔をしていると母親が語った」というエピソードが語られたとき、「もしもあなたがセラピストとしてこの言葉を聞いたとき、どのようにこのメッセージを受けとめますか」と学生の一人に尋ねました。その学生はキョトンとした顔。「ええ？　先生、何聞いてるの。どうでもいいっていっているじゃない」という雰囲気が全身から漂ってきます。私は続けました。「本当に『どうでもいいって思っている』のでしょうか。たしかに聞き手の耳にまっすぐに届いてくるのは、赤ちゃんに対するあんまりよくない雰囲気です。それは言ってみれば『がっかり感』。私たちがこのお母さんが子どものことを、『どうでもいいって思っている』と捉えやすい根拠は、ここにあるように思います。それはまた投影という概念で説明することも可能です。とはいえ、これがこの母親の気持ちのすべてでしょうか。このお母さんのこころのなかにはたくさんの、数えきれないほどの感情が渦まいているのではないかしら。ちょっと考えただけでも、『きちんと産んであげられなくってごめんね』『いえ、あなたが急いででてきちゃったからいけないのよ！』『もうちょっと笑顔でもみせてくれたら、励みになるんだけれどもねー』『ちゃんと育つのかしら、どうなるのかしら』『何か障害がでてくるのではないかしら』『お父さんは、おばあちゃんたちは、どんな風に思うかな』……等々の多様な思いを背景に、この言葉がいま、目の前のセラピストにむけて語られているように思うのです。もちろん、他の言葉ではない、その言葉がでてきたことには意味があるに違いありません。でも、だからといって短絡的に、「この母親はがっかりしている」とだけ捉えるのではなく、もっとお母さんの複雑な胸のうちに思いをはせながら、その深みや痛み、苦しみをまるごと受けとめようとしながらお母さんの言葉を聞くということ……それが心理療法のなかでセラピストに求められている、"こころをつかって聞く"ということだと私は思っているのです」と。

　ただ、先にもお話しましたが、語られていることそれ自体を尊重してきちんと受けとめようとする姿勢も必要です。潜在化しているのではないかと思う内容を大事にしようとすることは、顕在化され、そこに表現されていることを軽視するということとは違います。「しばらく面接を休みたい」「辞めた

い」「担当者を変わって欲しい」と言われたときには、その言わんとする問題をしっかりと面接のなかでとりあげるのは言うまでもありませんが、その上で変にこちらが押し切らず、相手の意向に沿うとよいのです。またさらに私は最近、非言語の世界を共有することができず、文字通り「語られた言葉」だけの世界を生きている、と感じられるクライエントにも出会うことが多くなっているように思います。それは非言語で伝わるのではなく、文字通り、つまり「言うことによってでしか通じない」。だから「言えばわかる」関係です。この場合のセラピストの対応の基本は、（自分が）非言語での伝搬をあてにするのではなく、「できるだけ単純に、かつ明快に要点を言葉で伝える」ということになるだろうと思います。非言語の世界をも大切にして、意をくみとりながら対応していく世界に生きている住人と、含みがはいると混乱が起こってしまう世界の住人……そのクライエントがどのような世界の住人であるかということを、私たちセラピストはこれまで以上にきちんと見極め、対応していかなければならなくなっているように感じます。

　では私たちはどのようにしたら、"自分のこころをつかって聞く"ということができるようになるのでしょうか。
　自分のからだとこころを通して起こってくるものをまず体験し、味わってみる。そして次にそれらのフィーリングを言葉としてつかんでゆくというプロセスを、何らかの形で練習し、くり返す。それを心理臨床のトレーニングのなかに織り込めないか……と考えていったとき、私のなかに、子どもとのプレイセラピーのイメージが浮かんできました。
　子ども、特にまだ言葉を語る以前の赤ちゃんや、発達障害をもち、言葉によるコミュニケーションに頼ることがむずかしい子どもたちと関わるとき、セラピストとしての自分の指針になるのは、相手との関係のなかで自分のなかにわき起こってくる感情です。セラピストのトレーニングとして、言葉によるロールプレイというものがあります。であるならば、プレイセラピーのロールプレイというものもあってもよいのではないか、と思いついたのは、そのようなプレイセラピストとしての自分自身の体験をふりかえったときにでてきたアイデアでした。
　初心者がはじめて担当する、いわゆるイニシャル・ケースは、日本のなか

ではプレイセラピーが多く選ばれます。その現実の背後には、けっして表だっては語られていないものの、子どものセラピーの方が大人に比べて簡単である、という認識がセラピストのなかにあると私は感じています。言葉をつかうセラピーの方が優位、高尚なものである……という偏見です。もちろんこれは間違いです。

　とはいえ、子どもはセラピストがどのような未熟さをもっていても、自分自身に備わっている自己治癒の力を最大限に発揮してくれるために、セラピストを道連れにしながら自分の問題を解決し、よくなっていってくれます。それは子どもの方が大人よりも、人が本来もっている自然治癒力、つまり自助の作用を使うことが容易だからなのかもしれません。二重構造にも三重構造にも、あるいはそれ以上にもなっている言葉の世界の多層性と言外に漂っている雰囲気をも加えて相手のメッセージをうけとり、適切に対応してゆく能力は、かえって、言葉の世界にしっかりとはまっていない子どもとの"感覚が主体"の関係によって、鍛え直してゆくことができるのではないだろうか。だとしたらそれをそっくりそのまま、前倒し的に学びの形としてみたら、そういう考えが「プレイセラピーのロールプレイ」というワークになりました（第2章）。

　次に私は、自分のこころのなかにわきおこってくる気持ちをつかむ、というレッスンのために、みずからが箱庭をおく、という体験学習がよいようだと考えるようになりました。箱庭療法というのは、砂とパーツ（ミニチュアのおもちゃ）を用いた、形をもったこころのエネルギーの表現です。イメージは、何かしらの形をもつことによってはじめて、他者とわかちあうことができるのです。そこでまずただ砂とむかいあう（つまり自分とむかいあう）、ということによって自分のこころが動く体験、そしてさらに「自分に向かい、自分のフィーリングをつかむために箱庭をおく」、というワークを工夫しました（第3章）。

　さらに、相手の言葉の響きを感じる聞き方ができるようになるためには、自分のからだの感覚に気づくことが有用です。なぜなら、からだは嘘をつきません。具合が悪いと頭がいたくなったり食欲がなくなって、私たちに不調を伝えてくれるのが、からだです。普段私たちは、からだを無視し、からだからのメッセージをあまり感じないようにして生活しています。というより

も、そうでないと生活できない、という無理を現代人は強いられているのだといえるのかもしれません。

　だからこそ、その無視してきたからだに、あらためて自分の注意をむけてみる。それはあえてしなければできないこと。自分の緊張や硬さに気づくことがその出発点になります。「声はからだである。からだとは肉体ではない。からだとはことばである。それは姿勢であり歩きかたや身振りであり、声であり、いのちである」という、竹内（1999）の言葉から、竹内式のレッスンをもとに、光元が工夫した「語りのワーク」を試みるようになりました（第4章）。

　この3つの体験ワークの実際と、それに参加した学生たちの素朴な疑問や気づき、そして学生たちとのスーパービジョンやパーソナル・コミュニケーションでのやりとりを受けて、学生たちからもらったメッセージ……それが本書の中心です。加えて私のそれらに対するコメントも、あわせて言葉化してみました。それらはまさに、系統的な記述にはのらない、まさに雑感の断片の数々です。

　私たちが花を育てるとき、土を耕し肥料を与えてタネをまきます。本書の場合、タネは初心者です。タネが土の上に蒔かれた後、私たち教官たちは適度に水を補給したり、栄養を調整したり、暑さや寒さをしのぐ工夫もします。でもそこで、タネたちが与えられた水分や養分を吸い取ってどのように育つのか、どのような方向に伸びてゆくのか、いつ、どのような花を咲かせるのかは、タネ自身の意向によります。それはタネ自身の力によるといってもよいでしょう。しかるに理論や技法ばかりを教え自分の考えを押しつけるような教育は、まるで花の開き方まで彼らに教えようとしているかのように思えます。

　彼らがどのように花を咲かせるかは、それが心理臨床の実務であれ、研究であれ、私たちガイド役の教官たちの思いの方向へ導くのではなく、彼らの持ち味を最大限にいかした、独自のものになるはずです。それが個別のケースに対応した、より個別的な指導であり、私の考えるスーパービジョンにあたります（第5章）。したがって、スーパービジョンの位置づけは、きわめて重要なものといえるでしょう。

　私は本書で、「プレイセラピーのワーク」「箱庭ワーク」「語りのワーク」

「スーパービジョン」という形をもったトレーニングを通して、学生たちが個々の体験からナマに感じたことや素朴に考えたことの方向から、初学者にとっての心理臨床の学びのエッセンスを抽出しようと試みました。それは、「相手（クライエント）の側に身をおいて、関係性の中でおこったことを体験する」ことを原点にすえた学びへの積極的な提言であり、初心者のまなざしを通してみた、初心者を原点においた心理臨床、という発想の提案だといえるでしょう。そしてまた、今後どのような方向に臨床心理学が育っていくとしても、この臨床の中核は変わることなく、つねに核の部分であると考えます。

　私は本章で、言語（バーバル）の世界と非言語（ノン・バーバル）の世界という従来のわけ方に加えて、言葉を使う人間のイメージの豊かさ・貧しさによって、「貧しい言葉がゆきかう世界」と「豊かな言語がゆきかう世界」という2つにわけて捉えています。前者は言葉というものの形だけを受けついだ、記号的・概念的で、体験とつながっていない、知的な言葉です。それに対して後者は、多義的で含意的、感性のひだをたっぷりともち、情感を響かせることのできる言葉であり、その基盤には豊かな非言語の世界が広がっています。これは概念的な定義ではなく、私自身の心理臨床というフィルターを通して実感していることであり、以下、このような意味あいを含めて、言語の世界と非言語の世界ということを考えてゆきたいと思います。

文　献

　　土居健郎　1977　方法としての面接　医学書院
　　フロイト，S.（高橋義孝・下坂幸三訳）　1977　精神分析入門（上）　新潮文庫
　　ハーセン，M. & ハッセル，V. B.（深沢道子監訳）　2001　臨床面接のすすめ方——初心者のための13章　日本評論社
　　平木典子　1998　家族ロールプレイ　平木典子・袰岩秀章（編著）　カウンセリングの実習　北樹出版
　　平松清志　1995　カウンセラー訓練のためのファンタジーグループの試み　心理臨床学研究，13(3)，300-308.
　　神田橋條治　1992-97　治療のこころ　巻1〜巻8　花クリニック神田橋研究

会
神田橋條治　1997　初心者の手引き　花クリニック神田橋研究会
河合隼雄　1992a　河合隼雄語録——事例に寄せて　京都大学教育学部心理教育相談室
河合隼雄　1992b　心理療法序説　岩波書店
Knantor, M. 1990　*Problems and solutions : A guide to psychotherapy for the beginning psychotherapists.* Praeger.
Lamson, A. 1986　*Guide for the beginning therapist : Relationship between diagnosis and treatment*, 2nd ed. Human Sciences Press.
前田重治　1999　「芸」に学ぶ心理面接法——初心者のための心覚え　誠信書房
光元和憲・田中千穂子・三木アヤ　2001　体験箱庭療法II——その継承と深化　山王出版
村瀬嘉代子他　1987　クライエントの側からみた心理療法　安田生命社会事業団研究助成論文集, **21**, 172-184.
村瀬嘉代子・青木省三　2000　心理療法の基本　金剛出版
中西公一郎・鈴木真理・山本和郎　1998　心理面接訓練としての20分ロール・プレイングの量的分析　心理臨床学研究, **16**(4), 396-401.
岡田康伸　1986　心理療法家の訓練法の一試み——箱庭療法の物語作り方による　甲南大学紀要・文学編, **63**, 1-22.
島谷まき子・台利夫　1998　カウンセリング研修への心理劇的ロールプレイングの集中的挿入の効果　心理臨床学研究, **16**(5), 503-508.
下坂幸三　1998　心理療法の常識　金剛出版
下山晴彦　2000　心理療法の発想と実践　岩波書店
竹内敏晴　1999　教師のためのからだとことば考　筑摩文芸文庫
田中千穂子　1996　ひきこもり　大月書店
田中千穂子　1997　乳幼児心理臨床の世界　山王出版
氏原寛（編著）　1997　ロールプレイとスーパーヴィジョン——カウンセリングを学ぶ人のために　ミネルヴァ書房
ザロ, J. 他（森野礼一・倉光修訳）　1987　心理療法入門——初心者のためのガイド　誠信書房

第2章 プレイセラピーのワーク 非言語の世界につながるために

I 非言語の世界とのつながり

1 二重同時話者への道

　言語的コミュニケーションが非言語的なやりとりの世界を基盤として広がっている、という、このあたり前だけれども実感から遠い、ということをめぐって、ある学生が次のような感想を寄せてくれました。
　「自分の行ったプレイセラピーのロールプレイの体験レッスンのビデオ起こしをするとき、まずはじめにテープ全体をざっとみて、次に行為を中心におこし、最後に発話を中心におこしていった。自分自身が一番驚いたことは、行為をおこすときと発話をおこすときの明らかな違いだった。行為中心にビデオを起こしているときは、強い感情が喚起され、鼓動もたかまり、こみあげてくる感情につきあいながらも最後までたどりつくのは、ガタガタとどこまでも続く山道を突き進むようで、本当に骨が折れた。あたかも、もう一度自分自身があのプレイに参加させられているかのような臨場感があった。
　しかしそれとは対照的に、発話中心のときには、非常に冷静にスイスイと進めることができ、単にひとつの作業をこなしているような感じで、ビデオのなかの2人（ロールプレイをしている自分と相手）と今の自分との間には距離があった。これは一体何だったのだろうか……」と。
　この疑問に対して、この学生は「バーバルな"言葉"とノン・バーバルな"言葉"を読みとるときには、聞き手に必要とされるアンテナの鋭さに質的な違いがあるのかもしれない」と捉え、自分が行為を中心におこしたときに酷使したアンテナは、自分の苦手なもの、これまであまりつかってこなかっ

たアンテナだったがゆえのむずかしさだったのではないか、と分析しています。さらにこの学生は、これまで保育園や幼稚園で子どもを観察するという体験を通して、ノン・バーバルなコミュニケーションの重要性について意識させられるようになってきた、と語っています。

その学生は続けます。「自分がこの授業に参加したいと思ったのは、ノン・バーバル・コミュニケーションを自分がいかに（主観的にいうと）軽視してきたか、（客観的にいうと）意識できないできたか、ということに気づきはじめた時期と重なっていたから。自分にとってノン・バーバルにかわされる"言葉"を読みとることができるようになるということは、もうひとつの外国語をマスターするようなもののようだった。バーバルな文字どおりの"言葉"にべったりと頼っていたのでは決して聞こえてこない、もうひとつの"言葉"。その"言葉"を習得するためには、バーバルな"言葉"を覚えたときと同じくらいの大変な道のりが必要なのかもしれない。

しかし思えばおかしなもので、このノン・バーバルな"言葉"は実はバーバルな"言葉"を覚える前に自身が唯一の言葉として用いていた"言葉"であるはず。バーバルな"言葉"を思いのままに操れるようになるにつれて、自分たちはこの最初の"言葉"を忘れてしまっていたのかもしれない。いやたぶん、忘れてしまったのではないのだろう。自分自身がノン・バーバルな"言葉"を用いているということを、見ないようにしてきただけなのかもしれない。自分たちが日常的なコミュニケーションをするときに、みずからがバーバルな"言葉"とノン・バーバルな"言葉"を同時に用いているという自覚をもしもっていたら、２カ国語を同時に操るようなもので、かなり疲れはててしまうのではないだろうか……。

日常場面ならば疲れ果てるからという理由で意図的にアンテナを鈍らせたり、意図的に自覚しないようにしたりすることも許されるし、またそれが日常的なやりとりを円滑なものにさせてもいるのだろう。しかし心理臨床の場面になるとそうはいかず、バーバルにもノン・バーバルにも感度を高めることが要求される。相手のバーバルな"言葉"とノン・バーバルな"言葉"に同時に耳を傾けられ、またみずからもその２つを同時に用いて相手にメッセージを伝えられる、いわば二重言語同時話者になるための鍛練が、このロールプレイだったようにも思う。

相手が伝えてくるこの2つのメッセージはくい違っていることも多く、たとえば口では何も言わないのに、身体には全身怒りがみなぎっているとか、悲しみがいっぱいあふれている状態はそれにあたるだろう……『あの人は口では何もいわないけれども、全身で○○ということをいっている』ということを正確によみとれ、かつその人にはどのようなメッセージ（もちろんバーバルとノン・バーバルの両方）を返していけばいいのかというところまで予測し、それを実際に実行できること、この二重の言語を同時に用いることが援助専門家に求められていることなのかもしれない。

このとき、こちらが発するメッセージは、おそらくバーバルとノン・バーバルとで食い違うのはまずいだろう。口ではもっともらしい受け答えをしていても、行為では逃げの一手であったりしては、それは相手から見れば不誠実以外の何ものでもなく、そういう人は大抵信じてもらえるはずはないだろう。ノン・バーバルの世界では、その人の本心や誠意が、かなりダイレクトにそのままのなまなましい形で瞬間瞬間に相手に伝わってしまう分、バーバルなメッセージとノン・バーバルなメッセージを一致させて発信することも、トレーニングを要する業なのだろうと思った……」と。

くり返しになりますが、私たち心理臨床に従事している者たちのほとんどは、豊かなノン・バーバル・メッセージを含めてバーバルな対話が行われている、と考えていると思います。また私は、戦後の日本のあり様が効率重視に偏りすぎたために、察するこころを失ってゆき、語ったことがらだけがやりとりされる、表面的なコミュニケーションが発達してしまったようだ、とは思ってきました（田中、1997a）。しかしこの学生がいうところの"二重の言語を同時に話すようなもの"とまで捉えて考えてみたことは、一度もありませんでした。この学生が語っていることは、ノン・バーバルなコミュニケーションはすでに自国語ではなくなっている、という深刻な指摘です。そしてもし、そうであるならば、「もっているもの」を再度とりだして磨いてゆく、という観点に立つのではなく、そのひとつ手前の、忘却してしまったものを再発掘し、再獲得させ、それを錬磨させてゆく、という一連のプロセスと捉えてコミュニケーションを理解したり、コミュニケーションができるようになっていくという観点に立って、私たちが心理面接やプレイセラピーを指導したり、援助したりしていかなければならない事態に陥っている、と

いえるのではないでしょうか。

2 「困る」ということ

　このワークに参加したある学生は、「プレイセラピーは自分にはむずかしかった。かなり消化不良を起こしている状態。わからない、全体像の見通しがもてない、というような混乱した感じがしている。高度に実践的な問題を扱っているので、入隊していきなり最前線にたたされた兵士のような心境があった……プレイセラピーでは、通常の面接に加えてさらに感じとったり考えたりすることがいろいろある。身体をつかうので、考えることに集中できない。自分の場合は通常の面接である程度の自信がついてからプレイセラピーにとりくむ方がよいと思う」と述べています。

　この学生の感想は、プレイセラピーが「ただ遊んでいればよい」というようなものではなく、身体を使って考えながら、いろいろに考えもしながら話もして……という、忙しい関わりであるプレイセラピーの実態を的確に表現しています。しかし頭も身体もこころもつかうということは、心理面接の場合もプレイセラピーの場合も実際には同じです。そのことを、私たちはまず、頭でだけでも理解していく必要があるのではないでしょうか。プレイセラピーで語り言葉とからだ言葉にわかれているものが、心理面接では、言葉として束ねられているだけのことのように私は思います。

　実際のケースを数多くもつようになってから、この授業に参加した別の学生は、次のように述べています。

　「ロールプレイのなかで展開された困ったことがどれも他人事ではなく、自分だったらこうするのではないか、こう言うのではないか、と考えながら参加できた。ただ、それらの困った場面は、学びはじめてから数年が経過した今でも同じように困るだろうな、と思うことがほとんどで、『こうしたらいい』というような知恵は、あまり思い浮かばず、この数年間の自分の成長とは何だろうかとついつい考えてしまった。正直に困ること、困りながらあの手この手を尽くしてみることくらいは少しできるようになっただろうか」と述べています。

　いくら経験をつんだからといって、セラピーの場面で困ることがなくなる

ことはありません。経験をつむということと、困らなくなるということはまったく別のこと。もちろん私自身が困ることと、初心者である学生たちの困り方は、どこか、何かは違うでしょう。というよりも、初心者の困惑は、起こった事態に圧倒され、何が何だかわからなくなってしまう。つまり混乱で頭がいっぱいになり、通常ならはたらくはずの理性が機能しなくなってしまい、そこからの回復がなかなかできないのではないかと思います。

　起こったこと、起こしてしまった事態に痛烈なショックを受け、混乱が起こるのは私自身、今でもそうです。ただその混乱に圧倒されてしまい、「かえって悪い」ことをする（アクティング・アウト）よりも、何とか自分を強引にクール・ダウンさせてゆき、「何が起こったか」という状況の判断とその後の対処が、少しはできるようになっているように思います。具体的には、「あっ、間違った！」「え？　そうだったの！」という心臓に悪い瞬間こそが相手と通じあえた"とき"である、ということを体験的にわかってゆき、そこから軌道を修正し微調整させてゆくことが面接が進んでゆくことであると考えるようになっているということです。もちろん、数えきれないほどのたくさんのケースに出会ったことで、自分のなかに「こういう場合には、こうしたらよさそうだ」という見通しのようなものが、初心者の頃に比べて立ちやすくなっていることも確かにあるでしょう。ただこれは、どうしたらよいか、というパターンが幾通りかできてくるということではありません。どのような場合も「はじめての出会い」であり、いわゆるどうしたらよい、というような方略がたつようなものではないのです。

　経験を積むということは、困った状態が起こらなくなることではありません。困ったことが起こったときの対処の仕方が変わってくるということです。そしてもし、「困ったとき」の正しい対応の仕方があるとしたら、それは困っている自分を十分自覚しつつ、逃げ出さず、ごまかさず、そのことのもつ意味を真摯に考えていこうとすること、ではないかと考えます。

3　プレイセラピーにあらわれる「対話する関係」

　子ども、特にまだ言葉でのやりとり以前のところにいる赤ちゃんや、発達障害を抱え、言葉によるコミュニケーションに頼ることがむずかしい子ども

たちと関わるとき、セラピストとしての自分自身の指針になるのは、相手との関係のなかで自分のなかにわき起こってくる感情です。

　例えば、ペタンと母親の膝にはりつき、しがみつきを呈している2歳のけんちゃん（仮名）。発達に遅れのある彼は、ひさしぶりの来所です。私は「大丈夫よ。ママとけんちゃんはずーっと一緒。同じお部屋にいるからね。先生もまぜてね」と声をかけ、プレイルームでセラピストである自分は母親の話を聞いてゆきます。母親によると、彼のしがみつきはお姉ちゃんの入学の関係で保育園を転園させたことがきっかけのようです。まだ新しい保育園に慣れていない。だから不安が強くなっている。「元のところのままにしておいた方がよかったかしら」と悩む母親の相談にのりながら、時宜に応じて彼自身にも、「先生は○○って思うのだけれども、けんちゃん、あってるかな？」など、彼にも言葉を送ります。最初は母親の洋服をぎゅっとつかんで様子をうかがい、警戒心でいっぱいのけんちゃん。無理からぬことでしょう。

　とはいえ、15分ほどたってくると、私が無理に何かをさせようとしている怪しい奴ではなさそうだ、この場もそういう場ではなさそうだ、ということがわかってきたようです。まだまだそれほど気を緩めているわけではないけれども、次第に「ウー」「アー」とあいの手をいれてくれます。「そうか。お母さんはそういっているけれども、そうなの？」。あるいは抗議のようなサインが送られてきたときには、「おやおや、先生たち、間違っちゃったみたいね。違うって言われているような気がするよ、そうなの？」など、彼の反応にも、それを受けとめたという合図をおくります。

　30分ほどたった頃には、母親の膝にしっかりと座り、洋服を握りしめていた手の力は抜けてきて、私に背中をみせていた姿勢もほぐれてきました。ふとみると斜め横座りになっています。時にちらりと私の方に顔をむける彼の視線を受けて、私は小さく手をふって、「気づいたよ」と行動だけで合図を送ります。最初から声をかけると強すぎる刺激になると思ってのこと。それを数回くり返していったところ……彼は次第に向きをかえ、いつしか私をまっすぐにみて座っています。つまり私に背をむけて母親にすっぽりくるまれていた姿勢から、反転して母親のお腹を背中に私の方を向いています。それはまさに、「一緒に話に参加している」雰囲気です。

　と、彼は母親がもっていたハンカチで顔を覆いました。やっとその「と

き」の到来です。私は母親との話を切り上げて、「いないいない……」と語尾をひっぱり……「バー」と。この、私の「バー」という言葉と彼のハンカチから顔をあげる瞬間はぴったり一致。「あーこんにちは、けんちゃん。よく来たね」と私は正式にご挨拶。彼はもう、嬉しくて仕方がありません。お母さんもこの「いないいないばー遊び」に参加して、3人でたっぷりと、このやりとりを楽しみました。

　さあ、ここまでくると、もうけんちゃんはじいっとなんかしてられません。もぞもぞと母親の膝からすべり降り、床に座ったかと思うと、床に立って母親の膝に登ったり降りたり昇降運動の開始です。次には母親が背もたれにしていたトランポリンによじのぼり、寝そべったかと思うと、立って歩こうとしてはひっくり返り、ワーワー・ウーウー・モニャモニャ……とけんちゃん言葉を連発し、ケタケタという笑いもプレイルームに溢れてきました。「ねーねー、みてみて」といった様子がいっぱいです。母親と私が、トランポリンと格闘しているけんちゃんを見守りながら、話をすすめていったのはいうまでもありません。

　こうやって、彼も母親の話に参加し、自分も遊び、その時間が過ぎてゆきました。このような彼とのやりとりから、「けんちゃんは確かに今、不安定な精神状態にある様子。それはおそらく、母親が言うように、毎日いっている保育園が急に変わったことが契機になっているのだろう。けれども、場に対する信頼感がうまれると、自由に自分を発揮させることは十分に期待できそう。しかも本人のペースを大事にすれば、その安心感を得るまでの時間もまた、それほど多くは必要なさそう。だから、前の保育園に直ぐに戻すということではなく、無理さえさせなければ、今の保育園にも適応していくのではないだろうか。そのことを保育園に伝えると共に、親としてはしばらく時間をかけて様子をみてみたらどうだろうか」という見立てをたて、それを母親とけんちゃんに伝えました。

　もちろんこの場合、けんちゃんを勝手に遊ばせて彼とのやりとりをしないまま、母親の面接だけで見立てをつけることも可能です。しかし、せっかく子ども本人が来所している同席治療の形をとっているのであれば、本人と母親やセラピストである自分との関わりをも含めて、見立てをたてたいというものです。

また別の、幼稚園で友だちとうまく遊べない、という訴えで相談にきていた5歳のマーくん（仮名）。プレイルームで刀を手にしてエイ・エイとふり廻しています。最初は何となくふりまわし、ビックボールやパンチキックなどにあてていた彼も、しっかりと玩具にあたったときの手応え感に刺激されたのでしょう。次第にヒート・アップしてきました。彼の目が鋭く、ちょっとぎらぎらしてきて、まさに「あー、まずいぞ」と思った瞬間、彼のめちゃくちゃにふり降ろした刀が、セラピストである私の腕に命中しました。「おやおや、痛いぞ！」とびっくりした私と、切りつけてしまった自分にびっくりしたマーくん。一瞬プレイルームのなかに、空白というか、「まずい！」という空気が流れました。

　傷つけちゃったマーくんと、傷つけられたセラピスト。それはまた、適度なところで制止させることが間にあわず、傷つけさせてしまったセラピストでもあるわけです。どのように関係をとり戻したらよいものか、迷うふたり……。と、マーくんは玩具の自動販売機にコインをいれ、ジュースをだし始めました。そこで私は、コインを彼に手渡します。彼はそのコインを自販機にいれ、出したジュースのひとつをくれました。「あー、ありがとう。おいしいね」とコクコクのむ真似。にっこりするマーくん。「さっきはちゃんととめてあげられなくて、ごめんね」と私は言葉を添えました。互いの間の緊迫感がこのやりとりのなかに吸収され、雰囲気がほぐれてゆくのがわかります……。

　プレイすることに何の意味があるのか、という問いへのひとつの答えがここにあります。私はこのセッションで、言葉だけで和解を提案したのではありません。一緒に困ったそのときに、マーくんの示してくれた和解案を、そういう意味づけをもって理解し、受けとめて言葉を行為で共有し、最後にプレイのなかで言葉で確認したのです。この場合、言葉は合意の強化という意味をもっていますが、言葉がなくてもおそらく、合意は成立しているのです。

　もちろん、さきのけんちゃんの場合も、このマーくんの場合も、その理解のストーリーは、あくまでも、そのときのセラピストとしての自分の読み筋でつくりあげたものでしかありません。彼らのこころのなかが本当にはどのようなものだったのかは、わかりません。でも、このように相手の行為、実際の関わりから相手の思いや意図を読みとることが、心理療法的援助のキ

ー・ポイントです。言葉に頼ることができないからこそ、行為や仕種から読みとっていかなければならないし、だからこそ行為や仕種から理解のラインをたどっていくことが可能な世界なのです。

　言葉と言葉以外のメッセージをフルにつかって対話するということは、このようなけんちゃんやマーくんとの関わりのことである、と私は理解しています。そしてこのような対話する関係を、言葉だけに頼りがちなセラピストが、言葉による心理面接のなかだけでそれを体得していくということは、なかなかに困難なことだろうと私は強く感じています。だからこそ、プレイセラピーで子どもと関わることで、さらにはプレイセラピーのロールプレイという形でまず、実際に体感することで、頭ででではなく"からだでわかる"ことを目ざしたのが、このワークのなりたちであるといえるでしょう。

II　ロールプレイの実際

　ここでプレイセラピーのロールプレイの実際を、簡単に素描してみましょう。

　だいたい15回のセッションがある場合、初回にオリエンテーションを行い、最後のセッションで相互的なディスカッションを行います。ですから残りの12回ほどが実習のために使える時間となります。

　ワークの構成メンバーは、修士課程1年生を中心に、修士2年生から博士課程に在籍している者をも含みます。実際にケースを担当していると、「あのとき自分はどうしたらよかったのか」あるいは「クライエントはあのとき、どのように感じていたのか」など、特にこころにひっかかるエピソードがいくつかでてくるものです。そのようなエピソードをクライエント役になって演じてみることで、具体的にじっくりと深く考え、何かを発見する……それが博士課程の学生たちの課題です。また修士課程の学生たちだけだと、体験の乏しさゆえに、ロールプレイが演技的でディスカッションも浅いものに留まりやすい、ということも先輩たちの参加を求めている理由のひとつでもあります。

　修士課程1年生は、最初の数回は先輩のロールプレイを見学して雰囲気をつかみます。全体のセッションのなかでは、できるだけセラピスト役とクラ

イエント役の両方を体験することが望ましいと考えます。

　1回100分の時間枠のなかで、最初の30分ほどがロールプレイの時間です。残りを、全体によるディスカッションの時間にしています。時によっては、ロールプレイを演じた、セラピスト役とクライエント役の学生と私との対話だけに焦点をしぼり、残りの学生はそのやりとりに陪席する（つまり聞いている）という、スーパービジョンのような形をとることもあります。どちらの場合も、クライエントが○○したときセラピストはどう感じたか、セラピストが○○したときクライエントはどんな気持ちになったか……ということを、できるだけ詳細にたどっていくというようにしています。演じたロールプレイはビデオにとり、そのディスカッションはテープに収録し、後に各担当者がその両方のプロトコルを起こします。実際に演じた学生は、「体験すること」「ディスカッションでのやりとりで気づくこと」、さらに「自分でプロトコルを起こすなかで気づくこと」という3つの段階を通るのです。

　具体的にどのような場面を設定するかについては、初回のオリエンテーションのときにいくつかあげてもらいます。最初からすべての場面設定をしてもよいですし、1～2回分をきめて、あとは適宜きめてゆくということでもよいでしょう。とにかく必要なことは数回分の場面設定と、セラピスト役とクライエント役をきめること。細かく打合せをするか、そのときの場の流れで自由にやるかは、本人たちに任せています。たとえ詳細な打合せをしていても、たいていはその場の流れで変わってゆくようです。

　場面の設定には、自分のケース体験だけでなく、家庭教師やベビーシッターで出会った子どもとの場面や、幼稚園や保育園などでの観察場面、公園でみたシーンや親戚の子どもとの関わりなど、できるだけ架空ではない実際の場面をとりいれます。また、「"はじめて"プレイセラピーにつれてこられたときの親と子」という設定や、「"時間になって"プレイを終えるとき」という2つの設定は、実際にセラピストの頭を悩ませる場面なので、とりあげたい設定です。

　ワークはある程度、広さのあるプレイルームで行います。当日、役を演じる学生たちに、プレイルームのどのあたりを主に使うか、どのような玩具を使うかを聞き、支障のない場所にその他の学生は観客として立ち会います。ワン・ウェイミラーで見学する、という方法もあるでしょうが、「みている」

のに「いないふり」をしている感じが私にはあわないので、実際に観察者も同席する、という形をとっています。以上のようにしてロールプレイとそれをめぐる体験の確認の作業がくり返されてゆくのです。

以下にワークを体験しての学生の感想と、それに対する私の雑感をつづります。が「系統的に記述するのではなく」を主旨としているので、似たような表現が随所にみられます。あえてあまり統制せず、できるだけそのままの形に残したことを最初にお断りしておきます。

Ⅲ　学生のコメントをもとに
(以下、❓は学生のコメント、♣はそれに対する私のコメント)

1　「まじ」になる

演技でなくなっていくフシギ

❓　「何しろはじめての体験。ただ設定を与えられての演技をすることで、いったい何になるのだろう、という疑問が最初にあった。でも実際にロールプレイをはじめていくと、そんなことはない。演じていくうちに気持ちが自然に動いて、最初に考えていたのではない、まさに"その場"で起こってくることがあり、それがまた面白かった。実際にプレイルームでやってみると素直な感情がわきおこってきたのが驚きだった」。

「演じた人が自分の役柄になってさまざまなことをリアルに感じているということ、自分が親やセラピストを困らせているのではないか、と子ども役の人が本気で感じていることや、話せば話すほど、遊べば遊ぶほど不安になってゆく気持ちや、セラピストに理屈や言葉で説明されるほどイライラしてくる気持ちをもっている、ということを肌で感じた。フシギな体験だった」。

♣　「いったい、演じたところで何が得られるのか？　ただ芝居をしたところで、何になるというのだろうか？」。ロールプレイとしてプレイセラピーを体験するという事態に直面した学生たち、しかもまだ、心理面接なり子どもの心理療法を体験したことのない者たちであれば、このような素朴な疑問を抱くのは自然なこと。その設定はできるだけ実際のシーンを想定する、といっても実際には役割演技であり、自分はセラピストそのものでもクライエントでもありません。

最初のうち彼らは「どう役を演じるか」ということに意識を集中しています。もちろん見られている、観察されているということもまた、緊張を強いられます。「自分はどう振る舞うべきか」……素の自分が答えるのか、あるいは自分が演じている役割で答えるのか？ しかし事態は進行してゆきます。迷っている余裕はありません。彼らは惑いながらもとにかく、幼稚園に行きたがらない5歳児だったらこう答えるか、反抗的な小学校上級生ならこう答えるか、と一応役割を考えつつ言葉や態度で応答してゆきます。と彼らは次第に、確かに自分は"ある子ども"を演じているのだけれども、その子を演じている"自分のなかに動く気持ち"にしたがって応答している、ということに気づいてゆきます。

「プレイ中、自分が何ともいえず嬉しかったのは、セラピストと一緒になかなか開かないカバンをあけようとして、そのカバンが開いた瞬間。そのとき、何ともいえずに幸せな気分になった。子どものこころはこういう、まわりからみるとほんのささいなことで楽しくなったり、明るくなったりするのだと思った」とはある学生の感想です。役割なのに、自分のこころが実際に揺さぶられる体験をするのです。

でももし、このカバンが開いた瞬間、セラピストが「どうでもいい」「ばかみたい」という雰囲気でそこにいたとしたら、どうだったでしょうか。おそらくはこの、"何ともいえずに幸せな気持ち"をクライエントが感じることは起こらなかったのではないでしょうか。これがいわゆるセラピーのなかでの"わかちあう"体験、"共感"とよばれている味わいではないでしょうか。

2　セラピストの頭の中・こころの中

自分のことで精一杯

❓「自分はロールプレイの対象となる子どもについての事前情報から、その子どもへの対応の仕方を調べ、プレイセラピーの書物から導入の際の言葉のかけ方をひき、シミュレーションしながら間違えないようにしっかり憶えよう、と準備した。でもあらかじめ準備した心構えをもとに頭のなかでつくりあげたプレイと、実際とでは大きく違っていた。

クライエントの問題は『人とうまく関わることのできない子ども』という設定だったので、セラピストとしてうまく関わることができなくても、そばにいるということで何かしら相手の意識のなかにははいっているかもしれないし、そばにいることを大事にすればよいのではないか、ということを漠然と考えてはいた。でも実際にその場になってみると、関わっていない自分が不安で不安でたまらない。多分、その子どものことよりも、自分のことしか考えられなくなっていたように思う。頭もこころもパニック状態。まずしなければならないことは、自分の目の前にいる子どもを自分の目でみること、集中しながら素直にその存在を感じてみることなのだろうか、と今ふりかえってあらためて思っている」。

🏆 はじめてクライエントに出会うとき、初心者の多くは書物をよみ、頭のなかで先の学生のようにシミュレートしながら準備を整え、面接に臨むことでしょう。もちろんその準備はしてよいのです。しかし書物に書かれてあることはあくまでも総論です。子どものプレイについて、あるいは症状や障害について書かれてはあっても、"目の前のその子ども"についての情報ではありません。そこが決定的に違うのです。私たちが出会う"その子ども本人"について書かれてあるものは、どこにもありません。ですから事前に集めた情報は、その子に出会った途端に横に置き、その子どもとの関わりに自分の頭もこころも集中させてゆく、そのスイッチの切り替えが必要なのです。

　実際の面接の場で、子どもを相手に何をしたらよいのかわからないとき、私たちは不安になります。そこで相手のためにではなく、自分の不安を解消し、自分をなだめるために関わってしまうということが起こりやすいのです。でも、それでもよいのです。はじめからうまく対処することなど不可能です。「私は何をしにきているの？」とか「これっていつまでやっているの？」というようなことは、関わったから言われるクレーム。その文句なりメッセージをクライエントがセラピストに言えるようになるためにも、まずは自分なりに関わってみることです。

「私に何を求めるの！」と叫びだしたいセラピスト

❓ 「クライエントに『楽しくない！』といわれたとき、自分はすぐに『何か楽しい遊びをしなくてはいけない』と直線的に考え、捕らわれてしまった。そしてつぎつぎに『これも面白くない、これもいや』と言われたとき、『こっちだってわかんない！』『私に何を求めるの！』と叫びだしたくなってしまった。

そのために、クライエントがどのような気持ちでそれを言ったのか、何を求めていたのか、その意をさぐる、ということにはまったく考えがいたらなかった。」

🍸　クライエントに、「ここ（プレイルーム）は面白くない」「面白い玩具がない」「楽しくない」などといわれ、慌てないで泰然自若としていられるセラピストなどいないでしょう。困惑し、何か楽しい遊びを自分がつくりださなければならない、と一生懸命になってしまう……。もちろんクライエントが訴えているのですから、何かがうまくいっていないのです。先のクレームはそのことの表明であることは確かでしょう。しかし「楽しくない」という言葉で表現されていることは、ただ単純に言葉通りにうけとればよいことではありません。その言葉によって何を語ろうとしているのか、ということにこそ、私たちの注意をむけたいもの。

　例えば「楽しくない」といわれたら、「そーか、どういう風にしてみたら、楽しくなりそうかしら？」「どんな玩具があると面白くなりそうかしら？」と本人の意向を尋ねてみるのもよいでしょう。もっと本質的な、「楽しさを求めてきているんじゃないよ」という、治療契約の本質的な訴えがこめられているのかもしれません。

　またもしもこのとき、「せんせい、自分で考えてよ！」といわれたら、これは"ごねる"という関わりがしたいのかもしれません。もしもそうなら、早急に解決するのではなく、きりきり舞いをさせられてあげて、十分にごねさせてあげることがよい対応（実際問題、そんなにうまく面白いことを見つけられるはずはないのですから）。ただしこのとき、セラピストにその自覚がなければ、苦しい"させられ体験"という被害的な気持ちが起こるでしょう。そうなると相手をやっつけたく（加害）なります。

　もしも直線的に対処していったら、「違うよ」「ダメだよ」「面白くないよ」など、相手からの要求もより直截的になり、面接は一層緊迫し、危険ゾーンにはいってゆくかもしれません。くり返しになりますが、大切なのは、セラピストがクライエントからの要求を直線的に解決しようとするのではなく、クライエントが何を訴えているのか、何を求めているのかをまず、きちんと知ろうとすることが大事です。それがわかったら次にどうしたらよいのかを考える。そして相手と一緒に望ましい状態へと変える模索をしてゆけばよい

のです。

相手とむきあえる自分に

❓ 「セラピスト役をしていて、相手がどう感じるか、どう感じているかについて想像力をはたらかせるということが、いかにむずかしいかということを思い知らされた。自分の不安に対応できなくて、その場の具体的な行動に対応することに必死になってしまい、その行動の意味や背景を感じることができなくなってしまった。また相手の痛みを感じることは自分も苦しいし、無意識的にその努力を放棄してしまうという面もあるかもしれないと思う。意識的に相手の世界、相手の痛みを感じとることをしていかないと何も見えてこないかと思った」。

そしてこの学生はこうも言っています。「自分がどういうときに不安を感じ、どういうことが苦手なのかということを、意識していく必要があるのではないかと思った。そして自分の不安を無意識のうちにガードしてしまうのではなく、むきあえるようになりたい、と思った」と。

🍷 自分のなかにわきおこった感情をいかす、あるいは使うということは、言うはやすく行うのはむずかしいものです。「ひどいじゃないの」「あんまりじゃないの」あるいは「うれしいね」「たのしいね」という自分のなかに起こった感情は、その事態を理解するうえでの一番重要な参照枠。

でもあまりに大きな感情を体験すると、人はそれを使う以前に圧倒されてしまい、そのことにすべてのエネルギーが使われてしまうのです。その結果、それをどのように考え、相手のためにどう動いたらよいのか、ということが考えにくくなるのです。

ですから自分のなかにネガティブな感情がわきおこり、わきあがってきたら、それを使うという以前に、それで自分が手いっぱいになって方向喪失状態になっているのではないか、と考えてみることが大事です。使うというのはその次の作業です。自分の立ち位置が確認できたら、やっとどうしたらよいか、という方向に頭がはたらいてゆくのではないでしょうか。

くり返しになりますが、ただ"耐える"ということは、相手との関係を閉ざすということでしかありません。それはこころを使わない手抜きの援助。また、怒りを感じると、自分は笑ってごまかしてしまう、と言っていた学生もいました。笑ってごまかすという行為も人間らしい工夫です。この場合、

笑ってごまかさないようになるということが目的ではありません。めざしたいのは、とっさのときにそういう仕種をする自分のクセに気付いてゆくこと。

頭で考えすぎて何もできない

❓「セラピスト役をしていたときの、クライエントへの声かけのむずかしさ。子どもは人生ゲームをしてから次にパチンコに移った。ガンガン玉がはいってすぐに打止めになった。パチンコはスタートボタンを押せばまたリセットされるのだが、その子はその遊びを楽しそうにやっているようには見えず、ただやりたくもない仕事をやっているように見えた。子どもは次々に別の玩具に流れていった。頭のなかは活発に動いていたけれども、行動としてはただ黙ったまま……自分のなかでどうしたらよいのか、悩んでいた。何をしてよいのかわからない。教科書を読んで、そこに書かれた抽象化された知識をさらに抽象化して知識としてもっていて、それにしたがって振る舞うと、結局は物事が何もみえなくなるのだろう……。どうしてよいかわからない不安を知識でごまかそうとして、結局は基本さえうまくいかない。

最後に子どもは紙飛行機を飛ばした。それはまっすぐには飛ばず、曲がってしまった。でも2度目にはまっすぐに飛ばすことに成功した。自分は『飛んだ』とひとこと、事実記載のように語り、それで終わった。考えてみれば、『それまで曲がっていたものを自分で直し、まっすぐに飛ばせた』ということは、『これまでどうしてよいかわからなかったものを自分で調節し、うまく調整できた』ということのようにも思えてくる。この子の主訴である『どのように人とつきあったらよいかわからない』というテーマと絡めて考えると、飛行機のプレイは、人間関係を自分で調節し、自分をストレートに表現できた、ということを象徴的にあらわしているのではないかと後で思った。

プレイ中の自分は、その場で実際に起こった現象しかみておらずに、飛行機はただの飛行機でしかなく、対人関係をそこから深くよみとっていくことができていなかった。ありふれた現象に象徴的な意味をもたせるのは子どもであり、その子どもの思いをセラピストが共有し、支持できたときに象徴的な意味が達成されるのだろう、と感じた」。

❓ 子どものプレイの意味内容……プレイセラピーをするセラピストはみな、遊びのなかで相手からのメッセージを読みとり、相手を理解していこうとしています。もちろん、セラピストが受けとったストーリーが、そのときのクライエントのこころのなかにあるストーリーと同じであるとは限りません。違う読み方・ずれた理解をしていることの方がずっと多いのだろうと思って私はプレイをしています。でも重要なのは、同じストーリーを共有している

ということではありません。違ってもいいのです。違うことでかえって拓かれてくる世界もあるのです。また、違うことを恐れていたら結局は何も読みとれません。そうなると何も起こらない。だから何も変わらない……関わっている自分、一緒に時間を共有している自分が感じること、それをまず大事にしたいもの。

　そして次に、自分がその読みとったことに対して何らかのアクションを起こします。それは「ヒコーキ飛んだ」という語りかけであったり、うなずきであったり、あるいは黙って傍にいることであったりします。その自分自身の行動（行動しないという行為も含めて）が、今目の前にいるクライエントにとってどうだったかは、そのセラピストの行動に対するクライエントの態度に反映されます。

　いらだってくるようであれば、受けとり方が間違いだったということでしょう。落ち着いてくる、あるいはいい顔をするようであれば、どうやらOKということです。わからなければ、そのまんま進めていく……かならずどこかで何かに触れます。このようにストーリーを読みとること、そして読みとったことを対応のなかで返してゆくこと、そしてその返したことにクライエントがどう対応したか……という無数の連鎖でプレイセラピーは展開してゆくのです。だからもちろん、失敗してもよいのです。失敗したら相手が教えてくれます。具体的には「違うよ」「わかってない！」といったメッセージを受けて、また出直してゆけばよいのです。

足元がぐらぐらするほどの不安

　❓「はじめてセラピスト役を体験してみて、足元がぐらぐらして立っていられないほどの不安を感じた。実際のセラピーの場面で、どうやってその感情はおさまってゆくのだろうか？」。

　💡　この疑問に対し、ある学生は「プレイセラピーの場合は特に、子どもがひっぱっていってくれる」と答えています。「セラピストがどのように関わるのかということは大切なことだろうけれども、子どもはやりたいことをやっていく。そして何かの偶然があって、そこでセラピストとクライエントのこころが通うということがあるのだろう」と。

　初心者に不安や緊張があるのは当然のこと。いくら経験を積んだとしても、

出会いに対する緊張がなくなることはありません。とはいえ、あまりに不安がとれなくて、セラピスト自身が精神的に落ちつくことがむずかしい場合には、極端ないい方をするならばセラピストとしての適性を考えた方がよいのかもしれません。セラピーというのは不安と緊張の連続です。不安がなくなることはなく、不安でどうなるのかわからないこと（つまり、そのクライエントに対してとった自分の対応がよかったのか悪かったのか、あるいはそのクライエントに自殺の危険があるのではないかという不安など）の連続です。精神的に穏やかで安定し、すっきりする、ということはあり得ません。いつ、何が起こるのかもわかりません。セラピストになるには、やさしさと適度な感性だけでなく、この不安や漠然としたあいまいさをもちつつも、自分の日常生活をそれなりにいとなめる現実感覚も必要なのです。

3　導入するとき

お願いして遊んでもらう？！──初回の導入のむずかしさ

❓「はじめて相談にきた子どもがプレイセラピーにのり気でなかったとき、セラピストである自分はまるで、お願いして遊んでもらうような、こびる態度になってしまっていた。何とかセラピーにつなげなくちゃというあせりで必死だった」。

「思春期の子どもで、カウンセリング場面に無理やり、どこへいくのかも黙ってつれてこられるという場合もあり、そういうときには『なぜここに彼らがいるのか』『親も子も共にどういう気持ちできているのか』ということをまず考えるというのは、はじめて教わった気がする。それまで自分には、『何を相談したいのですか』という前提しか頭になく、そこからスタートすることしか考えていなかった。『来たくなんかない』『相談なんかしたくない』（だけど来たし、相談したくないというわけでもない……）というような、相談以前の段階があり、そこから扱っていくのだ、ということは確かに本では読んだかもしれないけれども、実際にはわかっていなかった」。

❗ 親につれられてきたクライエントに対しては、初回時に、「今日はお母さん（お父さん）に何て言われてやって来たの？」と尋ねる姿勢をまずはもちたいもの。それは本人を主役にするためです。

とはいえ、プレイルームをみた途端、「ワーイ」と喜んで目を輝かせ、す

ぐに遊びにはいる子どももいます。その場合には無理やり初回から言葉による契約をするというよりも、野暮なことは後にまわし、セラピーにはいってゆくのがよいのです。そういう子も、数回通うと、「自分はなんでここに毎週遊びにきてるのだろう？」という、まっとうな疑問を言葉にすることが多いのです。そのときに、改めて言葉で契約を結べばよいのです。

　その一方で、「何でここで遊ばなくちゃいけないの？」と初回から首を傾げる子どももいます。これもまた、まっとうな反応です。その場合には、きちんとそれを話題にします。たとえば「○○ちゃんが、朝、お腹がいたくなっちゃうことがあるって、お母さんから聞いたの。そうなのかしら？」。これに対して相手はウンとかウウンとか返してきます。それを受けてセラピストは「ここはお腹がいたくならないようになるためのお部屋なの。そういうとき、ふつうはお腹をもしもし（聴診器のこと）して、お薬をもらうでしょう。そうではなくて、いっぱい遊ぶことが役立つの。そういう不思議なお部屋なの。だからここに遊びにきてみない？」というやりとりもあるでしょう。

　治療契約というと、しかつめらしく、大人の言葉でその子の主訴を共有する、ということだと思いがち。でもそれは実際とは大違い。現実はもっと柔軟で弾力的な会話です。相手にすーっとはいってゆき、OKしてもらえそうな、個別の工夫が肝心です。困っていることは何なのかを直接聞いてしまい、「困っていることは何もない」といわれたら、その次の駒が打てません。次の駒にすすめることができそうな手を打ちながら、少しずつ「困っていること」に近づいてゆくのがコツでしょう。

お母さんから離さないで！——子どもの悲鳴

?　「母子の同席治療の初回面接という設定で子ども役をやってみた。セッション中とにかく、ただただ『お母さんと離れたくない』ということだけを痛切に感じていた。『ここで遊んでみる？』と聞かれたときも、『お母さんは？』ととっさに言っていた。とりあえずは一緒でよいようだったが、しばらくたって、自分の前で言いにくそうな話が母親と担当者との間にでてきたとき、自分の担当セラピストが『こっちに玩具があるよ』など、何気なくではあったが、自分を母親からひき離そうとしてきた。そのときには本当に涙がでるほど悲しかった。とはいえ、母親が困っているのもわかった。母親を困らせてしまって悪いなという気持ちも起こっていた。

自分の担当セラピストが、あまり自分（子ども役）と関係をつくることができなかったと後のディスカッションで語っていた。でも、自分としてはそうではなく、積極的に関わってもらわなかったことがよかったと思っている。初回のときには、とても不安で母親のことしか見ることができなかった。もしもセラピストに積極的に関わられたら、本気で泣き出してしまったかもしれない。ああいう場面では、子どもの担当は最初のうちは母親が問題を話すのを聞き、子どもの問題を一緒に共有していく、というだけでよいのではないだろうか。あまりに関わりを焦りすぎると、子どもを必要以上に不安にさせてしまうように思った」。

🍄 子どものプレイセラピーと並行して親面接を行うという、親と子をわけた並行面接治療というスタイルと共に、親子の同席治療というスタイルがあります。目の前の、親と子の関係性を直接扱うという、技法上の利点があると同時に、特に幼少期、親と離れることが不安な子どもに親と一緒にいることを保障する、というスタイルです。

はじめてわけのわからない場（相談機関）につれてこられて、「あっちに玩具があるんだよ、好きに遊んでいいんだよ」と言われても、そんなに心安くできるものではないでしょう。そのことに子どもが不安を感じたとしても、それはまっとうな反応です。その不安を低減させることが、まずはセラピストの仕事です。つまり“安心できる時空間を提供する”のです。そのために「親と一緒」という構造をつくるのです。

先の学生も語っているように、意図的に離そうとしなくても、何かの折に遊びに目を向けさせ、親から切り離そうとされるようでは、子どもは場に対する安心感をもつことはできません。かえって不安が増すでしょう。「ちゃんと一緒よ大丈夫」と言葉と行為で保障して、それをしっかりと守るセラピストの態度が求められるセッションです。慣れてきて安心できると、子どもは「お母さんはあっちでお話ししていてもいいよ」といってくれるものです。

初回に同席面接という形をとる場合の、全体のマネージメントのむずかしい点は、親の訴えをどのように共有するか、ということでしょう。親は子どもに何らかの問題を感じ、そのことで相談に来ているわけです。しかしその当事者である子どもはそこにいて、親の話を聞いています。遊びに熱中させて気をそらさせるという、現実にしばしば取られる方法は、ごまかしであり、基本的に間違っていると私は思っています。

先の学生は、「最初のうちは母親が問題を話すのを聞き、子どもの問題を一緒に共有していくということだけでよいのではないか」とそのときの印象を語っています。私もそれに全面的に賛成です。その場合の"問題の共有"は、「ほんのさわりの部分」です。「幼稚園になかなか行きたがらなくて」とか「夜尿がとれなくて」あるいは「子どものちょっとした行動に自分（親自身）が切れてしまって、あたってしまう」「子どもの様子が変なのです」など、その内容にまで深くつっこまず、いわば目次のようなものを提示してもらうのは、むしろ、一度は子どもの前で行った方がよいと私は考えています。公園に遊びにいくのと、プレイルームに遊びに来る意味の違いは無意識的には子ども自身、感じているはず。だから簡単な目次だけは共有し、中身は個別に対応する。同席治療の形態をとって関係性を扱いながら、子どもに聞かせたくない話は、個別に親面接で対応するなり、電話面接で対応する、というように、柔軟に面接の構造を変えて対応するとよいのです。

　このとき母親が視線で、「子どもに聞かせたくない話なので」とセラピストに合図を送り、椅子をひき寄せ声をひそめて話はじめようとする、ということもしばしば起こりますが、そうしていくと、セラピストと母親がペアになり、子どもはその関係のなかから排除されてしまいます。もしも子どもに別の担当セラピストがついている場合であっても、内緒話はしない方がよいのです。母親に「内緒話は子どもが聞いているのでやめましょう」と伝えることが、まずは必要な対応でしょう。

一体何をしてくれるの！――父親役をやってみた実感

　❓「父親としては、子育ても保育園に任せたいくらいだし、子どもの面倒くさいことはここ（セラピスト）に何とかして欲しい、とやはり任せたい気持ちになった。だから同席面接といわれても、ただ目の前で子どもが遊んでいるのをみるだけ。すぐに何かしてくれるわけではない。いらいらした気持ちが起こってきた」。

　♣　この感想を受けて一番痛切に感じること。それは相談への導入のオリエンテーションのむずかしさと重要性です。
　心理臨床の初心者は、しばしば相手がすでに心理面接（この場合はプレイセラピー）について十分な理解をもっており、それ相当の動機づけをもち、

継続面接を念頭にいれて相談に来ていると考えがちです。きちんと状況を把握しないまま、「とりあえず通ってみますか」で始まるセラピーは、案外多いのではないでしょうか。この父親役の学生の感想は、そのあたりを突いているように思います。

初回でとにかく、「何を求めて来談したのか」「どのような経緯できたのか」「なぜ、いま、このときにきたのか」という、初回面接の際に聞くポイント（矢花、1981）をしっかりと押さえること、特に情感のレベルでプレイセラピーの意味や意図を漠然と把握することがむずかしい人の場合には、プレイセラピーでのやりとりの具体的な意味づけを言葉で、ある程度わかりやすく説明するという作業を面接の際に加えるなどの工夫が必要です。日常を論理の世界の中で生活している父親（男性一般といってもいいでしょう）に、「遊んでいく」ことの治療的な意味合いをフィーリングや雰囲気で察してもらい、わかってもらおうとするのは、セラピストの手抜きです。論理の世界に対しては、一応、できるところまででよいので、言葉で説明するのです。頭で「そういうものか」と理解してもらえればよいのです。

そして「自分はつれてきただけ、あなた（セラピスト、あるいは母親）がはやく何とかしてくれ」と考えるような父親に対しては、きっちりとそういうものではないということ、ここ（セラピスト）ができることと親がしなければならないこと、夫としてすべきことを線引きし、整理し、ガイダンスすることをしなければなりません。セラピストの側のそのような工夫が、やがて心理相談のなかでの父親不在、家庭のなかでの父親不在を変えていくのではないでしょうか。父親が来談したときは、そのような絶好の機会なのです。

これほどまでに不安な私——母親役をやってみた実感

? 「それほどせっぱつまっていないように見えるお母さんや、子どもの分まで自分で喋ってしまうお母さん、あるいは『先生、どう思われますか』と子どもの前で聞いてくるお母さん……セラピストとして実際の面接のなかで母親に接するとき、どこか苦手な感じがあった。自分の気持ちで精一杯で、母親自身がどう感じているかということは、今まであまり思いをめぐらすことができなかった。

今回、母親役をしてみてこころのなかにわきおこってきたのは、『自分が非難されたらどうしよう？』『ここで何を提供してもらえるんだろうか？』『子ど

もの前でどこまで話せばいいんだろう？』というような思い。自分が何か追い詰められる感じと同時に、自分が子どもを追い詰めてしまうような息苦しさを感じた。こんなに不安が高まるような状況になるなんて、と驚いたというのが正直なところ」。

「子どもをカウンセリングに連れてくるという状況によって母親に課される負担、しかも、面接のなかでどうしようもなく他人の前にさらされてしまう感覚、本当にびっくりした。母親の気持ちをもっと大切に、配慮したいと思った」。

「子どもが相談室で『つまんない』『帰りたい』と言いだした。母親としてセラピストの手前、自分が叱らなければいけないかなーと思いつつ、その一方でセラピストに対して『ここで（あなたに）何とかして欲しい』という期待ももっていた。気持ちとしては、セラピストの対応を見たい、それで相手を信頼できるかどうか見極めたい、という気持ちが起こっていたのだと思う」。

🍷　子どもに心配なことがあって相談に訪れるお母さん。何を言われるだろう、どう自分が評価されるだろう、と心配でしょう。自分の子育てに対する自信喪失もあるかもしれません。それ以前にまだ、何がどうなってこんなことになってしまったのだろう、という混乱のなかにいるお母さんもいるでしょう。でも何よりも、こんな形で誰かに対して「自分をさらけださなければならないこと」「（精神的に）裸にされるような感覚」が苦しいのではないでしょうか。

しがみつきの激しい子どもの母親役を演じた学生は、「矛盾する気持ちがあった。子どもに『よしよし（離れないでいいのよ）』という気持ちと『少し離れてくれ』という気持ちの両方が起こっていた。子どものこんな状態に対する、幼稚園の先生の対応を非難する話しをしていたのだが、それを語っている自分自身が、相手にその自分の気持ちを読まれているような感じをある瞬間もった。自分が裸にされる……そう感じた。話が進んでいくことへの怖さがあった。自分はやさしい母親のつもりでいたが、話しをしていくうちに余裕がなくなっていった。困っている状況を語っていくうちに、けっしてうまくいっていない自分と子どもとの関係がさらけだされていく感じだった。そのことをセラピストに見られている……とても複雑な心境になった」と語っています。この体験こそ宝物。

母親面接をはじめてもつ初心者は、まだ半人前である自分、独身だったり、親にはなっていないということで、母親に担当者としてがっかりされるので

はないか、という、自分自身の気持ちばかりに気がむきがち。でも、母親はそれ以上に不安や負い目、さらには自分をさらすことへの惑いで、こころの中はいっぱいです。若くても、独身でも、親ではなくても、はじめてのケースだったとしても、それを負い目として自覚しつつ、背のびをしないで面接に臨んでゆけばよいのです。

4 プレイセラピーって？

「何をしてもいい」と言われても──クライエントが感じる重荷

❓ 「子どもの役をやってみて、プレイルームに対する自分の感情に意外さを感じた。演じる前は『こんなにたくさんの玩具があるのだから、いろんなことをしたくなるだろうな』と思っていた。でも実際は何かに興味をもつことがなかなかできなかった。選択肢がありすぎたり、何でも自分の好きなようにしてよい、ということはうれしい反面、どこか責任を感じるようで気が重かった」。

「子ども役をしていて、セラピストが『何をしてもいいのよ』といってくれても、特に何をしたいという気持ちにはならなかった。セラピストが自分に意見を聞いてくれる感じはわかったが、何かに興味をもたなければならない気がし、すべてを任せられるのは重荷だった。セラピストにも自分と同じように参加して欲しいと思う気持ちがあった」。

「セラピスト役をやっている最中、自分はクライエントと2人でどのように関係をつくり、2人でどのようにプレイを進めていくかということを一番気にしていた。子ども主体で進めたいという自分の思いが先行し、『何か面白そうなものある？』『面白そうなもの探して……』『どんなもの探したらいいかな……』など、たくさん質問してしまい、子どもに『何か一緒にしたいよ』『一緒に選んで』といわれてしまった。子ども主体でありたいと考えていたけれども、実際は、子どもに主体性を与えようとする自分の意向の方がプレイのなかに強くあらわれてしまっていた。そのために子どもに自分で決めなくてはいけないという負荷を加えてしまい、だから一緒に遊びたい、という要求をひきおこすことになっていたのだと思う」。

🏆 プレイルームという場は基本的に、クライエントである子どもにとって、できるだけ不安が少なく、守られた空間であり、嫌なことをさせられるところではない、その子がその子らしくいることができる場である……等々のことがいわれています。しかしそこで、ただ「自分の自由にしていい」とか、「あなたらしく遊んでいい」といわれても、戸惑ってしまうものでしょう。

人はそんなに無邪気でも無神経でもありません。場にも関係にも慣れていなければ、なおのこと。

　プレイルームでの主役がクライエントである、ということはいうまでもありません。ただそれは、すべての決定をクライエントに委ねればクライエントを尊重し重んじたことになるというような単純なことではないようです。先の学生の言うように、相手の主体性を重んじたい、というセラピストの気持ちが相手に負担になるということも、頭にいれておきたいもの。

　セラピストが動けずにいるクライエントの意をくんで、何か玩具を選んでみようとする、あるいは何かをしたい気持ちが起こるまで、ただ一緒にそこに居る、勝手に遊んでいるようなのでとりあえずそれを保障してみる、あるいは「一緒に遊ぼう」と言ってみるなど、何をどうすると相手の気持ちに沿えるのか、あるいは負担を課すことになるのか、ということは実際にはわかりません。つまりそれは、相手次第で変わるということ。だから「私はこうするの」と決めてしまわずに、そのとき出会ったクライエントと一緒に迷いながら、そのケースごとに自分の関わり方を模索してゆくのです。くり返しになりますが、「自由にしてよい」ということは、とてもむずかしいことなのです。それはセラピストである自分が相手と一緒にいて自由でいられるか、ということを考えてみると、容易に想像できるのではないでしょうか。

「何もしたくない」ということは？

❷　「幼稚園で何もしたくない、しゃべりたくないという問題をもって相談に来た子どものセラピスト役を担当した。プレイルームでも何もしたくない様子で、自分があれこれ提示してもほとんど拒否され、ほとほと困り果ててしまった。ディスカッションの場で『何もしないこともセラピストの役割』ということがいわれていた。頭ではわかるのだが、ほとんど知らない人と1対1で、何もしないで一緒にいるという場の圧迫感に、子どもが耐えられるのだろうか、と考え込んでしまった。今回のプレイをふりかえっても、最初から何もしないでいることは無理だったように思うのだけれども……」。

　「自分はそのセッション（先の学生の相方）の子ども役をやってみた。セラピストが誘ってくれても、自分をみせたくない気持ちが強く、セラピストに自分の世界をひきだされることに抵抗があった。途中でお絵かきをはじめ、セラピストも描いてくれているとき、自分を出すのではなく、セラピストの世界の片隅に自分をいれてもらえたようで、そのときうれしかった。いろいろやった

あげくに最後にセラピストがとうとう『何もしないでいようか』といってくれたとき、心からほっとして自分を救ってもらえたと感じた。でも、もしも最初からそれをポンといわれても、きっとうれしくなかったのではないかと思う。
　一緒に遊ばなくてもセラピーになるということや、クライエントの表面上の反応はとても小さくても、心のなかは大きく揺れているということ、クライエントの世界をみようとするのではなく、セラピストの世界を開いてくれることがセラピーになることもある、ということが発見だった」。

♣　このケースでセラピストは子どもに「何をして遊ぼうか」ともちかけるのですが、子どもはうつむいたまま座っています。セラピストに何かを尋ねられると、どんどん下をむいてしまいます。でも、しばらくして「何もしたくないのかな」と聞かれたときには、首を横にふって「違うよ」と伝えています。実際のプレイの場面でも、しばしば見られる光景です。

　その子どもが何をどう考えているのか……それは誰にもわかりません。そこで必要なことは、想像してみる、空想してみるということでしょう。もしかしたらその子は、プレイルームで、本当に「何もしたくない」のかもしれません。あるいはそうではなく、「何をどうしたらよいのか」がわからないのかもしれません。心の奥深くには「何かがある」。何かをやろうかと提案されれば、それは「違う」、とはっきりわかる。でも、だからといって、じゃあ自分がどうしたらよいのかということまでは、わかっていない……。私たちは「ほんとうにしたいこと」など、そんなによくわかっているわけではありません。逆にいえば、やりたいことがみえてきたら、状態はかなりよくなってきているといえるのです。

　人は、どんな幼い子どもでも、本当に嫌ならプレイルームには来ないのです（拒否）。来るからには何か必然性があるのです。だからそれを本人がつかむまでセラピストはおろおろしながらでよいので、あたりをつけてみるのがすべきこと。その子が動きだすまでボーっと何もせず待ってみるというのはただの手抜き。「今日はどうして過ごそうか……」で導入したとして、以前、遊んでいたことのある粘土やお絵描きを提示してみるのもよいでしょう。玩具の棚を覗きながら、どうしたらよさそうか……音楽を聞くのもよいかもしれない。その想像があまりにかけ離れたものでなければ、「違う」とか「嫌だよ」は言ってもらえるでしょう。もしもそこでセラピストが提案した

遊びをうけて遊んでくれるのであるならば、しばらくそれで様子をみる、ということもあってもよいかもしれません。あるときには「何しに来ているのか、ちょっとわからなくなっているかしら？」と尋ねてみてもよいのです。それは「セラピストが捉えているクライエントの問題と、それに対するセラピストの提供しているもの」と、「クライエント自身が捉えている自分の問題と、それに対する解決方法」とのつきあわせ。これこそ肝心要のことなのです。「何して遊ぼ？」という導入は、とっても雑なセリフであって、それで OK な子どももいる一方、not-OK の子どももいるのです。そして not-OK の子どもに対しては、もう少しピッタリくる言葉をセラピストはこころの中で探していくのがなすべき作業。

　「何をするのかは、あなたが決めるのよ」とまじに迫るのは、ほとんど脅しというものです。クライエントの反応を感知しながら、共有できそうな窓口をみつけていこう、という姿勢で臨みたい。その選択肢のひとつとして、「何もしないっていうことをしてみる」ということもあり得ます。たとえば「一緒にトランポリンに座ってお昼寝をしてみようか？」と提案してやってみた結果、「こんなのつまんない！」としっかりと文句を言われ、それが転機になるということも起こります。これもまた、ひとつの成果であり展開です。相手に責任をすべて背負わせるのでも、こちらが全面的によい状況をつくりあげていくのでもなく、"一緒"に考えて工夫してゆくのです。

　この子ども役の学生は、そのとき「強引に何かをひきだされていくのが嫌だった。そっとしつつ、場を進めて欲しかった」と語っています。これは大事なポイントです。ひきだせばよい、ということではないのです。そっと自分に添って欲しい、それがそのときのクライエントの願いだったということです。

　先の子ども役の学生は「セラピストとクライエントがいかにずれているか、ということをクライエントをしてみてはじめてわかった。確かにセラピストのやり方は自分の気持ちに沿ってくれるものではなく、ずれていた。でもそれにもかかわらず、自分に対して誠実に真摯にむきあおうとするセラピストが存在するということだけで、何か大きな救いになったということに気づいた。逆にいえば、誠実さや真摯さを失ったらセラピストとしてやっていけない、という当たり前のことにあらためて気づかされた」と語っています。

"一緒に嘆く"むずかしさ

❓ 「カラー粘土の複数の色が混じってしまい、イライラしてきた子ども。そのセラピスト役をしていた自分は、何とかそのイライラを減らしてあげたいと思いながらも、どうしてあげることもできないという状態になっていた。自分の無力さに不安になり、『大丈夫？』『気になるかな？』などという言葉をくり返していた。後のディスカッションで、セラピストの仕事は、もとに戻らないものを元に戻してあげることではなく、元に戻らないことの苦しさを一緒に嘆くことではないか、と先生にいわれ、はっとした。何とかしてよ、とお願いされれば、何とかして応えてあげたくなってしまう。特に普段の関係であれば『できないよ』と言ってしまうことでも、セラピーの場面ではそうはいかない。しかし実際にはどうすることもできず、不安になってしまう自分がいる。自分自身がそんな不安に満たされてしまって、相手の痛みを感じるどころではなくなっていた。そして苦しさをひきうけることは自分も苦しいから、その場を何とかやり過ごすことに集中してしまう。

こういうとき、『セラピストの仕事は何か』ということを意識する必要があるのではないだろうか。そう意識することによって、自分が何とかしてあげなければならない、というような勝手な思いこみから、相手の痛みを一緒にひきうけようとするところに戻ることができるのかもしれない。でも実際に、相手の痛みをひきうけることはとても苦しいし、むずかしいことだろうということを感じた」。

🍄 セラピストはクライエントに「どうしたらいいのか」と問われたことに、答えをポンポンと出してゆく解答マシーンではありません。そんなことは誰も考えてはいません。いえ、そうだといいなーとは思っても、実際にはそういうものでもないのだろう、とわかっているのがクライエントです。

クライエントが抱え、訴えて相談にもちこんでくる苦しさや心の痛みのなかで、解決してゆくことができることは、おそらくはほんのわずかな部分でしょう。変わることが望めないことの方が多いのです。人が自分の現実をひきうけてゆくプロセスを、痛みを共有しながら体験してゆこうとする、セラピストはその助力をするだけなのではないでしょうか。

また、先のケースでは、複数の色が混じった粘土それ自体は、どうにも元に戻しようがありません。だとしたら、そのことだけに没入し、何とかしようとするのもひとつの方法ですが、別のことに変えてみようとする（浅薄な）試みもあり得るように思います。クライエントがその提案にのってくれる、のってくれない、はともかくとして……です。いろいろバタバタととり

くんでくれるセラピストの姿は、どこかクライエントにも響くのではないでしょうか。しっかりと沈殿する（つまり痛みをひきうけ、がっかりする）のも私たちの仕事なら、ただ沈殿するだけでなく、あがいてみようとするのも私たちの仕事なのです。この一見相反するようにみえる仕事がセラピストに求められているのではないかと私は考えています。

ためす行為の背後にある、セラピストへの期待感

❷ 「自分はクライエント役の幼稚園の子どもの役をやっていたが、セラピストに対して始終イライラをぶつけていた。セラピストが嫌いだからというわけではなく、むしろもっと関わって欲しいのに、もっと反応して欲しいのに、思ったようなリアクションが得られない、満たされないという感じだった。

　最初に人形遊びをしたときのセラピストの反応に不満を感じ、次にお絵描きを選んだ。セラピストは最初、あんまり人形遊びもお絵描きもしたくなさそうだった。聞いたら好きじゃないと言っていた。でも私はしたかったので、やや強引だったけれども誘った。やっぱりつきあってくれていない。あんまり相手をしてくれないので、セラピストに描かせ、『下手だね』『変なネコ』といじわるい言葉を口にした。それはおそらく、そうすることでセラピストと何とか濃い関わりをしたいと思ったのだと思う。でも相変わらずセラピストは動じず、落着き払って何も言ってくれなかった。それでますますイライラが募ってきてしまった……」。

🍷 このケースの場合、セラピストはクライエントに次々嫌なことをいわれ、苦手なことをさせられたことからむっとなり、頭にきて、描いているときに自分の手についたクレヨンをクライエントの手になすりつける、という行動を起こしました。それに対してクライエントは「嫌だ、きたない！」と激しく怒り、ふてくされたまま終わりになる、という展開でセラピーが終了しました。

親と子の関係がこじれてゆくときの雰囲気が、このセッションによくあらわれています。クライエントはセラピストに「一緒に遊ぼう」と誘っているのに、セラピストにはその気がない。これではクライエントは「勝手に遊べば」とセラピストに言われているようなもの。この学生は自分の気持ちにただ、素直にしたがって行動しただけなのかもしれませんが、それが相手にどのように響き、どのように影響するかということを常に考えて行動すること。

それがセラピーの関係なのです。八つ当たりをするとしても、そうしている自分への自覚が必要です。クライエントは弱い立場の人々なのですから。

相談機関で一緒に遊ぶのは、クライエントの問題を解決する手段であり、セラピストが楽しむための時間ではありません。相手があって、その相手に役立つように自分がいる。そういう関係。もしもセラピストの嫌なことを最初から配慮してくれるようであれば、「他者の気持ちを敏感に察知し、自分の要求を抑えこみ、相手が困らないように対処する子ども」である可能性があります。ですからもしも配慮してくれたら、「ああ、お陰で自分は助かるけれども、この子は現実場面で自分を抑えて無理をしているのではないだろうか」と考え、その子どもが自由にわがままができるように援助することがセラピストの方の役割になるでしょう。とはいえ、セラピストがあまりに自分を抑え、殺し、無理をしなければ相手と関係を築けない、ひとつとして、相手のよいところを見つけられない、そのまま受けいれることができないという場合には、セラピーそのものが無理だといわざるをえないでしょう。

このクライエントは「セラピストが怒るかな、何か言うかな」と試し続けながらイライラを深めていたけれども、その背後にはセラピストに対する期待感や信頼感があったからこそできたことだったと思う、と述べています。期待や信頼が幾ばくかでもあるからこそ、人は何かを訴えるのです。

「せんせいの赤ちゃんになりたい！」「彼氏になって！」と言われて

? 「『先生の赤ちゃんになりたい！』とセッションの間訴えつづけ、セラピストを困らせていた子ども。妹が誕生し、母親を妹にとられたと感じていたからだろうか」。

「『せんせいの赤ちゃんになりたい』という子どもの気持ちをどのように受けとめてあげられるか、セラピストとして悩んだ。もちろんただ『いいよ』あるいは『ダメだよ』ということ、あるいは別の言葉を使って制すればいいとは思えない。嘘をつくのではなく、枠を壊さず、その上でその子どものそういうことを言わざるをえない気持ちをどう受けとめたらよいのか、ということのむずかしさに直面していた。終了のときもスムーズには終われなかった。でも、自分としてはそういう制限やセラピストとして感じている感情は、ノン・バーバルにも伝わっていくものだという実感があった。だからプレイ中も子どもが抱いていたぬいぐるみを、子どもと一緒にトントン叩いたり、なでたりし、子どもの淋しさを一緒に受けとめようということはしていたつもり。でも言葉がう

まく使えない分、ノン・バーバルな伝わり方を過信して頼りすぎてしまったり、言葉で伝えることをさぼってしまいがちになるところも、これからの課題だと思った」。

一方、『赤ちゃんになりたい』と叫んでいた子ども役としては、「セラピストが言っていたように、確かにぬいぐるみが重要な役割を担っていたと思う。その役割としては緊張を和らげる・攻撃性を転換させる・互い（セラピストとクライエント）の間の距離を調節する、などがあったと思う。たとえば『子どもになる！』と自分が言い、お互いのフラストレーションが高まってくると、いったんその問題を離れて２人でぬいぐるみをいじることが多かった。自分のなかではセラピストを困らせていることに次第に動揺し、悪いなーという気持ちが起こってきた。でもその一方で、セラピストがごまかそうとしたり、はぐらかそうとせずにいてくれたことは、確かな手応えとして伝わってきていた。とはいえ、やはり自分はセラピストに、自分の気持ちをわかってもらえているとは思えていなかったから、くり返し言っていたのだろうと思う」。

「自分はちょっとませた小学生の子どものセラピスト役をしたのだが、その子どもに『彼氏になって！』と言われ、それがその子にとってどういう意味なのかを考えることなく気軽に『いいよ』といってしまった」。

🕯 「せんせいの赤ちゃんになりたい」「彼氏（彼女）になって」というようなことが、時としてセラピーのなかで語られます。そのときその子どもは、いったいどのような気持ちなのでしょう？

最初のケースでは妹がうまれ、その子は母親をとられてしまい、ちょっと淋しい気持ちがあったことが影響しているようだ、という背景情報がありました。赤ちゃんになるということは、その子どもがもう一度うまれなおし、最初からやりなおしたいと思っていることのあらわれなのかもしれません。あるいは十分に抱っこして欲しい（関わって欲しい）という意味なのかもしれません。その子は「ママやお家が嫌なんじゃないの。せんせいがいいの」と語り、終了時には「ここでしか会えないなら、お家には帰りたくない」とごねています。つまり実際のお母さんが嫌だからではなく、先生が自分にとって特別の存在になっている、ということを語っています。

その子は家（現実）とプレイルーム（非現実）をきちんとわけて捉えています。セラピストと本物の母親と取り替えたい、ということではありません。だとしたら、たとえば「ここ（プレイルーム）でせんせいがお母さん役を演じてみる、っていうのはどうかしら？」と提案するのはどうでしょう。相談

室での"ごっこ遊び"にしてみようというアイデアです。

また帰りかけのときの「(せんせいと)ここでしか会えないなら、お家には帰りたくない」という言葉に対しては、「今日お帰りしないと、次にまた会うっていうこと(お母さんになるっていうこと)ができなくなっちゃう。そうだと大変大変。次に○○ちゃんと会うために、残念だけれど今日はバイバイすることにしよう」と言ってみるのも一案でしょう。子どものずっと一緒にいたい、という気持ちを子ども自身にひきあげてもらい、お帰りにこぎつけるためには、「何とか強引にでも帰ってもらう」vs「どうしても帰りたくない」という綱引き関係に、ちょっと違った風をいれることがよいのではないか、と私は考えます。「お帰りしなくちゃ会えないね」というのは、一見ごまかしのようですが事実でもあります。

私はこのような言い方を時々、実際のプレイのなかで使います。「あれ？変だな」とちょっとキツネにつままれたような顔がみられたり、ポカンとあっけにとられたり、妙に納得してくれたりと、その反応はいろいろです。とはいえ何かが響くようで、子どもたちは帰ってくれます。「時間だから」という当たり前のことでは、どうもきっかけにはなりにくいのです。新鮮な何かを提供したから、「何か妙だな〜」と思いながらも帰ってくれるのではないでしょうか。子どもは自分の気持ちを収めるきっかけを探しているのです。帰るための"はずみ"が必要なのです。ですからその言葉は何でもよいのです。自分なりに工夫して、新鮮な風が送りこめれば成功でしょう。

次の「彼氏になって」に安直に「いいよ」と言うという運び。先のケースと同様に、プレイルームのなかでの「彼氏になる」のであれば、了解してもよいのですが、そうでなければこれはその場しのぎのいい加減なウソを言ったことにしかなりません。これでは互いの間に信頼感は育ちません。どんな場合でも、やっぱりウソはいけません。しかしウソをつくことは、絶対にないとはいえません。そういう場合には、セラピスト自身がウソをついたことをしっかりと自覚し、意識化しておくことです。

"何とかしなくちゃ"病

❷ 「セラピスト役をしていて、必要以上にクライエントに『なんかして遊ぼう』とあれやこれや言いながら迫っている自分がいた。相手はそのとき、『せ

んせいとただ静かに一緒にいたいなー』とか、『これから何しようかなー』と考えていたということを後のディスカッションで聞いてびっくりした。何か行動しなければ、何かしていなければ、ということしか、そのときの自分の頭のなかにはなかった。相手のことがみえていなかったのだと思う」。

「ロールプレイを終えてからも、自分が『何ができたか』『どうすればよかったか』ということばかり考えていた。おそらくセラピストとして『何もしないでいることへの居心地の悪さ』があったからではないだろうか。自分はセラピストの側からしかものをみていなかったけれども、クライエント側の視点にシフトすることが必要なのだと思った」。

「『あのときどうすればよかったか』『他にどのようにできたか』など、目にみえる、あるいは言葉でのアプローチにばかりとらわれていた。何かしなくちゃいけない、という気持ちだけ先走り、クライエント不在の答え探しをしているようだった。しかし状況やクライエントによってさまざまな関わり方があり、明確な正解などない、ということが徐々にわかってきた。だからといって、どう考えてもしょうがない、というのではなく、クライエントの立場にたって『どうして欲しかったか』を考えてみることが大切なのだと思った」。

「ディスカッションで『子どもの気持ちに視点があてられず、セラピストに何ができるか、ということばかり問題とされている』という点を先生が指摘していた。これはセラピストというものの本質的な問題なのではないか、と思った。自分も指摘されるたびに毎回はっとするのだが、いざ次の回に何か考えようとするときには、どうしても『何をすべきか』『何ができるか』ということに思考が傾いてしまいがちで、肝心の子どもの気持ちについて思いをめぐらしてみるということを、すっかり忘れてしまっていたように思う。

プレイという状況のなかで、それがただの遊びではなくセラピーとして機能していくために、セラピストはどうあるべきかということを考えたとき、子どもの気持ちに自分を沿わせていく視点と、状況を客観的に把握し自分の対応を考える視点という、2つの視点を同時にもたなくてはならないことは、いくら頭で理解しているつもりでも、実際には本当にむずかしいことだと思う。逆にいえば、相手がそういうことを忘れているということを子どもがいかに敏感に感じとれてしまうものなのかということが今回、クライエント役を経験してみてよくわかった。相手（セラピスト）が一生懸命であることもわかるだけに、伝えようとしているのに自分の気持ちが通じないときのクライエントのフラストレーションというのは、大きくなるものだろうと思った」。

♣ セラピストが何をするか、どう応対するかということはもちろん重要なこと。しかしそれはクライエントがどう感じ、どう思ったか、ということを大前提としてのことです。ところが初心者はしばしば、相手の気持ちを置き

去りにして、「自分はどう振る舞うべきだったか」にばかり気持ちがむきがち。

　このことは、例えば3歳になった子どもを幼稚園にいれようか、あと1年待機させようかという迷いや、朝お腹がいたいといって登校をしぶる子どもを前に、登校刺激を与えた方がいいのか待った方がいいのかを迷う、親の気持ちとどこか似ているようにも思えます。その答えは幼稚園にいれたときに子どもがどうなりそうか、登校刺激を与えると子どもはどうなりそうか、を予測し、考えてみることによってしか、でてはこないでしょう。それはすなわち、親が子どもの反応を推測し、とりあえずやってみる（あるいはやめて様子をみてみる）、そしてその結果をモニターしてそれを続けてみる、あるいはやめてみる、そしてまたしばらく様子をみてどうするかを考える……というくり返しのなかで「どうしたらよいか」の内実がみえてくるということです。

　待つのがいいのだろうと思って、ただ黙って待っていたら、何かが動いてくることもあるでしょう。反対に「先生いつまで黙っているの。何か面白いこと工夫してよ！」と言われる場合もあるでしょう。あるいは、セラピストが遊びに誘ってはじまる、という形をとるとうまくいっていたために、それでよいと思いこんでいたところ、「いつも先生、好きなことばかりして、私があわせてあげてるの。時には私の好きなことをさせてよね」と何年もたってから文句を言われ、目の玉がとびでるくらいびっくりしたり……ということも起こります。

　文句や苦情をいわれるのは、関係が悪いからではありません。それは「それまでの関係を変えるときがきた」というメッセージ。とりあえずそのとき、よかれと思うことをしつつ、その時々の相手の気持ちを行動や言葉で感じとりながら、よりよい対応の舵取りをクライエントと一緒にやってゆけばよいのです。セラピストは相手のこころがわかる魔術師ではないのですから。自分の属性をとぎすますと同時に、自分の愚鈍さ、鈍感さをも認め、それとつきあっていく気構えが必要です。

玩具についての知識はどのくらい？・子ども独自のルールの奨励

❓「プレイルームにある玩具やゲーム類に関して、セラピストはどのくらい

知っているとよいのだろうか。例えばクライエントがつまらなそうにしていたとき、セラピストが遊び方を知っていたら、教えたり示したりすることができるだろう。あるいは技をかけあう遊びをしているとき、子どもの世界で流行っている技を知っている場合には、そこから関わりをふくらませてゆくことができるだろう」。

🍷　ある学生は「はじめのうちはプレイルームにある玩具ひとつひとつについて、よくわかっていなかった。セラピーを担当した子どもと『サルも木から落ちる』というゲームをしていて、ホントにあるところでサルが落ちたとき、その瞬間に2人で共に味わった感動。それは、何ともいえないものだった。最初から知っていたら体験できなかったと思う。その一方で、あるクライエントにはこういう玩具があうのでは、と考えて、あらかじめ部屋の目につきやすいところに置いておく、ということは知っているからできること。だから知っているかいないか、ということは、それほど大きな問題ではないのではないか」と答えています。

　私自身も同じように思います。たくさんある玩具の全てを知っておくのは、現実的にはむずかしい。一緒に発見していってもよいのです。とはいえ、新しい玩具がはいったら、一応わかるようにはしたいもの。さらには、「そのクライエントに、いまあるとよい玩具は……」ということは心配りをしたいもの。それはただ楽しく遊べればよい、ということではありません。たとえば攻撃性の昇華やそのコントロールという課題であるならば、どういう形で昇華させてゆくことができるかということ、そのための道具について考える。危なくないダーツ・大きなパンチキック・きちんと動くラジコン・カー……いろいろな可能性があるでしょう。また、修復のテーマを抱えている子どもが、壊れた玩具を直していくプレイをしているならば、工具箱のなかを整えて、ドライバーやペンチが行方不明になっていないか確かめておく。粘土や絵の具、折紙やスタンプ遊びがよさそうな場合には、その種類を揃えておく……等の気配りは、玩具の使い方を理解する以上に大切です。

　また、初心者は「ちゃんときまったルールに従って遊ばせよう」ということに必要以上の神経を注いでいるように思います。その理由を彼ら自身に尋ねても、それほど明確な答えはかえってきません。このことから想起されるよく似た光景を、玩具と関わりはじめたばかりの母子の間で目にします。型

はめ遊びがあったとしましょう。子どもは四角の穴に小さなマル型をすんなりといれてみたり、長四角の型に三角を強引にいれようとする。また、積み木と小さな箱があったとしましょう。お母さんはその箱のなかに小さな積み木を、マルならマルのところにちゃんといれさせたい。でも子どもは箱をひっくり返し、積み木を上にのせだします……ちゃんとした遊び方を教えよう、その方が楽しいだろうから……と考える親。でも子どもは指図されたくない。手をだされるとひっくり返して遊ぶのをやめてしまう……。

　自分流の遊び方は、創意工夫のあらわれです。自分なりに十分に好き勝手に関わったら、他の人はどうしているのか、どうするともっと楽しいのか、ということが気になりだします。いえ、大抵はそういうものです。自分なりのルールで徹底的に遊びこむから、仕方なくでも外の社会のルール（一般的な法則）に従えるようになるのでしょう。その間をつなぐ環境が、プレイルーム空間でもあるのです。「こうすると楽しい」「こうするものよ」とセラピストがあまり狭い常識や価値観にしばられていると、かえって貧しいプレイになってしまいます。私たちがもっている常識は、別の世界にいくと、当たり前なことではないということは、案外多いのではないでしょうか。

意識しない部分での必然性としての行動

　❓「はじめてのクライエント役に、どうしたらよいのかわからないという気持ちが大きかった。あとでビデオをみたら、セラピストとの間に自分はおままごとセットを2つずつ置いていた。自分が不安だったので、知らない間にセラピストに頼りたいような気持ちがあったのかもしれない。自分が意識していなくても、行動が他者に影響されてしまうということは意外な発見だった。

　途方にくれていたら、トースターが目にはいった。トースターを鳴らしているうちにこころが落ちついた。『どうしようか（何をしようか）と決めていたわけではないのに、したいことがこころに浮かんでくる』というのは何とも不思議だった。何らかの行為の背後には、こころにその行為をする必然性のようなものがあるのではないか、ということを感じた。この、壊れたトースターの音は自分にとっては心地よい響きだった。このモデルとなったクライエントはもっと神経質な音を出していたということだったが、そういう音を自分がだすと自分は心が痛むように感じた。いや実際には、その子はこころに痛みがあるから、そういう音をだすのだろう。こころが痛くなるような音は、こころの痛みを反映しているのだろうな、と感じた。自分が子ども役をやるまでは、こん

なことは感じたことも思ったこともなかった。『音を出す』ということひとつをとっても、意識されていない部分で、こころの中にそういう音をだす必然性があるのだろう、と思った」。

🍄 子どもの遊びのなかには、子ども本人が意図（意識）しているのではなくても、何かしらの意味がある……教科書には書いてあっても、頭でわかるということは、わかる体験の半分です。その後の残り半分は、プレイセラピーをしてゆきながら、子どもに教えてもらいながらわかっていけばよいのです。

先の学生は、クライエントのたてる音の響きを、その子のこころの痛みの反映であるという理解をしています。本当はそうかどうかはわかりません。でも、「ああー、この子のギシギシたてる音は、こころの痛みを表しているのかなー。これではきつかろうなー」と受けとめると、その気持ちを基盤にプレイが進みます。その音の響きのギスギスがちょっとやわらいできたら、「ああ、ちょっとよくなってきたのかな」と思えます。「思わずする行為」の意味は、意図した行為以上にそのときの自分を表しているのでしょう。

手を貸す、助けるっていうことは？

❓「ままごとをし、つりゲームをしていくなかで、はじめてクライエントの役をやった自分は、セラピストに対してどこまでつきあってくれるのだろうか、と何か申し訳ないような気持ちをもっていた。しかし次第にいろいろな遊びをしていくなかで、セラピストがどんな存在なのか、わかってきたような気がした。

この過程を考えてみると、私はセラピストを自分とは違うひとりの人間としてはっきりと感じており、自分がひとつのことを続けることに相手はどう感じるのか、ということを気にしていた。つまりセラピストとの関わりということについて、意識はしていないつもりだったのだが、常にそれは頭のなかにあった。

ボール転がしゲームでうまくいかなかったとき、今はまだ、この遊びはできないなーと感じる一方で、他人には手をだして（貸して）欲しくないとも思った。ここでもセラピストの役割について考えさせられた。セラピストは困ったときの『お助けマン』ではないのだと思う。クライエントの方でも、必ずしも助けて欲しいということを思っているわけではないのではないか。不安だから、助けてくれたら、その場、その瞬間はうれしいかもしれない。でも、そのことによって、その子の問題が解決されていくわけではない。結局はクライエント

が主人公。最終的にはその子が自分で自分の問題を解決していくことなのだと思う。自分がセラピストだと考えると、どこまで手をさしのべてあげたらいいのか、ということは本当にむずかしいことだと思った」。

🍄　ここでこの学生は、2つの重要な視点に目をむけています。ひとつは、クライエントは常に相手はどう感じるかを気にしている、という点です。

　友だちとの関係がつくれない、という問題でセラピーに通ってきていた男の子がプレイルームでひとりで遊んでいるということに対して、セラピストとして自分がどういう役割を果たしているのか、つまり自分は何か意味をもってそこに一緒にいると考えてよい、という実感をもてないでいたケースの子ども役を演じた学生は、「やってみて、セラピストがそこにいる、というのはわかった。時にその子のイメージのなかに溶けているような感じ。その子のなかでセラピストは自分の空想のなかにとけこんでおり、それがセラピーのなかのコミュニケーション（のズレ）を通じて、自分の空想とは別個の、独立した存在として認識されていく……そういうように思えた」と語っています。また、このときセラピスト役を演じた学生は、「一緒にいてくれる感じ、私の存在はわかってくれているという感じがしたので疎外感はなかった。でも、はまらないときの寂しさというか、ふっと遠くに行ってしまうような感じというのは、あれあれって思った」と語っています。

　セラピストはともすると、直接・具体的に自分が何か相手と関わっていないと、何をしているかわからない、もっというならば、存在の意味がわからないと感じ手応え感を求めてしまう。でもセラピストが通常考える"一緒"ということとは違う"一緒"（こころが一緒）という世界もあるのだろう、と思います。セラピストが実際にそうである、と思う以上にクライエントはセラピストのことを気にしてくれているのだろうと思います。

　次の、セラピストがどう手をさしだすか、ということについても、先の学生が捉えているように、ケース・バイ・ケースです。関係ができてくると、必要以上に手をだしても、手助けをしなさすぎても、その子が求めているあり様と違っていれば抗議してもらえるので助かりますが、そこにたどりつくまでの間は、試行錯誤の連続です。先の型はめ遊びを例にとると、相手が困っていて、言えないけれども助けて欲しそう、と感じたときには私はひとこと、「お手伝いしていいかな？」か「お手伝いしようか？」と尋ねて、相手

の反応を全体で感じとりながらすすめていくことをしばしばします。手だしをしたいのは私の方、というメッセージです。相手は「そうなのか。じゃあ仕方ないな。助けさせてあげるよ」と思えたら、手助けを受けとってくれるかもしれません。あるいは「自分で」と思っている場合は断ってくるでしょう。クライエントのうまくいかない部分に上手に手助けしながら、本人の問題解決の力を育ててゆく。途中の助力はそのためのものなのです。

敬語をつかう？・フランクにしゃべる？

❓ 「プレイをはじめるとき、相手にどのような言葉を使ったらよいのだろう？ と考えた。敬語を使うと、何か他人行儀。でも最初からなれなれしいのも変だしなーと」。

♟ 言葉ひとつをとっても、出会いのときの姿勢から関係が育っていく過程で変わります。私はまず出会った最初は、相手のフルネームをしっかりいい、自分についても自己紹介をしています。つまり普通の礼儀正しい、ちょっと距離をとったやり方です。それは親にも子どもにも赤ちゃんにも同様です。遊びにはいっていくと、次第に言葉がこなれてゆき、仲間言葉にかわっています。ただ、きちんと聞かなければならない改まった状態のときには、やはりフランクな言葉ではない、形の整った、ていねいな言葉を使うようにしています。

言葉づかいで気になること。それはむしろ、親に対する言葉です。とくに少しキャリアをつんだセラピストが、親に対して「〜だと思うよ」「〜じゃないかな？」など、気安い言葉を使うのをよく耳にします（自分もつい、してしまうことがあります）。ついこころが緩んででてしまって、友だち言葉になるということはあるのでしょうが、やはり礼節をもって対応することは心がけたいところです。とくに相手の傷や弱い部分に触れるような会話の場合、デリケートにていねいに語る方がよいと私は思っています。

5 攻撃性ととっくんで

粘土をなすりつけられて

❓ 「粘土遊びをしていたとき、子どもがセラピストである自分の洋服に粘土

をこねた汚れた手をなすりつけ、こすりつけてきた。どう反応したものかと困り、長い間されるままになっていた。でも、はたしてこの子は人が汚くされたら嫌な感じがするのかをわかっているのだろうか、ということが疑問になってきた。また、それをされたときのこの子の反応をみてみたいと考え、子どもになすりつけ返すという行動をとってみた。クライエントはいらいらして粘土を自分にこすりつけていたのだが、それによって一層、いらいらが強まっていった」。

🍷 思わず笑い出してしまうような、ごく日常的なやりとりが展開されています。そこからひるがえって考えると、セラピーというものが、いかに非日常的な関わりであるかに思い至ります。

プレイルームのなかでして欲しくないこと、嫌だなと思うことを子どもにされてしまい困る、ということはしばしば起こります。しかしここで考えたいのは、(こちらが)どうするかということよりも、どうしてそういうことが起こったのかをみつめてみることです。

このときのクライエントは「もっと関わって欲しい、もっと反応して欲しいのに思ったような反応が得られなかったので行動が激しくなっていった」と語っています。「思ったような反応が得られなかった」という言葉は、手がかりになる言葉です。クライエントは手応えが感じられないセラピストの態度に苛立ちを深めてゆきました。確かな手応えというのは、嫌なことをされたときにはっきり現れやすくなります。粘土を洋服になすりつけるという行為は、もちろんその苛立ちからきた、嫌がらせというニュアンスも含まれているとも思うのですが、それだけではなく、「ねえねえ、一緒に遊んでよ」というメッセージもあるのではないでしょうか。

セラピストの「粘土をなすりつけ返した」という行為は、きちんと反応した、ということにはなりますが、でもそれでは単なる「目には目を」的な報復です。それがその後のクライエントの苛立ちを、結果としてふやすことになってしまったのだと考えられます。

また、こんなケースもありました。「ネトネトするスライムをちょっと舐めてみた子が『だめだよ口にいれちゃ』とセラピストに言われ、セラピストの手にくっつけたところ、そのスライムをセラピストが(汚そうに)はぎとった」。「駄目だといわれたとき注意された感じで、ちょっと嫌な感じがし

た」とクライエント役の学生は語っています。この場合も、先の学生同様、思考があまりに現実的。

プレイセラピーは非日常の想像の世界です。そこにはじめからあまりに現実原則がはいってきすぎると、遊び（ファンタジー）の世界が狭まっていってしまいます。（プレイセラピーが終結する頃、つまり精神的な健康を回復していくと、ずいぶん日常的なやりとりが入ってくるように思います。つまり非日常から日常へと水位が上昇してゆくのです。）とはいえ、洋服につけられたら嫌だという感覚を、知らないのではないかという危惧を感じたら、一度はためしてみたらよいのです。そしてその子どもの反応を確認し、知らないということではなさそうなら、別の行動をとってゆくのです。赤ちゃんや、口にいれることの危なさが、まだわかっていない幼児の場合には、危険を教え、注意することも必要です。しかしそういう危険は一応わかっていてプレイする場合には、"あえてする"ということの意味の方も、一緒に味わってみたいものです。この場合、セラピストもちょっとだけ舐めてみて、「苦いね」とか「ざらざらするね」など感想を言ってもよいでしょう。そして飲み込まず、口から出せばよいのです。

苦し紛れのひとこと──それで生まれる視点の転換

❓ 「プレイルームではじめてぬいぐるみを叩いた。バンバン叩き、叩きながら自分のなかにわきおこってくる、どうにもならない荒ぶる気持ちを発散しようとしていた。でも、決して怒りが発散されるということはなかった。さらにまた、怒りの気持ちをだしきれなかった無念さも自分のなかにあり、どんどんどうしたらよいかわからないような状態になっていった。セラピストはそのときに、いろんな言葉をかけてくれていた。私が床に叩きつけているぬいぐるみが、セラピストにはまるで跳ね返った魚のようにみえたのだろう、『（そのぬいぐるみは）いきがいいね』といってくれたそのひとことで、自分の状況は一変した。（ぬいぐるみを）いじめている弱い者が自分なのだけれども、同時に、いじめられているぬいぐるみも普段の自分。

だから最初はぬいぐるみをいじめたかったのだけれども、そのぬいぐるみがはねて『いきがよく』なって、自分のしていることがいじめではなくなり、ぬいぐるみのいきをよくすることにセラピストのひとことで変わった。自分の行為は自分のいきをよくすることだったのだ、と思った瞬間、自分自身が元気になっていった。だから、それまでは弱いぬいぐるみだったのが、いきがよくな

って強いぬいぐるみになり、最終的には自分はそのぬいぐるみが大好きになった。いきがいい、というセリフは本当にあっていた。セラピストの発したこのひとことが、全体を変える転換点になったと思う」。

　先のプレイに立ち会ったセラピスト。「クライエントがブランコをたたいたり、ぬいぐるみを投げつけていて、設備やおもちゃを壊してはいけないというルールに関して、どのくらいやってはいけないのか、禁止すべきなのかがわからずに戸惑った。でも子どもがブランコを叩いているときには、それがその子の本当にやりたいことではないのだろう、と感じていた。でも、ぬいぐるみを叩いたり投げつけたりしている行為をみるたびに、自分でも嫌だとは思いながらも、『蹴っているとどんな感じ？』『ぬいぐるみさん痛いかな』など、言わずにはいられなかった。それを言えば子どもが不機嫌になったり、悲しそうにするのがわかっていても、何回か続けて言ってしまった。ようやく自分の気持ちを制御して、苦し紛れにうみだした言葉が『いきがいい』だった。そのとき自分は、そう言うことで何とかクライエントの攻撃性を、ネガティブなものではないようにクライエントにも自分にも思わせようとしたのだと思う」。

🍷　攻撃性への対応は、プレイセラピーのなかでの大きなテーマです。でもこの問題は、しばしば「理性で行動を制御させよう」という方向にむかいがち。このセッションのセラピスト自身も感じているように、たいていの場合、子どもは、「何をするのはいけないことか」ということは頭ではわかっているのです。それでもどうにもならないとき、相談にくるのです。

　このセラピストは一生懸命、自分のなかにわき起こってくる気持ちを言葉で伝えようとしています。その対応でよいようだ、とは思えていない。とはいえここでもし、何か気の利いた言葉が浮かんでくるまで、黙ったまんまで見ていたら、クライエントはせつないでしょう。セラピーとは2人の世界。クライエントがひとりで勝手に暴れていても、一層苛立ちは深まるし、攻撃性を昇華させてゆくことなど、できるものではないでしょう。

　このケースの場合、セラピストの語った言葉そのものが、クライエントの攻撃性を鎮火させていったわけではありません。しかしセラピストが必死にクライエントの気持ちを共有しようとしていった行為の連続線上に、ついに「いきがいい」という言葉がうまれます。それによって全体の色合いが劇的にぬりかえられてゆきます。それはセラピストにとってもクライエントにとっても、予想外の展開になったのです。

　それが起こったのは、偶然といえば偶然です。しかし私たちセラピストは

あきらめず、相手の投げつけてくるタマをひろいつづけ、下手ではあっても返してゆくなかで、思いがけない転換点を迎えることができるのだと思うのです。これは「きちんと制約をするものだ」などという、書物で書かれた理屈を知っているだけでは得られない、体験しなければわからない味といえるでしょう。苦労するから伝わるのです。クライエントとの接点の窓口をみつけるということは、こういうことなのではないでしょうか。

　言うまでもありませんが、この場合、ただ叩く行為、投げる行為を制止するだけでは、クライエントのそうせざるをえない問題を解決することには何の役にもたちません。とはいえその一方で、「ダメなものはダメだ」と明快にきちんと言語化することによってしか、伝わらない場合もありますし、そういうクライエントもいます。その場合にはきちんと言う。

"偶然"を味方につけて

　❓「まるで相手への配慮がない子ども、こころがないと思えてしまうような子。セラピストである私に物を投げつけ、それを避けようとすると『よけちゃだめ！』と言い、手にとったら『とっちゃだめ！』と。どうしたらよいのかホトホト途方にくれ、自分のこころが固まってしまった。

　そのとき逃げてしまったり、常識を押しつけて、その子どもからの攻撃をただ禁止することはできない、ということは漠然と感じていた。その子どもが、物をぶつけて私の身体の反応をみたい（つまり手応えを知りたい）、と思っているのかもしれないとも思った。でも、ぶつけられるままでは自分が傷ついてしまう。自分には余裕もなく、他の手を思いつくこともできなかった。

　ただバットで私を打ったり叩いたり、ぬいぐるみを投げつけたりしているクライエントに対して、他に言葉が見当たらずに、『痛いよ』と言いつつも、この子には『痛いからやめて』ということは通じていないと心底思った。そこで、遊びのなかでどうしたらいいのか必死に探しながら、クライエントが偶然もった輪投げの輪を、私がもっていたぬいぐるみにぶつけてきたとき、偶然、そのぬいぐるみの耳に輪がはいった。それは一種の輪投げゲーム。それからもクライエントはボールと輪をぬいぐるみに投げてきたが、お互いにどちらともなく、そのぬいぐるみの耳をポールにして、そこに輪っかを投げ入れるという遊びに変化した。『痛いよ』という言葉が、次第に『難しいね』『はいった！』という言葉に変わっていった。終了の時間をつげると、ビニールハウスのなかにはいって大きなボールに身を委ね、ゆらゆらさせてからすんなりと終わることができた」。

♟ セラピストがクライエントに振り回され、何をしても「それじゃだめ」「そうしちゃイヤだ」とクライエントの拒否や禁止に出会い、セラピストとしてはどうしたらよいのか途方にくれ、文字どおり八方塞がりの状態におちいる、ということは実際にしばしば起こります。このプレイの展開は、そんなときの解決策のひとつの典型的な方法を示しています。

なぜクライエントはしばしば、セラピストをどうにもならない状態に追い込むのでしょうか？　常識的にはこちらが怒っても当然の事態。"まっとうに怒る"ことでしか事態が解決しない場合も確かにあります。そのときには怒ることが一番の援助になります。しかし先の子どもの場合、セラピスト役の学生は、苦しさのなかでも、自分が子どもに常識を押しつけたり、攻撃を禁止するということで事態がよくなる（つまりそれが治療的にはたらいて子どもがよくなる）、ということではないのではないか、と感じています。この子どもは、「僕はこんなに困った状態なの。にっちもさっちもいかないの。もしも僕を何とか助けてくれようと思うなら、まずはこの状態をしっかりとわかってね。そうじゃなければ、僕を助けることはできないよ」と、その行為でセラピストに訴えているように聞こえてきます。

そのクライエントの置かれている困った状態というのは、たとえば何をやっても禁止され、制止される、あるいは押しつけられる、という環境からつくられたものかもしれません。自分自身のもち味、たとえば情緒の制御のむずかしさや自分の能力のデコボコによって生じる、周囲との関わりの困難さかもしれません。ただそのとき、一過性に「ごねたかった気分」だったのかもしれません。セラピストがその子を「知った（わかった）気」になることへの本人の精一杯の反発だったのかもしれません。「痛いよ」と伝えても意味をもたないのではないか、というセラピストの絶望感は、相手を配慮することそれ自体をその子ができない、ということなのかもしれません。いろいろな可能性があるでしょう。何が起こって自分がそのような状況に置かれているのか、その立場を真剣に考えながらプレイを進めてゆくのです。

とはいえ、セラピストがこのときに感じた「痛み」や「困った」というのはもっともなもの。それを無視して大丈夫、というフリは何の解決ももたらしません。平気でいる、何も感じないようにするということは、相手に手応えを感じさせません。平静を装ったり、無視することは相手の攻撃性を激化

させます。そしてその攻撃に、ギリギリまで耐えようとするセラピストの堪忍袋の緒は、どこかでプツンときれるのです。これではクライエントの問題解決への援助はできません。セラピストに求められている姿勢は自分をマヒさせてひたすら我慢することではなく、怒鳴ればよいということでもなく、自分のなかにわきおこった負の感情を、どのように関係のなかで使い、問題解決のために役立てていくか、ということなのです。

と、次の疑問がでてくるでしょう。「関係のなかで役立てる、ってどういうこと？」と。その答えともなる具体例が、本項と前項のなかに示されています。セラピストが投げ出さずに試行錯誤をくり返していくこと。そうしてゆくと、かならずどこかに展開点がでてくるものです。偶然でてきた「いきがいい」という言葉、そしてこのケースでは偶然にはいった輪っかによって始まった輪投げゲームは、それぞれのセラピストの頭の先でつくりだされたものではありません。投げださないで出口を探り続けた頑張りが、その子の荒ぶる気持ちを静めたのではないでしょうか。

クライエントもまた、破壊的なプレイでセラピストを困らせぬきたいわけではありません。互いに出口（入口）を探している。"偶然"という神様によって助けられることはとても多く、救われるのはセラピストだけではなく、クライエントも一緒です。とはいえ、偶然の神様が登場してくれないときには、「もう終わり！」「もう、やめよう！」と断固きっぱり宣言し、ストップをかける強さもセラピストには必要です。

自分の世界にはいりこんでしまう子になってみて

❷ 「マンガを読みはじめると、外界とのつながりが切れてしまったように見えるほどに、自分の世界にはいりこんでしまい、玩具で遊ぼうとすると、おずおずと、かつ激しく攻撃性をだすような遊びをする子どものセラピーを担当している。その子は学校でも自分のペースを大事にし、授業のペースにあわせるのがむずかしいという問題をもっていた。果たしてその子に外界がどのように映っているのかを知りたくて、その子のプレイの一場面を再現し演じてみた。自分で演じてみたところ、マンガを読んでいるときは本当に『その子一人の世界』という感じがした。セラピストのかけてくる声は、そのときの自分の感覚とフィットすると聞こえてきた。でも、フィットしないと雑音と感じた。

次に刀での切り合いの遊びを再現してみた。その子の身になって刀をふりま

わしてみると、どれくらい強く打ったらいいものか、かなり加減を気にしながらやっていると感じた。実際のプレイの場面では自分だけがどの程度受けたらよいのか、どの程度ださせてもよいのか迷っているような気持ちでいた。でもやってみると、セラピストとして自分が迷っていることは、子どもも同じように迷っているんだ、とわかった。刀をふり廻していくと面白くなってくるのだけれども、同時に『本当にいいの？』っていうような感じがわきおこっていた。自分でもワーっと出てきて怖い感じ。出てきてしまうのだけれども、これでいいのかなーっていう、迷いのようなものをも感じていた」。

「その子のセラピスト役をやってみて、いくつかの場面で迷いがあった。あまり出させすぎてしまうと、かえってそれをコントロールしなければならなくなる。どうしたらよかったのだろうか」。

🍷 この子の抱えているテーマ。それは自分の活動性（衝動性とも攻撃性とも表現される、いわゆる自分のもっているエネルギー）をいつ、どの程度、どのように表出したらよいのか……その加減を身につけること、ということに集約できるでしょうか。自分の内側にある活動性はとても大きなものなので、自分でもそれを怖れている。だから自分のなかにこもってしまう。そしてその力が出てくるときには、自分でもコントロールがむずかしい……その調整力をつけるためプレイルームに通っている。だとしたら、一層、まずはその子の世界を大事にしたいもの。このとき「セラピストのかけてくる声は、そのときの自分の感覚とフィットすると聞こえてきた。でも、フィットしないと雑音と感じた」という、本物の担当セラピストの実感は貴重です。おそらくはその子はそういう世界にいるのでしょう。だから単にセラピストを排除してひとりの世界にいるということではない。でも２人の世界にはいるには、何かが足りないのでしょう。そういう気づきがこのロールプレイで得られているように思います。

プレイセラピーも心理面接も、いわゆる問題点や原因が明らかになることで解決への道が開かれる、とは限りません。原因がわからないことも多いはず。セラピストに求められる資質は、クライエントの言動から自分なりの仮説をもつことです。そしてその仮説にしたがってクライエントの行動や言葉を読んでゆき、理解がふえて問題がへってゆくようであれば、その仮説で進めてよい、ということです。理解が進まず問題行動がへっていかない場合には、その仮説はどこかおかしいのです。だから別の仮説をたててみる。最終

第2章　プレイセラピーのワーク

的に仮説が正しかったかどうかはわかりません。私の言っている仮説とは、あくまでも自分なりの理解のことであり、証明される類のものではありません。

　さて刀での切りあいについて。相手の活動性、あるいは攻撃性という言葉を使うとしても、それをどのように受けてゆくかはむずかしいテーマ。欲求不満の状態にあり、ある程度発散の場をつくることによって、よい方向にむかうと考えられる活動性もあれば、出せば出すほど際限なく、かえって状態が悪化してゆく活動性もあるでしょう。こういうとき、そのクライエントの問題をしっかりとアセスメントして対応することが必要である、と教科書には書いてあります。それは正しい答えですが、実際には読み違いも起こります。読み違ったら、先の仮説の修正と同じこと。そこからどのように収束させていったらよいのかを考えていったらよいのです（心理臨床家に必要なのは、倒れても倒れても、自然に起き上がってくる、あの「起き上がりこぼし」のような力なのかもしれません）。

　具体的には、砂をまき散らしてしまう子どもがいたら、次からは砂箱をとり除いておく（聞かれたら、ちゃんとそのことを説明すること）。ピストルや刀などを破壊的にしか使えなさそうな場合にも、それらがない部屋に移るか、その玩具をとり除く。「それはやめよう」としっかりと行為そのものを禁止する。最後の禁止をいう場合には、もし守らなければプレイセラピーを中止する、というくらいの気構えがセラピストに必要です。なかなかそこまでふんぎれないので、セラピストたちは苦しむのです。でもそこで、あまりに破壊的になって終わるというプレイがくり返されてゆくとしたら、子どもも「プレイにくるとかえって悪くなっている」ことが多いのです。親に日常を聞くことでそれは確認することができるでしょう。このときもしも、学校や家庭でとってもすっきりとしていて調子がよい、ということであれば、まずはプレイルームのなかでセラピストが受け皿になりながら、次第に遊びを変えてゆく、という工夫が選択肢としては考えられます。

　これら厳しい対処に対して、「痛いのは弱いのよ、痛くない遊びにしようよ」という弱音の提案やユーモアを使ってさらりと受ける、かわす、といったアプローチもあります。ナマな攻撃性を発揮させる子どもたちは、あまりにまっすぐ。弱音やユーモアが利いてくるようであれば、ずい分コントロー

ルができるようになっていると考えられます。

「ここで遊べなくなるよ」って言ってみた──限界設定

❓ 「攻撃的な行動が増してきて、プレイルームでチェーンをふり回しはじめた。そのとき自分は『絶対だめ。私もケガをするしあなたも悲しいよ。一緒に遊びたいけれどもここで遊べなくなるよ』って話をしていった。そうしたところ、その子はじーっと顔をみて、『先生悲しいの？』って聞いてきた。そこで『うん、悲しいよ』っていったら、それから遊びが変わってきた。その後、あまりにその子が大胆なことをするのをセラピストがびっくりしながら見てると、『大丈夫大丈夫、遊びだもん』と（クライエントが）言って終了した」。

💡 なぜ、チェーンなるものがプレイルームにあったのか（？）、ということはともかくとして、これは先の項で書いた、本気で止める（禁止する）ということの実際です。セラピストが自分のこころのなかにわきおこった、素直な気持ちを伝えたことが子どものなかに響き、行動を制御する方向に向かっていった、というプレイの流れを示しています。本気と本気が交絡し、クライエントのこころのなかにあった制御のスイッチが入った（on になった）といえるでしょう。

この子どもは、情動のコントロールの悪さを主訴として相談にきていました。コントロールが悪いということは、統制するための装置がないのではなく、あるのだけれども、なかなかうまく作動しないということであることが多いのです。このセラピストはただ単に「ダメ」と禁止しただけではありません。禁止の理由をきちんと明快に伝えています。それが大事。セラピストは善意の人なので、しばしば限界まであるいは限界を越えてまで耐えるということをしがちです。でもそうやって極限まで我慢した場合、セラピストの口から「相手にとどく理由（説明）」はなかなかでてきません。そんな余裕はすでになくなっているからです。その場合の「ダメ」というのはほとんど怒り。怒っただけでは相手の内省はすすみません。だから自分に余力のあるうちに、「それは続けられないよ」ということを、理由をこめて伝え、禁止するとよいのです。そしてこの場合、セラピストが本気で禁止しようというだけの覚悟がなかったら、行動を禁止することはできません。

つけ加えるなら、もしも「ダメだ」とせっかく言ったら、そのメッセージ

が何らかの形で「届いた」とセラピストが感じられることがセットになります。そうでなく、無し崩し的にダメじゃなくなってしまったら、「今日はお菓子を絶対に買わないからね、と約束していったはずのスーパーで、お菓子を買ってとだだをこね、その暴れ具合にうんざりした母親が、結局お菓子を買ってしまった」という、よくある光景と同じことが起こります。「ダメだ」というときは、自分の存在をかけてダメを通すくらいの、本気の覚悟が必要です。

死んだらよみがえろう！

❓ 「大玉ボールを『当たったら死んじゃう爆弾』と言って投げてきた子ども。自分はそのボールを身体で受けた。だから木っ端みじんになったはず。その後、セラピストである自分が子どもに同じ爆弾を投下して、子どもともども死んじゃった」。

🏆 このときクライエント役の子どもは、「このとき2人共（セラピストもクライエントも）死んじゃったので困った」と言っています。これがプレイセラピーのなかでよくでてくる、いわゆる『死と再生』のテーマです。このテーマがでてきたら、セラピストは何とかして生き返りたいもの。もちろん、生き返ることがむずかしく、『ダメなの』『死んだままなの』と子どもに言われる場合もあります。そのときには、本当にそのクライエントは生き返ることが困難なほどの状態なのだろう、と理解して覚悟しなければなりません（つまり死んだままで、次のセッションに備える）。でも多くの場合、死は生き返るための行為です。ですので、生き返る、蘇るためにも、死んだままで終わらないこと。少なくとも生き返るための努力を一度はしようとしてください。先の場合も、具体的には「爆弾で死んでしまいました。でも、ふたたびよみがえってきました」など、セリフをいって生き返るなど、やり方はそれぞれに工夫できるでしょう。

またこのとき、同じ威力の爆弾を返してしまったら、相手もまた死んでしまいます。ちょっと小さめの弱い爆弾を返す工夫もしたいもの。2人で死ぬしかなかったら、とてもひとりでは生き返れない、という意味なのかもしれません。その場合には「2人で呪文を唱え、2人でよみがえる」という方法もあるでしょう。大玉ボールの投げ方も、同じ技を返すか、別の技にするか

……やられたから、ただ同じパターンで返すのではなく、その時々のセラピストの機転と工夫で考えることが必要です。死んだはずなのに死んでおらずに生きている（幽霊になるのであればよいのですが）というようなプレイでは、セラピストはそのストーリーを生きていない、ということになるでしょう。

　繰り返しになりますが、セラピーとはクライエントのメッセージを受けてセラピストが対応し、それを受けてクライエントが何かして（あるいは言って）……という一連の流れです。だからクライエントが投げてくれたタマをていねいにひろい、対応してゆくセンスをもちたいものです。

6　関わること・関わり方

言いだしにくいセラピストへのクレーム

　❓「自分は嫌々相談にこさせられた、学級崩壊をおこした子どもの役をしたので、本番前から学校や先生への不満や怒りをいろいろ言おうと考えて、プレイに臨んだ。にもかかわらず、ひとことも発する機会がなかった。機会がないというよりも、何か言いだしにくかったように思う」。

　「クライエントをしているとき、セラピストに嫌われたくない、困らせたくない、というような微妙な感情が生じてきた。状況も感じ方も人それぞれだろうが、子どもの不安な気持ちを感じることができた体験だった」。

　💡　セラピストはクライエントに対して通常、「どんなことでも（ネガティブなことでもいいから）言ってちょうだい、受けとめようとするから」という姿勢で面接に臨みます。というよりも、そういうものだと教わっているように思います。でも、クライエント役をしてみると、そのこと、つまりネガティブなことを言ったりしたりするということが、どれほどにむずかしいことなのかということに、やっと思いいたります。

　先の「学級崩壊をおこして」というクライエントの場合、設定それ自体が、クライエントは不満をもっていて怒りを出しやすい状況になっています。さらには、本人も言おうと臨んでいるのにもかかわらず、「何か言いだしにくかった」という感想をもっています。ネガティブなことは表出しにくい、というのは、人が人に関わるときに生じる、自然な気持ちの動きであり、「出

してもいい」といわれても、出せるものでもないのです。

どっちが先に部屋にはいる？

❓ 「最初にプレイルームにはいるときから迷っていた。セラピストである自分が先にはいるのか、子どもを先にいれるのか……このときは初回ではなかったので、自分は後からはいった。次に悩んだのは声かけ。ただじっとしているだけでなく、声をだすことはプレイセラピーの世界にはいるのに大事だな、という感じがしたので、『さあ、今日は何をして遊ぼうか？』といったが、よく考えると『遊び』にきているわけではないわけで、これはどうだったのだろうかと考えた」。

🏆 プレイルームにどちらから先にはいるのか？　大きなテーマです。答えがあるようなないような……。実際には、新しい場面に自分から扉をあけて積極的にはいってゆく子どももいれば、扉の前でたたずんで開けられない子ども、開けてくれると助かる子ども、開けてもらったらその後すんなりはいる子もいれば、開けてもらえれば、そこからは自分のペースで行動してゆきたい子……そのパターンは多種多様です。あまりに人工的になるとわざとらしくなるので、その按配はむずかしいのですが、普段何気なく行っている自分の行動に対して、いちど「どう声をかけたらいいのか」「どう部屋にはいるといいのか」とひとつひとつをふり返り、自分に問いなおし、点検してみようとする姿勢は、とても大切だと感じます。自分はどうするかをきめてしまうのではなく、その相手との間で常に立ちどまって考えてみるようにしたいものです。

「何をして遊ぼうか？」は、その"遊ぶ"という言葉にこめられた意味の方が重要です。先にもお話ししましたが、"遊ぶことが治療になるの"というように契約が言語的にであれ非言語的にであれ、なされていれば、これでよいのです。もしも気になるのであれば「今日はどんな風にしようか」でもよいでしょう。

さて、自分らしさ（素の自分）というものは、もともとあるわけですが、心理療法を学びはじめると、ひとつひとつのことが「これでよいのか」「これでよかったのか」と気になりだします。何気なくしていたことも、ことさらに考えだすと不自然になる、何だか自分のよい部分が生かされず、悪いと

ころばかりが見えてきて、ということも起こります。さらには心理臨床で学んだことをつけ加えてみると（まさにとってつけたようなもので）、まるで自分が自分らしくない！と感じてしまう。

でもこれはおそらく、心理療法家となっていくためには、誰もが通らなければならないひとつの時期なのではないかと私は考えます。心理療法を学ぶということは、人が人と関わるということ、そのものについて深く考えるようになる、深く考えてみるということです。ストレートに対人関係をめぐる対処行動がうまくなるための勉強ではありません。勉強をはじめるとそれまでの自分に混乱がおこり、下手になり、不器用になります。何かが起こるときというのは、かならずそれまでできていたことができなくなったり下手になるものでしょう。そしてその混乱を通過したあと、あらたなエッセンスを吹き込まれた自分らしさで、自分と人との関係をつくってゆくことができるようになるのでしょう。だから当面は、どうやってみても不自然な自分であるに違いないのです。そしてそういう自分を感じたら、心理療法家としての道を堅実に歩みはじめている証なのです。

「これっていつまでやるの？」は何のサイン？

❓ 「プレイで子ども役をしていて、『面白くない』ということを伝えてみたくて『これっていつまでやるの？』と言ってみた。そのとき自分は、関係のなかに何らかの緊張感を生じさせようとしていたのだと思う。でもセラピストはそのとき、何もいわず、何もしなかった。そういうときというのは、セラピストとクライエントの間で何らかの新たなる契機になる機会なのではないだろうか」。

💡 プレイをしていて、子どもに「面白くない」と言われるほど心臓に悪い言葉はないでしょう。でもそれは、言っているクライエントにとっても、刺激的で、緊迫感をうみださせるためのメッセージなのです。ですから「何もいわず、何もしない」のでは、違うし、それではもったいないのです。

とはいえ、このとき、「面白くない」という言葉をそのまま、直線的に捉えて"面白くしよう"とするのは短絡的な方向です。子どものメッセージは"このままではまずいよ。何か違うよ"という意味であり、"何か変えよう"という提案と捉えて対応したい。心理面接でも、「今日でここにくるのをや

めようと思います」とクライエントに言われたことで、セラピストがはっとして治療契約の見直しをし、面接の軌道修正が行われる、ということは多いでしょう。この子どもからのメッセージもそれと同じです。

　本当に無意味だと思ったら、人はわざわざクレームをつけたりはせずに、静かに去っていくものです。わざわざ来て言う、という行為のなかに、"考えて欲しい"というメッセージが含まれているのです。セラピストとクライエントとの関係は、このようなスリリングなやりとりを通して深まりも、切れたりもするのです。心臓がひやっとしたら、関係が深まるチャンスだ、と考えるとよいのです。

　ただ、だからといって、初心者がクライエントに"面白くない"といわれてすぐに、それに対応するというのは困難です。頭が真っ白になって、そのとき何もできなくてもよいのです。それですぐに来なくなる（中断になる）ということはあまりありません。だから家に帰ってじっくり考えてから、あるいはスーパービジョンで相談してから、「この前○○ちゃんに言われた、"面白くない"っていうことだけれども……」と後日のセッションでとりあげても十分によいのです。大事なのはそのメッセージを無視しないこと、そのとき扱えるか否かは別として、気持ちのなかにひっかかるセンス、ひっかけるセンスを身につけたいものです。

私（セラピスト）の存在はどんな意味？

❓「遊んでいても、セラピストである自分はその子の眼中（その子の世界）にはいっていないように思えていた。働きかけをすれば受け答えはしてくれるのだけれども、ひとりで遊んでいる。親に強いられなければ、挨拶もしない。『相手の気持ちを全然理解していない』ということでの学校不適応がその子の問題。何年も関わってなお、そういう自分との関係が変わってこないその子の目には、自分はどのように映っているのだろうか。無視しているようにみえても、私の存在は近くにあるのだろうか？　その疑問を解く手がかりが欲しくて、その子ども役をやってみた。

　演じてみて、2人でするゲームではなくひとりでゲームをしているときは、あの子は自分のことがあまり視界にはいっていないのではないか、という印象をもった。ボール転がしのゲームをしていたとき、自分（子ども役）はボールを部屋中にいっぱい落として転がそうとしていた。それなのにセラピスト役の人が転がってゆくボールを受けとってしまった。そのとき自分はムッとした気

持ちになった。それはいってみれば負（マイナス）の関係。相手にとってまったく意味のない関係ではないようだ、とそのとき思った。
　とはいえ多くの場合、自分の目にセラピストははいっているけれども、その存在に対して何らかの感情や期待はうまれてこなかった。それは悲しいことだった。でも、何か関わって欲しい、来て欲しいという瞬間がわずかではあるが、確かにあった」。

♣　人と関わりをもつことに対して、問題を抱えている子どもたちがいます。相手に自分がどのように映っているのか、手応えがわからないということは苦しいことです。

　たとえば先のボールの場面。セラピストに手をだされたときにムッときています。それは今回、ロールプレイをやったことで得た気づき。実際のセラピーのなかでもわからなくなったときには、こころのなかでロールプレイをやってみるのは、ひとつの方法かもしれません。

　セラピストは魔術師ではありません。今現在、相手がどのくらいの距離を適切だと思っているのか、何をして欲しいのか、何はして欲しくないのかということは、実際にはわかりません。経験をつんでゆくと、雰囲気のなかで「もうちょっと待った方がよさそうだ」とか「手をだした方がよいかしら」と判断する多様性が育ってくるだけ、あるいは「違うよ」といわれるメッセージへの気づきと、そこからの立ち直りが早くなるだけ、そう考えた方が私たちの実際のセラピーに近いのではないでしょうか。

　先の子どもの場合、その子はまだ、人との関わりのなかにはいっていく手前（つまり自分ひとりの世界の住人）のところにいるのかもしれません。だとしたらまず、定期的に自分と関わる人として、相手の世界の端っこにでもはいってゆく（認識してもらう）こと。"自分の世界を守ること"がとても大事なのかもしれません。相手と世界を共有するということは、自分が関係に対して開かれている状態にないとできません。その余裕がまだ十分にないのかもしれません。とはいえ、もしかしたら強引にぐいぐいと関わることによって、関係の世界にはいらせようとする関わりが奏効する場合もあるのかもしれません。あるいは関わり方のチャンネルが、ちょっと違うのかもしれません……。

　『我、自閉症にうまれて』という書には、自閉症にうまれた著者（テンプ

ル・グランディン）が、自閉症の世界がどのようなものであるのか、ということを私たちに示してくれています（グランディン＆スカリアノ、1994）。自閉症者であるドナ・ウイリアムズ（1993）の『自閉症だったわたしへ』という書と共に、私たちが逆立ちしても知ることのできない、彼らの世界を彼ら自身が教えてくれる、貴重な書です。グランディンは私たちに"注意深い観察者であれ"と伝えます。たとえばトイレのそばにたって水を一日中流していたら、それは音なのかハンドルを押すことなのか、行動と結果の関係にひかれているのか……そして何にいらいらしているのかにも注意しておくべきである、と語っています。わかっていないのに、知った風をしてしまう、きちんと見てもいないのに判断してしまう、そして間違った対応をしてしまう……私たちはまだまだ、たくさんのそういう過ちをしているのではないでしょうか。もしも関わることへのむずかしさを生得的にもってうまれている人がいたとしたら、私たちの方法を押しつけるのではなく、彼らのもち味を私たちがよく理解していった上で、何をどうするとよいのか、考えていくことが大切でしょう。そしてそういう人々は自閉症ということだけでなく、全体にふえているのではないでしょうか。

さて、話をもとに戻しますと、特に初心者は"（相手にとっての）自分の存在の意味"を追究する傾向があります。でも、よく思うのです。どうやってクライエントにとってのセラピストである自分の存在の意味を証明することができるのだろうか……と。意味はあると言えばあり、ないといえばない。どんなに小さな子どもでも、あるいはどんなに障害が重い子どもでも、人は「絶対に行きたくない場」「絶対に会いたくない人」のところには決していかないでしょう。「面接に来てくれている」という事実は少なくとも「行ってみよう」と思えている場であり関係であるという証。少なくとも私はそう考えて面接の場に臨んでいます。

話しかけるということは

❓ 「話しかけた方がいいのか黙って見守っていた方がよいのかって、すごい迷う。でも、話しかけたら答えてくれるんだ、ということもやってみてはじめてわかった。例えば子どもがパチンコをしていて玉がどんどんはいっていったとき、私は『あー、すごいね。はいったね』という言葉が自然にでてきた。別

のときに押した鍵盤が光るキーボードをひいていたとき、『あー、ここが光っているね』とか『音楽習っていたんだ』という言葉がでてきた。たぶん意識的にしゃべろうと思ってでた言葉ではないと思う」。

「自分の場合はパチンコをしていたときには、実はトップのところに玉をいれようと一生懸命にしていたので、セラピストの言葉はノイズに聞こえた。もしも私のやろうとしていたことに気づいて何かを言ってくれていたとしたら、違っていたかもしれない。キーボードのときには、集中していたので気にならなかった」。

🏆　心理臨床を勉強すると、ともかく"言葉にすることはよいことだ"と考える傾向があるように思います。でも一度体験してみると、そんな単純なものではないということに気づきます。先のクライエント役の学生の言葉はそのことを伝えています。「気にならない」や「ノイズになる」こと、そういうことの方が多いのです。それらの場合、言っても言わなくてもどちらでもよい言葉。先のキーボードの例がそれでしょう。

「言葉を発する vs 言葉をいわない」「何かをする vs 何かをしない」。どちらがよいのかということではなく、それぞれの場面で自分なりに自然に振る舞ってみて、相手の反応から自分の対応を吟味してゆく。それ以外ありません。

子どもがパチンコをしていたとき、セラピストがクライエントがトップの穴に玉をいれようとしていたことには気づかなかったとしても、それは無理ないことでしょう。でもその一方で気づいてもらえたら「すっごく嬉しい体験」になるでしょう。とはいえ、あまりにいろいろなことを「わかられてしまう（読まれてしまう）」ということは、気持ちの悪い体験です。

ぴったりあう、っていうことも

❓　「相手の雰囲気を察していって、演技ではなくてクライエントと息がぴたっとあうということは、本当にあるのだろうか？」。

🏆　「箱庭（療法）の砂箱の前に子どもが小さな男の子の人形をもって立っていて、その傍にセラピストがいる」という設定で、この問題を考えてみましょう。

セラピストはまず、黙ってその子のしていることをみています。子どもはその人形をもったまま、砂をさわって何をしようかと模索している。と、左

手前に砂をあつめ、小さな山をつくりました。次に右手の上側にこんもりとした山をつくりました。「あっ、お山ができた」とセラピスト。と、クライエントのもっている人形が、右の山から左の山にむけて歩いてゆきます。「あー、男の子は旅にでました」とセラピスト。と、ふいにその子はもときた道を戻りはじめます。「あっ、忘れものでしょうか」とセラピストが声をはさむ。と、その子が怪獣と闘い、倒れたあとに砂にうまってしまいました。死んだのか倒れただけなのか、とにかく一大事。そこに強風がふき、男の子を覆っていた砂がふきとばされてゆき、男の子の姿が見えてきました。「あ、見えてきた」とセラピスト。ふと気づくとその男の子が動きはじめました。ああ、死んだのではなく気絶していたのです！　そのとき「ああ、良かった、甦ったね」というセラピストに、クライエントはにっこり笑う。そのときの２人の気持ちは、いわば「一致」。「ぴったりと息があっている」という体験です。演技ではなく、実際に起こりえます。

　でも、ここまで私が語ったストーリーは、あくまでもクライエントの行動をみながらつくった、セラピストである自分のストーリー。それがクライエントが自分の心のなかで描いていたストーリーと同じものなのかどうかは、わかりません。というよりもより正確にはこの場合、セラピストとクライエントの双方によって、つむぎあげられた共同作品なのです。だから"ぴったり感"が起こるのです。ここでもし、クライエントが確固としたストーリーをもっていたら、「違うよ、ここは○○なのよ」と教えてくれます。そうしたらその線にのってつむいでゆけばよいのです。

　だからそれは、クライエントの思いを「言い当てる」こととは違います。クライエントの心のなかでも漠然としていたことが、セラピストの協力をえることで鮮明になってくる。その線でよしとできる。その結果"ぴたっとあった"ということになるのではないでしょうか。

7　終わるとき

せんせいを困らせた、いたずら成功！──お帰りのごね

　?「プレイセラピーを終わるとき、自分は終わりたくないとごね、セラピストに反発したりへりくつをいい、セラピストも閉口しながら説教のような説得

のようなことになっていった。自分でもごねているのがわかった。途中で『帰るのは嫌だ！』とはっきりと拒否したことで、セラピストも仕方なく向かいあい、そのことを座って話しあうようになった。言いあいではあっても、そこには一種の遊びのような楽しさがあったし、やっと向かい合った双方向性のコミュニケーションがとれるようになったと思い、嬉しい気持ちがおこった。そのときの自分には、信頼しているセラピストをもっと困らせたいという、いたずら心のようなものがあった。でもだんだんにセラピストが『あなたはいつもちゃんと時間で帰っているし、帰れる子だよね』と言い、『いつもいわれた通りにしなくちゃいけないのよ』と言ってきたときには、本気で少々頭にきていた。しかし互いの間の緊張の糸がピークに達した後、セラピストがふと『困っちゃった』と力なく笑ったのをみて、相手の強気な態度が一転して、気が抜けたことに気づき、自分の方も緊張の高まりから一気に解放された感じが起こった。それでセラピストの顔をのぞき込んで『困った？』といいながら笑った。『困らせることができて嬉しい、いたずら成功！』という気持ち。そこではじめて、自分のなかに素直に帰る気持ちが起こってきた」。

🍷 初心者はしばしば、うまく事が運ぶこと、つまりクライエントにごねられず、何とかスムーズにセラピーが流れ、もめずに帰ってくれること……を願います。しかしそのような何も起こらずに事態がうまく進んでゆくことはきわめて稀です。というよりも、実際には「何かが起こる」ことで関係が深まりも遠ざかりもします。それは、その人のもっているテーマに近づいたという証なのです。その意味でトラブルは変化のための機会です。

　ここではクライエントがお帰りを嫌がってごねる、ということにセラピストが困惑する、という場面が展開しています。よくある光景です。ここでごねまくられたセラピストは、次第に説得調子・説教調になってゆきます。でもすべてが裏目。ありとあらゆる手を使い果たし、「困ったな〜」と弱音、つまり本音を吐いたところで事態は急展開してゆきます。緊張がほどけ、和解の雰囲気が漂ってくるのです。それをクライエントは「いたずら成功！」と評しています。

　最初はちょっと遠慮していた子どもたちも、プレイセラピーに慣れてくると、終わりの時間を少しでも先にのばそうとしはじめます。気がつかないふりをしたり、「わかった」とは口では言ってもからだは別の遊びを始めたり、「今ちょうどいいところなのだから、もっと遊んでいたい」と言葉でいわれたり、もっと単刀直入に「イヤダ！」と床にねそべって叫んだり……その様

相はいろいろです。

　どのように1回1回のプレイを嫌な雰囲気ではなく終わらせ、次回につなげてゆくかということは、なかなかにむずかしいテーマです。確かに私たちは初回時に、50分なり1時間なりという、時間枠に関する契約を、親とも子どもとも結んでいます。しかしそれはまず、私たちの都合で相手に押しつけたお願いごとです。嫌な気分でではなく、ほんわりとした、楽しい雰囲気で帰って欲しい。そのためには幾つかの工夫が必要でしょう。

　まずは突然に「お時間よ」と宣告するのは、子どもには酷なこと。「あと5分ね」あるいは「あの時計の針が0をさしたら、終わりの時間、だからあとちょっと遊べるよ」など、終わりの時間にむけてのこころの準備をしたいもの。例えばプラレールをしていて、線路をつなげるだけで終わりそうであれば、「そろそろお時間がきてしまう。せっかくだから1こ、電車を走らせてみない？」と提案したり、ごはんつくりの最中であれば、「せっかくだから、ごちそうを一緒に食べよう、だからちょっと急いでつくれるかしら？」など、プレイの進行に「せっかく」コールでちょっとお尻をプッシュするのも一計です。

　「あと5回」「あと3回」「いよいよ残りあと1回ね」という提案もあるでしょう。この場合、実際には「もう1回」「もう数回」がついてくることが多いのです。その相手に譲る度合いは、子どもにもよりますし、そのときの子どもの状態にもよります。たくさん譲ることが必要な場合もあります。そのようなときには、プレイセラピーそのものの時間枠を大きくするのではなく、「でっぱる時間」の余裕をもって、セラピストが面接を組むとよいのです（絶対にこじれて10分なり20分、でっぱってしまう場合には、最初から次の時間帯の面接をその分、遅らせて約束するとセラピストは余裕をもって対処できるでしょう）。「お帰りの時間よ」「いやだ」が壮絶なバトルになるとしたら、その子は日常でも周囲との間で同様のバトルを数多くしているはず。それは自分の思いと周囲の思惑との兼ね合いのむずかしさ。だいたいこじれると、わけがわからなくなるものです。だからこそ、プレイルームでは遊び心をもった、余裕のバトルができてくると、その兼ね合いがうまくなってゆくでしょう。お帰りのごね対策には、セラピストの側のこころのゆとりが肝心です。

またこの学生は、「気持ちや感情は自分のなかでどんどん変わっていった。けれども、セラピストという人への信頼や思いは変わらなかった。それは、普段からセラピストを知っていたからなのか、それともセラピストが面接のあいだ中、真剣に自分に接してくれていることを感じていたからなのか、どちらが利いているのかは自分でもわからないが、こうした思いがあるかぎり、たとえ一時的に関係が悪くなっても、セラピストに対して怒りや悲しみを感じても、面接への動機づけが下がるものではないのだろうと思った」と語っています。

やりとりがちぐはぐでうまくいかなくても、理解が間違ったとしても、気の利いた助言ができなくても、あるいはセラピストに対して、わかってくれないことで怒りや悲しみを感じても、それがセラピストに対するクライエントの信頼感を喪失させるのではありません。信頼を失うのはセラピストがうまくいかないのをごまかしたり、ウソをついたり、クライエントをだますようなことをしたときです。

次の子の方が大切なの？

❓ 「『そろそろ終わり』という頃あいを伝えるのはむずかしかった。自分が『あと10分しかないよ』といったら、クライエントに即座に『まだ10分あるじゃん』といわれてしまった。そこで『決まりだから』といったら『たまにはいいじゃん』と。さらには『次の子が待っているの』と言ったところ、『次の子の方が大切なの？』と。いったいどうやって終わらせたらよかったのだろうか？」。

🏆 面接の時間というものは、最初の約束をもとにしています。でもそれは実際には、個別にほどよい時間を合意して決めたというよりは、セラピスト側からの要請にクライエントが従ってくれて成り立っている契約です。クライエントが「今日は時間をもっと欲しい」「自分にはもっと時間が必要なの」と言ったとしても、それはおかしなことではないのです。そのことをまず、私たちは出発点でいま一度、確認したいものです。

先の「あと10分しかないよ」という言い方は、確かに事実を伝えていますが、「残りはほとんどないよ、あなたの時間はあとちょっとよ」と宣告されたような感じがしてきます。一方の子どもの「あと10分あるじゃん」と

いう言い方には、その残り10分を大切に最大限つかって帰ろう、とその時間を大切にしている響きが感じられます。このとき、たとえば「お時間が残りあと10分になっちゃったの」と終わりを惜しむ気持ちで言ったとしたら、「とっても残念だけれども、今日はおしまいにしましょう、また今度待っているからね」という響きがはいってくるのではないでしょうか。少なくともそういう気持ちでお別れしたいもの。

　しかしこう言うと、「私はそんなつもりで言ったのではない」と反論されそう。もちろんそんな意図はなかったでしょう。ただ問題なのは、セラピストがどういう気持ちで言葉を発するか、ということではなく、相手に自分の言葉がどのように響くか、ということの方でしょう。多くの場合、セラピストはネガティブな感情は抑えこんでいるので、自覚的でない分、かえって気持ちが言葉に現れるのです。「〜しかない」という表現には、ケチっている、出し惜しんでいる、というニュアンスが漂っているのではないでしょうか。

　また、次の子がお部屋を使うから、という言い方も、しばしば耳にします。でもこれは、自分とその子ども以外の第三者に責任を押しつける、ズルい手だと私は思います。相手の気持ちを十分にくみつつ行為としては拒否をする（お断りする）ことが正しいやり方。例えば「もっともっと遊びたいよね。お帰りなんて嫌だよね。先生ももっと一緒にいたいって思う気持ちもあるの。でもお約束の1時間がきてしまった。とっても残念だけれども、今日はお帰りしよう」など、ぽやいてみるのもひとつでしょう。「仕方ないな、帰ってやるか……」と思ってもらえたらよいのです。子どもだって、帰らなければならないことは、頭ではわかっているのですから。

　「いつもセラピストである自分が終了の時間をつげると、ぽそっと、『あと1回やろうかな』と言っていたクライエント。その子ども役をこのワークで演じた学生（その子どもの担当セラピスト）が、『もう1回やろうかな』と言ったとき、セラピスト役の学生に『じゃーあと2回ね』とすぐにそれに応じてくれたことで、終わりたくない気持ちをわかってもらえた、と感じられてスパっとやめることができた」という印象をロールプレイで語っています。

　人それぞれに気持ちの収め方があるのです。"そのクライエント"の気持ちの収め方を知ること、あるいは収めにくさを知ることが、個々のケースの終わらせ方の方針を導きだすことでしょう。器用に終わらせることを目標に

する必要はないのです。

　とはいえ、やはり終わらせ方は重要です。たとえば野球やピンポンなどをしているような場合には、うまく相手の玉がはいったり、相手が玉を打った、といううれしいそのとき、パチンコをしているときは打ち止めになったとき、玉ころがしをしているときには、うまく玉が転がり落ちた瞬間などに、ちょうど「はい、終わり！」と言って終わらせると、お互いに気持ちよく終わりを体験することができるでしょう。リズムとタイミングをあわせるのです。それが多少、実際の時間より早くてもよいのです。

　最後に「終わらせる」という言い方について。これをめぐってある学生は「終わらせるんじゃないんだ。セラピストもクライエントももっと遊んでいたいけれども、仕方がないから終わりにするんだ、っていうことなんだ」と語っています。この気持ちが、「どうやって終わりにしていくか」という具体的な対応の出発点になるのではないでしょうか。

文　献

チェシック, M.（齋藤久美子監訳）　1999　子どもの心理療法　創元社
グランディン, T. & スカリアノ, M.（カニングハム久子訳）　1994　我, 自閉症にうまれて　学習研究社
東山紘久　1982　遊戯療法の世界　創元社
マクマホン, L.（鈴木聡志・鈴木純江訳）　2000　遊戯療法ハンドブック　ブレーン出版
村瀬嘉代子　1996　子どもの心に出会うとき　金剛出版
O'Connor K. & Schaefer, C. 1994　*Handbook of play therapy*, Vol.2. Wiley.
O'Connor K. & Braverman, L. 1997　*Play therapy : Theory and practice*. Wiley.
小倉清（編著）　1980　子どもの精神療法　岩崎学術出版社
田中千穂子　1993　母と子のこころの相談室　医学書院
田中千穂子　1997 a　乳幼児心理臨床の世界　山王出版
田中千穂子　1997 b　親-乳幼児心理療法（parent-infant psychotherapy）の一例　心理臨床学研究, **15**(5), 449-460.
ウイリアムズ, D.（河野万里子訳）　1993　自閉症だったわたしへ　新潮社
矢花芙美子　1981　初回面接　武蔵野市教育相談紀要, 昭和56年度　武蔵野

市教育相談室
山崎晃資（編）　1995　プレイ・セラピー　金剛出版

第3章 箱庭ワーク 自分に触れる・自分にとどく

I 箱庭療法

　箱庭療法は、1965年に河合隼雄によって日本に紹介された「砂遊び」（sandplay）という、非言語的な表現手段を用いた心理療法の一技法です。この技法はカルフ（Kalff, D.）がメラニー・クライン（Klein, M.）の弟子であったローエンフェルド（Lowenfeld, M.）の「世界技法」（world technique）をもとに、ユング（Jung, C. G.）の分析心理学の考え方を加味して発展させたものであるといわれています。山中（1988）は、河合がみずからの臨床経験のなかでカルフの考え方を深化させ、また当初、箱庭を解釈するという方向に傾きがちだったカルフに影響を与えて、現在のような箱庭療法が完成したという経緯から、箱庭はカルフが創始し、河合が完成させた心理療法であると述べています。

　箱庭療法とはひとことでいえば、内側を水色にぬられた箱のなかに砂がはいっており、その上にクライエントが自分の気にいったパーツと呼ばれるさまざまなミニチュアの玩具を、自分の気持ちに"ぴったりあう"（三木ら、1991）ように置いていくというものです。どのようにしても言葉には置き換えることのできない、その人の内的な世界、イメージをそっくりそのまま、あらわそうとする試みが箱庭の世界であるといえるでしょう。それは箱庭をおく人の心の変容過程を映し出し、連続性をもっていると言われています。この技法の特徴は"砂と箱""おき手"（つくる人）と"み手"（立ち会い人）との関係性、そして"つくられた作品のなかにあらわされた象徴性"という点に集約できます。

　光元（2001）は箱庭療法を、「心理療法の場で、言葉という象徴ではまだうまくとらえられないでいる自分自身の全体性、もしくは自分が他者や世界

と関わっている姿の全体性を箱・砂・パーツといった、言葉以外の象徴表現でとらえようとする試みである」と捉え、箱庭のパーツを「言葉（＝言語表現）にたとえるなら、言葉における個々の単語に相当」すること、「個々の単語がさまざまな意味をもち、かつ個々の単語の多様なくみあわせによって無限の表現をもち得るように、個々のパーツはさまざまな象徴的意味をもち、かつ個々のパーツの組み合わせによって無限の象徴的意味をもち得る」と述べています。このような特徴をもつ箱庭療法は、心理療法やアセスメントの道具としてのみならず、セラピストとしての自己理解を深めるためにも有用な技法になると考えます。

1　箱と砂で奏でる世界

箱庭の特徴のひとつは、まさに箱と砂があるということです。箱は枠。箱はそのなかにあらわれる表現を「保護する」と同時に、「（表現を）制限する」という役割をもっています。砂は人のこころをゆるませ、私たちを幼い頃に砂場で遊んだ体験へと回帰させてくれる素材です。樋口（1989）は、砂は私たちの無意識や母性などの深いこころの世界を表現するとのべ、三木ら（1991）は土に触れるということは、どこか深いところで母親に触れて得られる安心感のようなものを与えると語っています。箱庭の枠という空間に守られ、退行促進的な砂とさまざまなパーツをみているうちに、こころが自然に動きだし、自分の心像風景がその箱のなかにかたちづくられてゆきます。パーツや砂に助けられ、こころのなかで無意識的な何かが動きだすといってもよいでしょう。

このように砂に触れることは、自分がゆるむという体験でもあります。こころが動き、こころがゆるむときには、誰かに守られているという感覚、誰かが見守ってくれているという感覚が支えになります。普段私たちは自分で自分を守っています。でも、自分が自分のこころの奥深くにはいりこんでいくときには、かなりなエネルギーを内側にそそぎ込んでゆかなければなりません。そのような無防備なことができるためには、外側の守りを誰かに委ね、任せることが必要です。"み手"（見守る人：セラピーのなかではセラピスト）はそのための存在。さらにはその箱庭の"おき手"（箱庭をつくる人：

セラピーのなかではクライエント）の道行きが、おかしな方向に行かないように、方向違いが起こったときには、そのことを一緒に迷い、考えていく役割もあるのです。そのような"み手"に支えられ、私たちが普段みすごしている自分の内的感覚に身を委ねる機会、それが箱庭をおく、という体験であるといえるでしょう。

2　"おき手"と"み手"の関係性

　カルフは、箱庭におけるセラピストとクライエントの関係性を"母と子の一体性"と表現しています。それは母親の胎内で子どもが母親にあらゆることから守られ、包みこまれている状態をあらわしているのだと。あたたかで信頼できる関係がセラピストとクライエントとの間につくられることによって、そのクライエントが本来もっている自助の作用、すなわち自己治癒の力が活性化し、人がより全体性へと導かれてゆくといっています。

　三木（三木ら、2001）は「箱庭に立ち会うセラピストの適切な読みと期待が適切な箱庭をつくりあげる」と語ります。そして「関係がうまくいくと箱庭の流れが自然になる」し「セラピストが一生懸命に考えすぎてもダメだし、考えすぎなくてもダメ。ともすると、セラピストがその流れをひっかきまわしてしまうということが起こる」のだと。

　不思議なことですが、違うセラピストが立ち会うと、ただそれだけでクライエントの箱庭の作品（内容も雰囲気も）がかわってきます。このことは、箱庭の作品そのものが単にクライエントひとりの世界の出来事ということではなく、セラピストとの共同作業によってあみだされる、相互的な作品であるということを意味しています。しかしこのようなことは、実際に自分で箱庭をおいてみないと、なかなか「なるほど、そうか」と実感することはできません。自分が誰か（"み手"）に守られている（あるいは侵襲されているという不安）ということを味わい、ぴったりとしたものをおくことを通して自分のこころが動くことに気づいてゆくという味わいは、やってみないとわかりません。

　本章は、自分に触れる・自分にとどくためのワークとして箱庭をつくり、また作成過程に立ち会うという体験レッスンをもとに考察を進めています。

ですのでここではセラピストとクライエントという表現ではなく、"み手"と"おき手"という言葉を用いることとします。

3 象徴ということ

箱庭を理解するために、象徴解釈が行われています。目幸（1995、1996、1998）は、ユング心理学における象徴の意味として、次の2つのことがあると解説しています。それは認識論的にいうと、象徴とは"best possible expression of something unknown"、すなわち"未知なるものの最高の表現"であり、"transcendent function"、つまり"超越的機能"がある、ということです。さらにこころにはみずからを越えていく機能があり、象徴とは"こころのcreativityのはたらき"であるとも語っています。

これをもう少し具体的に描いてみましょう。たとえばあるクライエントが「砂のなかに怪獣なり人形を埋めた」とします。何かを砂の中に埋めるという行為に対して、私たちは比較的単純に、「埋める」ということは「抑圧ということ」、「埋めて出す」のは「再生のテーマ」と、考えるような傾向をもっているのではないでしょうか。同様に、森というのは混沌を、橋がかかれば意識と無意識をつなぐものの登場、まるくつくるとマンダラがでてきた……等々。しかし象徴理解とは、そのような単純に記号化されたものではありません。もっと多義的で奥行きの深いもの。正反対の意味をも含みます。

この問題を考えていたとき、興味深いエピソードを思い出しました。以前、三木アヤと光元和憲と一緒に、箱庭のケースの流れを考えていたときのこと。あるクライエントが「箱庭の砂のなかに夜叉を埋めた」というセッションがありました。三木はすぐに、「夜叉を地に返したのね」と。つまり死と再生のテーマとして、夜叉を地にかえし、よりよきものへと変容させてゆくいとなみである、とその行為を理解したのです（三木ら、1991）。また別のケースで、クライエントが「手を縮めた埴輪」をおいたとき、「なんか固まっている、身体なのに手が動くとか頭を回すというような、身体の自由がないっていうように感じるわ」と（光元ら、2001）。それはちょうど、そのクライエントの母親やそのまた母親たち、日本の女性がたくさんの涙を流しながら生きてきたという、綿々とつづく涙で彩られた苦しみの歴史のなかに、自分

のこころの苦悩の中心があったという、その語りのときにおかれた埴輪でした。

　三木は象徴理解についての造詣はきわめて深く、これまでに数えきれないほど、たくさんの箱庭をみてきています。でも、三木の箱庭のそれぞれのパーツに出会ったときの感覚は、どこかの書物から借りてきた言葉ではない、「みたその瞬間、自分のなかにわきおこった、生き生きした感じ」そのものなのです。私たち多くの者の、教科書や象徴事典のようなものから得たような、借り物的な理解をはるかに越えて、「その箱庭を見た瞬間に自分のこころのなかにわきおこった感覚、あるいは感情を素直に受けとることが基本であること」を教えています。この、みた瞬間に自分が何を感じるか、そのことをつかむことがむずかしいのです。そして私はこの三木の言葉こそ、箱庭療法のポイントだと思っています。

4　個性化の過程へのいざない──自己理解のための箱庭

　ユングの言う個性化過程を目幸（1987）は、「自我が無意識の創造力のはたらきに触れ、それに支えられてかけがえのない個としての自分になっていくプロセスをさしている。言い換えればそれは、『別個の、分割できない単位、すなわち全体』。その人でなければなれない、そういうユニークな個性を実現するプロセス」。それが第一番目の意味になる、と述べています。

　ユングの自叙伝にあるように、ユングは自分の一生を無意識の自己実現化のはたらきであると言っています。「分析者ができることは、クライエントのなかに隠れている創造的可能性（the creative possibilities）を展開させることである」（Jung, 1954）。この無意識の自己実現に関して分析者ができることは、自然をガイドすること、こころにみずから備わっているはたらきについてゆくこと、です。それをしていくことによって、人がその人本来の自己になってゆくプロセスが進んでゆく。目幸（1995）はこのことを、"いのち"という言葉をつかって表現しています。自己実現とは「いのちの絶え間ない、みずからなるはたらき」であり、「みずからを新生させてゆく」ことである、としています。

　さて、箱庭をおくという行為は、クライエントが自分のこころに届いてい

こうとするいとなみである、と私は理解しています。私たちはふだん、自分の奥深くにあるいのちの源と切れたところで、部分的に自分を生きている……心理臨床で多くの相談に出会っていると、そんな気持ちが起こってきます。意識や無意識という言葉をつかわずとも、頭だけで生きている、知的に捉えたことだけで、自分や世界を理解し、わかった風な気でいます。でも、こころは本来、全体性を求めます。それが先の個性化の過程。症状や問題行動があらわれるのは、その人のこころの何かが、その人の部分的な生き方や欠けた生き方に反発し、全体性を回復しようとして起こっている……そんな訴えと私は捉えているのです。そして頭でだけではなく、自分自身をまるごと生きようとしていくとき、箱庭や夢などが役だちます。

箱庭はイメージの世界。自分のなかの言うに言えない、つまり言葉では表現できないフィーリングを、イメージとして表現する。箱庭をおいていくと、自分でおきながらも、自分のこころが勝手に自然に動いていくという体験がおこります。半分以上は自分の感覚でおいていく。でも「感覚で自分がきめていくもの」と「イメージがあること」の両方の調和がとれていることが大事である、とは三木（三木ら、2001）の説。さらに三木は「ひとつの作品から次の作品へと物語を続けてみるようにしなさい。その箱庭が自分のこころのなかの動きと絡んでいないと面白くはない。ただ面白かったとポツンときれるのではなく、深めていく。箱庭のなかにあなたの"いのち"がみえてくるようにおきなさい」と語ります。そして「それはただ漫然とそのときの気分でおいてもダメ、自分でやるしかない。考えてこうしたら、ということと、本当にこころのなかのエネルギーが向かっていくのとは違う」とも続けています。

ここで三木が語ろうとしていることは、箱庭をおくという行為そのものは、できるだけ自然にありのまま、そのときの自分のこころの動きや流れにしたがって行うのだけれども、同時にそれを意識でつかもうとしてゆく、何をおいたのか、どうしてそうなのか、そのことを自分で自覚し、つかんでいこうとするきわめて意識的な作業もまた、同時に必要な作業である、と言っているのだと私は理解しています。もちろんそれは時間的に同時に起こすものではなく、まず箱庭をおく、そして次にそのおいた箱庭を自分でみて考える、という2つの作業になるのです。

この、箱庭をおくという無意識的な動きと、そのおいたものを自覚し、考えていこうとする、きわめて意識的な動きの双方が車の両輪となって、自分が自分にとどいていく、自分が自分につながってゆく、という自己への道が活性化し、進んでゆくのだと私は考えています。

　三木は箱庭の作品と、それに対するクライエントの連想を総合して捉え、クライエントが一番感じているところに、セラピストの方が焦点をあててゆき、話しながら狭めていく、つまりはっきりとさせてゆく、ということをするのだと語ります。また三木はスーパーバイジーとしての体験から、自分の考えたり感じたりしていることとは違うことをスーパーバイザーが言ったとき、何が起こったかを考えていったことが自分を理解する上で役に立ったとも語ります（光元ら、2001）。ズレたから考えて、ズレることでわかっていった、というのです。これはすなわち「ズレてもよい」ということです。感性でつかんだり、焦点化を試みたり、ズレたりしながらセラピストがクライエントの内的世界を把握しようとする試みが、クライエントが自分にとどいてゆくことを援助するということの内実です。

　心理療法は、心理的な問題を解決したり、症状をなくしたりすることへの援助であると同時に、自分のなかの生きてこなかった部分を統合したり、治るという次元ではとうてい捉えられないようなものと、その人がどうやって折りあって生きていくかというようなテーマに立ち会っていく関わりです。セラピストとしてどのような聞き方をするかとか、どのような言葉を使うとよいのか、という心理療法の技法論が開花している今、私はあらためてその中核にある、「自分が自分につながっていく」ということを心理臨床の学びの原点に置きたいと考えます。それは自分のこころに触れることであり、自分自身にとどくことです。それは技法を習得するということではなしえません。

　自分が自分をより深く感じていく、自分が自分につながっていこうとするためのトレーニングとして、私は箱庭を自分でおく、というワークを試みました。人を心理的に援助するために、セラピストが自分につながっていく、という自己探究のプロセスを自分の肌で感じて欲しいという願いが故です。さらには無意識のいとなみを意識化し自覚するということに、少しでも触れる学びをと考えるからです。

しかし、ただ箱庭をおけば、それがわかるというものではありません。三木は、心理療法のなかで自分に直面することを避けるために、箱庭がおかれるということがある、と語っています（プライベート・コミュニケーションから）。このことは心理療法技法としての箱庭が、ときに「『通路を閉ざす』ための手段として利用されることがある」と語る、織田（2001）の指摘と重なるように思います。

II　箱庭ワークの実際

　部屋の大きさにもよりますし、参加メンバーの人数にもよりますが、私はある程度の大きさの部屋で毎回、2つの箱庭を用意し同時進行で2人の人に箱庭をおいてもらっています（大体10数人が参加しています）。もっと人数が多い場合には、3個以上の箱庭を並行させることも可能です。

　ゼミの初回にオリエンテーションとして、全体のガイダンスをします。最後にふたたび「ふりかえりのディスカッション」をしますが、残りのセッションはすべて、箱庭をおく・それをみる・コメントを言い合う、という時間にしています。

　当日誰が箱庭をおくかは、あらかじめ決めません。その日の自分自身の「おきたい気分」で募ります。その授業の間、一度も「箱庭をおかない」という自由も保障しています。しかしその場合には、最初から「自分はおきたくないけれども、人がどういう箱庭をおくのか見てみたい」という、興味本位の参加は断わっています。箱庭をおくということは、自分のこころを人の前に表現していく行為です。ためらいはもちろんあるでしょう。自分のことを勝手に想像されたら、たまりません。そのような気持ちは当然のこと。けれども、自分のこころがどのように動くか、そのことも含めて自分で体験してみたい、そんな気持ちをもっていることが参加の条件です。

　箱庭をおく時間は、だいたい40〜50分程度を限度とします。なかなか終われないようであれば、「あと5分くらいでまとめてみてください」とひと声かけます。おくときには「感覚的に、できるだけ自分にぴったりしたもの」をおいていくようにと伝えます。

　このとき布図（フリーハンドで途中経過も含めて書いていく構図）を書い

てもらう人を、それぞれに配置します。

　残りのメンバーは、その箱庭の作成に立ち会い手として参加します。どこに立つか、どちらをどうみるかはそれぞれに任せます。

　両方の箱庭が完成したら、1作品ずつその箱庭をみながら互いに連想を話しあってゆきます。作品をみながら、また人の話しを聞きながら、イメージが自由にふくらんでゆきます。その体験が貴重です。ひとりひとり感想が違うこと（ズレの共有）、そしてそのどれひとつ間違ったものはないこと、言うときのためらいや言われたときの感情等々をナマな形で味わいます。

　そしておいてみたあと、家に帰ってから、その自分のおいた箱庭のパーツを残らず全部つかって、ものがたりをつくってみる、ということを一応課題として与えています（ただし、その作品を私はみません。そのことも伝えておきます）。おいたものには必ず意味があるといわれています。自分の現実を考えながら、自分の精神内界で起こっていることを意識化する作業を積極的にしてみようという、これはそのための誘いです。

　ただしこれは、自分の箱庭のストーリーを自分で決めつけてしまうために行うのではありません。象徴解釈で固めてしまうのもいけません。そのときの自分にできるだけぴったりくる日常の言葉で自分を表現してみること。一度つくったストーリーも、時が変わってみてみたら、別の何かが見えてくるということもあるでしょう。ですからそのときにつくったストーリーは、あくまでも「そのときの自分」にとってフィットする物語。それを綴っていくことで、自分の道がみえてくるものです。この箱庭のストーリーは、たとえば自分ノートと称し、箱庭をおいたり、夢をみたら記録しておく……等々、時系列を追って辿れるようにつくるのもよいでしょう。

　くり返しになりますが、この箱庭ワークは、先のロールプレイとは違った角度からのアプローチです。これは人との関係にではなく、自分との関係に焦点をあてたワークです。自分を知る、自己理解を深めるということ。自分のこころ、精神内界に対する感性を高めることは、相手のこころに対する感性を深めることと同じです。

III 学生のコメントをもとに
（以下、❓は学生のコメント、♠はそれに対する私のコメント）

1 箱庭をおいてみて

自分の内面がでるなんて！

❓ 「有名な心理療法の技法なので名前は知っていたけれども、それほど興味をひかれたわけでもなく、実際には見たこともなかった。あんなもので自分の内面がわかるとは思えない。自分の内面が投影される、映しだされる、示唆される、と言ってもらった方が自分の場合は座りがよいように感じる」。

♠ 率直な感想です。でも、ちょっとひっかかります。心理療法の技法にはさまざまなものがあります。それらを全部習得すると有能なセラピストになれるか、というとそれは違います。いろいろな技法に出会い、自分がなじむもの、好きになれそうなものを選び、それをもっと深めてゆく……そのくり返しのプロセスで心理療法の学びは進んでゆきます。「あれもこれも」ではなく、「どれか」を選ぶ。だからそれが"箱庭療法"でなくてもよいのです。

　気になったのは、「内面がでる・投影される」という表現です。自分のなかにわきおこったイメージは、言葉にする、絵をかく、箱庭をおく、写真をとってみる……等々、表現することによって、はじめて相手に伝えることができるようになります。でもその前に、実はそういう行為をすることで、「自分で自分がわかっていく」のです。自分のこころの動きは、自分で自分を追い込み、つきつめていかないと見えてはきません。だからただぼんやりと箱庭をおいて、そこに現れてくる自分（の内面）をみていくだけでは、ごくごく浅い自己理解の領域でしかありません。そこを越えてなお、そしてさらに、自分で自分に届いていこうとするいとなみは、とても苦しく困難です。セラピストになるという学びは、自分のこころをまないたの上にのせるということであり、知的な理解をふやすことだけではありません。

　あるクライエントは、箱庭によるセラピーの過程全体をふりかえって、セラピストである私との関係を次のように語っています。「箱庭をおくことで自分を表現し、そこに立ち会う他者（セラピスト）に受容してもらい、自分

を受容してくれている他者を見ることで自分も受容し、二人三脚で現在、思うところまでたどりついたのだと思います。自分を知ることは重く逃げられない何かを摑むことになります。でもそれはより自分に近く、深く在る（生きる）ことになり、そしてやはり豊かであることのように今、思っています」（光元ら、2001 のなかの「第3章の事例：箱庭を置きたいと訪れた女性の心の変容過程――自分らしさにつながる旅」より）と。

　症状をとる、あるいは問題行動を改善するという、いわゆる"よくなる"という方向に向かうことだけがセラピーではありません。先のクライエントのように、"重く逃げられない"自分の生を受けとめ、生きていくための覚悟につきあうプロセスでもあるのです。だからこそ、そこに立ち会うセラピストもまた、"自分が自分につながってゆく""自分が自分になってゆく"ということの苛酷さと尊さとの両方を、少しだけでも体験してみることがセラピストとしての学びに必要なのではないか、と私は考えているのです。

のみこまれる怖さ・侵入される怖さ

　❓「小さい頃、砂場の泥遊びが大好きだった自分。でも、箱庭の砂はなぜか怖い。それは砂の色、その白さにあるのではないかと思う。箱にはいった一面の白い砂をみていると、なぜだか砂のなかにのみこまれてしまいそうな気がする。砂を手につけたら、そこから砂が身体のなかにはいってきてしまいそうな気すらする。のみこまれる怖さと侵入される怖さ。自分が自分でなくなるような恐怖なのだろうか」。

♟　砂は退行促進的な素材である、とはどの箱庭の教科書にものっています。実際に用いている砂は、まっ白ではなく、アイボリー系の砂です。でも、もっと茶色が濃い目だったら、ここで表現されているような恐怖は、もう少し穏やかなものになっていたのではと、この学生は言っています。そうなのだろうと思います。

　他にも、「1回だけ自分がつらいことがあって落ち込んでいたとき、白い何でもない砂がこれほど怖いものなのか、と思った体験があった」と語った学生もいました。確かにどのような色合いの砂が、箱庭の「その日のおき手の感覚」に「ちょうどよいか」ということは、この療法を行う際の重要な要素です。そのためには、数種類の色合いの砂を用意しておくとよい、といわ

れています。ちなみに、やさしい白目の砂の方が、自分にはあっているし居心地がよい、と感じる人もまたいるのです。「おく人が王様です」とは三木の日頃の言葉。その人を箱庭にあわせるのではなく、反対に、その人にあう状況をできるだけつくりたいものです。

形にしようとする"しんどさ"

❓ 「箱庭をおくしんどさ。何がしんどいのか？ 自分のなかでピッタリくる、あるいは腑に落ちるパーツを探す、おく場所をさぐる、"なにか"を形にしようと探るのがとてもしんどい。頭を空にして、腹部のあたりに気持ちを落としていこうとするのだが、自分のなかから何かをひっぱりだし、それをしっくりくるものにおき換えようとすると、そのそばから"しっくり感"が消えていくような気がする。"ぴったりくる""しっくりする"をつかまえようともがいている過程が、自分にはとてもしんどかった」。

「箱庭に関する何の知識ももたずに参加した。それまでの箱庭に対するイメージは、何かしらきな臭いものを含んでいた。砂と箱とパーツで一体何がわかるんだろう、きっと永い修行をつんだ末、特に感覚の鋭い人々にしか解釈できないのでは、と思っていた。つくるまでの間にイメージをふくらませてゆき、つくりあげていこうとしていった。でも、イメージしていたものは自分が砂にふれ、最初のひとつをおこうとしたその瞬間、あやふやで頼りないものへと変わっていった。

何よりびっくりしたのは、作成の過程で自分でもはっきりと身体的なつらさ、やむことのないほてりを感じたこと。他の人もつくっていると「目がまわる」とか「熱い」と訴えていたが、そのことが自分にも起こっていた。それはおきたいものがあまりない、さらにはおけない、ということからの焦りだけに基づくものではないようだった。自分のなかの葛藤、それ以前に自分のこころを探ろうとする、ということへの抵抗や戸惑いが、ほてりとなったのではないだろうか。箱庭を何度もおいた先輩たちの作品が、初回の人と違うというのも、何かちょっとわかるような気がした」。

「コミットの低い状態でなら、おそらくいくらでもつくれるのだろう。でも本当に自分を探そうとするならば、おそらく精神的にも身体的にも、良好なコンディションでいることが要求されるのではないかと思った」。

💡 「びっくりするほど、箱庭ってしんどい」……これらの感想は、いかに箱庭をつくるということが"しんどい"ことかを伝えています。よく「おきたいものをおく」と言います。単純に考えると何でもなさそう。でも実際のところ「自分は何をおきたいのか」と自分の内面に問いかけると、「何だろ

う?」と考え込んでしまう。そんなに最初から「ぴったりくる」ものなど、わかりません。それを見つけていこうとすることが、おそらく「びっくりするほどしんどい」のです。

「自分が何を求めているのか」を探りながらぴったりとしたパーツを探していく。たかがミニチュアの玩具なのに、前回気にもならなかったパーツが、なぜか今日は気になってしかたがない。また、何年も同じような箱庭をつくり続ける人もいます。その人にとって、それが必要な行程なのだと私は思います。どれだけ嫌でも、どれだけ急ぎたくても、それが今の自分です。そこをしっかり認めていくから、少しずつ、自分が自分にとどいてゆくことができるのだと私は考えています。

あくまでも自分のために

❓ 「はじめて参加した頃には『もう少しクライエントの箱庭がよく見えるようになれば』という思いがあった。でも何度めかになっていくと、もっと自然体でおいてみた。それは『自分のために』ということ。クライエントのためとか、ケース理解のためとかではなく、真に自分自身の内的な欲求につきうごかされて箱庭をおこうとするとき、逆説的だけれども、クライエントへの理解やケース理解への通路が開かれるのではないだろうか」。

💡 箱庭をおき続けるということは、それによってセラピーがうまくなるとか、どのようにセラピーを進めていったらよいのかという、セラピストとしての力量をあげるということを直接的には反映しません。それは自分自身と真剣に向きあい、自分を知る、ということへのひとつの誘いの方法ではありますが、だからといって、自分をよりよく知ることができるようになれるとは限りません。

でもセラピーの本質は、"その人が自分自身になってゆく"ことへの伴走である、と私は考えています。その線でいくと、セラピスト自身が自分につながっていくという、"自己への道"を歩んでいるということは、確かにセラピスト自身のためのものですが、同時にまたクライエント自身の道程を理解したり、待ったり、一緒に考えていく上で役にたってゆくのではないかと考えます。

"み手"の影響

❓ 「自分がつくっているわけではなく、一番大変なのはつくっている本人なのだろうが、それをみていた自分たちもかなり疲れた。周囲の人々は"おき手"にとって気になる存在であり、傷つける可能性も多くもちながら、つくっている自分の感じる怖れの気持ちを守り、支えてくれる人にもなる、ということが大きな発見だった」。

「箱庭をつくるとき、確かに他者の視線は気になった。しかし最初から深い関係のある人の間で1対1で自分をだすよりも、ある程度知っている多くの人がみているという制約のなかで、自分を抑えてだすということの方が、箱庭の初心者にとってはいいような気がした。箱庭をつくった後は少なからずパワーがへるものだから、終わった後人数が多いぶん、いろいろな感想が聞けるのもよかった」。

「授業では2人が並行して箱庭をつくるという形式だったが、このスタイルは自分の箱庭の作成に大きな影響を与えたように思う。一緒においた人はみんなにむかって背をむけて箱庭にむかっていた。自分はみんなの方をむいておきたかったが、その相手に対して心地が悪い気がしたので、自分の意をまげてみんなに背をむけて箱庭をつくることにした。居心地悪くつらかった。もしもひとりだけでおいて、それをみんなに見られると考えると、それもつらい気がする。2人同時並行で箱庭を作成することは、よくも悪くも、お互いに非常に影響しあうものなのだと思った」。

♟ 箱庭をセラピーとして使う場合には、「セラピスト自身が箱庭をおいた体験が不可欠である」といわれています。体験がないと、何が起こっているのか、そのフィーリングがつかめません。立ち会う自分の影響など、わかるはずもないのです。箱庭とは"み手"と"おき手"の共同作品。両者は深く影響しあっているのです。

"み手"の期待が大きすぎると、それは"おき手"の箱庭に影響を与え、その箱庭を歪めます。また一方、「どうでもいいよ、勝手にして」と、関心がまったくひきあげられてしまった場合には、箱庭は何故かつくれません。"み手"の適度な関心と期待が、"おき手"の箱庭へののめりこみを促進させるのです。

最初は気になった周囲の視線も、学生たちはやっている間に次第にそれを気にしなくなっていく、という体験をしています。まったく知らない、一期一会でできた箱庭制作のグループの場合にも、最初の頃にあるある気まずさは、時間がたつにつれて薄らいでゆきます。外側が危険な状態だと、外にも

関心を注がなければなりません。最初外側にむけていたまっとうな注意が、次第に抜けているということは、安心できるようになっているということでしょう。だから人は内的な方向に力を注ぐことができるようになるのです。

この問題についても、あるクライエントは、次のように語っています。「(はじめのうちは)専門家ではあるけれど、あまりよく知らない人(セラピスト)の前で『好きなようにしなくてはならない』ことに戸惑いと緊張感があったように思います。少なくとも『感じがいい』と思う人にしてよかったと思いました。……何も要求されることなく、放り出されるわけでもなく、ただ好きなことをするのを誰かが見ていてくれる、贅沢な時間のように思えました……。『箱庭をおく』という時間と空間は、自分がすることを見ていてくれる人がいるという安心感と照れ臭いような、落ち着かないような……」と(光元ら、2001)。

ことさらに何も言わない、あせらせない、放り出さない、でも自分のすることをじっと見守ってくれている関係……これはおそらく、幼少期の母子関係に由来する関係。そして私たちの生活のなかから、この贅沢な時間が失われつつあるのかもしれません。だからセラピーという場で、それをしっかり味わってみるということも、こころの治療につながるのかもしれません。

プロセスとしての箱庭

❷ 「いままで箱庭については、完成したものをみたことがあるだけだった。しかし今回はその人が箱庭の前にたち、砂の感触をためすところから最後まで、そのプロセスをみることができた。最終的な作品ができるまでの惑いや葛藤、意識の深さや感情の流れは多様であり、その過程があってこそ、できた作品であり、だからそこに意味があるのだと思った」。

「事例を紹介した本や他の授業でみた箱庭は、すでに完成品であり、それ自体が無意識の象徴として重々しくとりあげられ、そこの著者の解釈がもりこまれている場合が多く、作成段階でのつくっている人の声はあまりとりあげられていなかったように思う。そういうなかで箱庭というものはできあがってみたら自分でも意識していなかったような、とんでもないものだったりして、しかもそこにすごい解釈が施されてしまうようなもの、という魔術的なイメージが自分のなかで勝手にできあがっており、ある種の占いを聞くときのような期待と怖れを抱いていた。

実際にやってみて一番びっくりしたのは、解釈するというよりはそれぞれの

印象を大切にするということと、作成しているプロセス自体に気をつかってみていくということだった」。

🍷 素朴に「今でもこんな風に思っている人がいるんだ」という驚きが、聞いている私のなかに起こってきます。ひとつの箱庭ができあがっていくのにもプロセスがあり、そのつらなりを感じとってゆくということは、確かに事例集を読んでいるだけでは、みえてきにくいことかもしれません。また、「作成段階でのつくり手の声」は、確かにもっととりあげられてもよいのでは、と思います。

コメントのなかに響く"み手"の姿勢

❓「もらったコメントは、その言葉の全体を覚えているのではないが、箱庭をみ返していると、その言葉の断片が浮かんでくる。どうしてそれら特定のコメントが自分のこころのなかに残っているのだろうか？ それはひとつには、自分のなかに降りてゆき、自分を探究しようとする『おき手』の試みを軽んじていない『み手』の姿勢を自分がそのとき味わっていたからだと思う。エネルギーを集中させ、自分と対峙し、混乱したり惑ったりしているであろうことを含めた大変さを、身をもって深く想像しうる人の思いやりがコメントのなかに口調や声質にも含まれていたように感じた。またその『おき手』に対して、何かしら肯定的なメッセージを伝えようという気持ちを感じる。それは自分の感じたことを"相手にとってよきもの"として伝えられるように、言葉を吟味して発せられていたのではないだろうか。だからそれらのコメントが、箱庭をおいた人自身も意識することのなかった、自分のなかのよきもの、肯定的な側面への気づきを促進させ、活性化させていくきっかけになりえたように思った」。

🍷 ある箱庭をみていると、自分のなかに何かしらのイメージがうかんできます。それを相手に伝えようとするとき、私自身、どのように言ったら一番思いがとどくだろうか、といつも迷います。

それは単に傷つけないように、やわらかくくるむ、という意味ではありません。浮かんだイメージはさまざまな意味をもっており、多義的です。そのなかのどういう言葉が、相手の世界になじむものかということを考え、同時に半自覚的にであっても、相手にとってよきものとして伝えたいとも考えて言葉を選んでいるのだろう、と思います。このことは、心理面接の折に、どのようにセラピストのなかにわきおこったことを伝えるか、ということと一

緒です。あまりに単刀直入だと、消化不良を起こしてしまうかもしれません。あいまいだと混乱させてしまうかもしれません。ごちゃごちゃいったので「わからない！」と怒られることもあります。反対にごちゃごちゃ言うのがよい場合もあります。

　言葉を選んで伝える、と言ってみても、それは相手の感性や考え方、もち味ぜんたいをひっくるめ、わかっていないとできません。そしてそれほど私たちは、相手の世界をわかって言葉を発しているわけではなく、自分なりの考えをあてはめて、「こうだろう」と想定して言葉を選んでいるのだろうと思います。だからこちらの言葉がすーっと入っていったのか、どこかに落ちてしまったのか、ということをモニターする必要があるのです。

他者とは"自分がつくれないものをつくる人"

❓「箱庭をおくこと、楽しそうだとすら思っていた。つくっている最中もそれほど抵抗感はなかったし、出来上がったものにも満足していた。でも、自分がおいたあと、他の人がつくった箱庭をみて愕然となった。それは『他の人が自分と違うものをつくることへの気づき、驚きや感嘆、畏れ』という言葉になるだろうか。ただ単に好みの差とか成長の差ではなく、他者は自分もつくる可能性のある箱庭のうちのひとつをつくるのではない、自分とは異なる世界をもった人であり、箱庭はその表現なのだという意味がちょっとだけ、わかったような気がした。

　箱庭を自分でつくり、みるという体験を通して、自分が他者の、そして自分の内的な世界を真剣にみようとするということへの意識が少しだけ拓かれた気がした。『ちがう、すごい』という圧倒的な感覚によって思い起こされたこの感覚。人はひとりひとり異なる存在であるということの意味は、単に感じかたや考え方の違いや好みや成長によって、ひとつを選びとるということではないのだろう。異なる考え方や感じ方の背景に、その人のそれまでの数えきれないほどたくさんの経験から織りなされた、その人独自の世界がひろがっているのだということを感じた」。

　「わからないことは居心地の悪いこと。だから早くわかってしまいたいと思う。そしてわかったつもりになる。わかることが前提だと考えてしまうと、わからないことを排除するか無視するしかなくなってしまう。わかりたいという願いを出発点として、わからないことから逃げずに相手に耳を傾ける。そして自分の枠組みからの理解を仮説として相手に伝えることによって、ようやく対話していくことが可能になるのだろう。ある人を理解するということは、何かの定理を相手にあてはめ、物理現象のようなものを理解するのとは少し違うの

ではないかと思った。そうではなく、自分の枠組みを柔軟に修正できる準備をもちながら、共同作業で理解をつくっていくプロセスだと思った」。

🍄 「ひとつとして同じ箱庭はありません（見たことない）」とは三木が常々言っている言葉。もちろんパターンや傾向で分類すれば、類似のものをまとめることはできるでしょう。しかしそれは、せめてその個人を大枠でとらえ、概ねのところでわかろうとする試みでしかなく、やはりその人のことは、本人に聞かないとわかりません。箱庭をおいたり本人とその箱庭について話したり、セラピストとして立ちあっている自分のなかにわいてくるイメージを点検したり……のくり返しで、私たちが相手を理解してゆく作業が進んでいくのだと思います。

他者に自分をみせる苦しさを知る

❓ 「これまで自分は、クライエントに深い話をしてもらってこそよいセラピーだ、と思っていたところがあった。でもそれがクライエントにとってどれほど苦痛で、できるならやりたくない仕事なのだろうということ、内的体験が表現された方がよいと考えるのは、自分（セラピスト）の側の勝手な思いなんだ、と感じた。プレイセラピーのクライエントを体験したり、箱庭をつくったりして、それがずいぶんとむずかしく苦しく、そして自分を他者にみせることがどれほど苦しく恥ずかしいことか、痛いほどわかったような気がした。でも、だからといってもこれはワークでの体験。クライエントの感じる痛みの幾分の一でしかないのだろう。まずそのことを自分でしっかりとうけとめ、内的体験を語るクライエントに対し、敬意をもちたいと感じたし、そのクライエントの痛みを、その場に対峙している自分が共有できるようになりたいと思っている」。

🍄 私たちセラピストは、クライエントが深い話をするようになると、いい関係になってきた、面接がのってきた、と考えがち。とくに初心者セラピストの手応え感としてはそうでしょう。そして確かにそういう面もあるのでしょう。でもそのことはクライエントの側にたってみると、問題の中心にせまってゆくということで単純に喜べることではありません。深い話をすることで、かえって自分をどうにもならないところに追い込み、袋小路にはいってしまうことも多いのです。深い話がでればよい、のではありません。それは深い痛みをともなう体験で、もしも話さずにすむのなら、話さない方がよい

し、話は浅いにこしたことはないのです。相手に話すことへの躊躇がみられたら、まず大事にするのは躊躇の方です。話す方にプッシュしてはいけないのです。

2　自分を表現してみると

こんなの私じゃない！

❓　「箱庭をつくったプロセスをあまり覚えていない。覚えているのはつくり終わったあとの、自分の作品に対する嫌悪感。『こんなの、ぜんぜーん自分じゃない』と思う一方で、教科書的知識で不安をうめてしまおうとしている自分もいた。自分がこのとき抱えた不安は、ただ単に箱庭を受けいれることへの不安にとどまらなかったのではないだろうか。この箱庭を受け入れることは、まったく、どうしようもない自分、何もないように感じる自分を受け入れること。どうしようもない自分がいる、ということを頭の隅の方で確認したような気がした」。

💡　つくってみたら「意外と何だか楽しかった」「イメージにあうようにつくれた」という感想がでてくる場合もあれば、「自分のなかにこんなものがあったのか」と不安定になったり、「こんな感じなんだぁ」というがっかり感、「こんなの自分じゃないよ！」という叫びなど、さまざまな波紋が生じてきます。

　その日、自分がおいた、その箱庭のなかに現れるのは、"自分が自分になってゆく"という人生の歩みのなかの1こまです。自分ではっきりとわかっているもの、つかめているものは、わざわざおく必要はありません。よくわからないから、わかろうとするこころがパーツをおかせる。だから、おいたものはやっぱり自分。でもそれは、箱庭を窓口としたときにみえる自分自身であるだけで、その人の自己理解のすべてがそこに現れているわけではありません。別の窓口の方が、自分をよりよく表現できるし自分にあっているということも、十分あることなのです。

自分の姿の映しだし

❓　「授業のなかで2回、箱庭をおいてみた。はじめておいたときには、ものすごい疲れと自分でもよくわからない違和感、不快さ、もどかしいようない

だちを感じていた。2回目はとにかく頭で考えずにつくってみた。そうしたところ、終わった後、すっきりした感じが起こった。『つくった！』という、強い感覚が自分のなかにうまれていた。

　この2回を比較してみると、1回目に感じていた違和感は、つくったもののうそっぽさに対する感覚。ただ皆の目にさらされるなかで、破綻のない自分を『これです』と絞りだすように差し出しただけ。2回の制作を通じて自分は、頭で強くコントロールし、本当の自分を自然に表現していないときの不快さと、反対に、自然にでてくるものを受けいれて表現したときの楽な気持ちを体験した。不快な感覚や楽な感覚を手がかりに、本当の自分（自然な自分）とそうでないときの自分（コントロールしている自分）を知ったといえるかもしれない。それは大げさかもしれないけれども、自分にとっては本当の自分を感覚からかぎ分け、その自分に拓かれ、受けいれていく作業であったように思えた。

　もちろん嘘っぽかったといっても、その作品はほかならぬそのときの自分が表現したものであり、その意味ではそのときの自分が『嘘っぽかった』という真実を表していたのだと思う。そしてそこに映し出された自分の姿をみることによって、はじめて自分はそのような自分のあり方に気づかされた。だから表現したという感覚は2回目の方が強かったが、自分の姿が鏡のように外側の世界に映し出され、それを知る機会になったという点では、1回目の方が大きな意味があったように感じている。

　このように考えると、自分にとってこの2回は自分でもよく把握できない自分というものを、どこから感じとり、どう外にだすか、という試行錯誤と確認の作業であったと思う。もちろんたった2回で本当の自分が明らかになったとは思ってはいないし、本当の、というものが存在するのかどうかもわからない。でも見ていた皆のまなざしが、そのような試行錯誤を可能にしてくれたことも、大きかったと思っている」。

🍄　この学生の2回の箱庭をめぐる自己分析は、私たちに頭で考えるのではなく、感覚のレベルで自分を摑むという、箱庭でわきおこってくる内的な動きを、的確にかつ詳細に教えてくれています。

　あるクライエントは、その箱庭体験のなかで、「自分が一番大切にしようとしていたことは『自分の感じたことを操作しない』で表現したり伝えたりすることでした。自分が他者に対しても操作しないでそれができるかどうか、そしてそれでも否定されないだろうか、そして自分にとっても操作しない自分てどんな人だろう……と。したがってあのときに話した言葉もおいた箱庭も、思いついたままにおいたような気がします……（その頃の自分は自分のことを）『わかっていない』し『摑んでいない』状況でしたし、わかろうと

したり何かを理解しようとすると、自分の感覚を操作することになってしまうような気がしていたのではないでしょうか。論理的になったり、意味をもたせることから遠ざかっていたかったのではないか、と今になると思います。つまりは『考えたくなかった』のだと思います」と最初の頃をふり返って語っています（光元ら、2001）。

このクライエントはずっと、自分の内側で起こる感情を押し殺し、周囲の思惑や意向を読みとり、それに自分を強引にあわせて生きてきた、という歴史をもっていました。"病的なまでの受け身性"という言葉で表現している、抑制的な生き方から、自分の感覚を大切にしよう、と切り替えていく生き方へ。でも、そのためにはまず、自分が自分の感じているものを認めることだ……と、彼女は箱庭をおきながら気づいてゆきます。気づいたから箱庭をおくようになったのではなく、「箱庭ってよさそう」と思った自分がいたことで、とりあえずおいてみて、でもなかなかぴったりくるものはおけなくて……何を自分がおいているのか、その意味はよくわからない。でもあんまり頭でわかりたくないとは思っていて……という過程をへていくなかで、自分自身の内省も進み、箱庭とあわさって自分の感じたことを大事にすること、に切り替えていくことができてゆきます。とはいえ、考えることと感じること、このふたつがうまくかみあって両輪となっていくのは、なかなかにむずかしいこと。私たちは、頭でわかることの方が、ずっと楽なのです。

自分のこころが勝手に動く

❷　「はじめて箱庭をおいた。パーツの置かれている棚を毎週みていた。実際につくろうと考え、つくるまでの1週間の間で、先週おきたいと思っていたパーツを今週は特におきたいと思わなかった。そんなことが面白かった。見られていることで、最初のうちは気持ちが箱庭に集中できなかったが、おいていくうちにいつの間にか没頭……自分の箱庭のなかに気持ちがはいっていた」。

「実際に自分がはじめてつくった日。箱庭をおこうと覚悟をきめていた。人前で自分をだすことには抵抗がある方だと思ったので、みなに背をむけてつくることにした。ちょっと楽になった。最初は何からはじめればよいのか、多少とまどった。でもやっていくうちに余計なことを気にせず、自分の好きなようにしていくことに自然になっていった。ふり返ってみると、『ここに○○をおきたい』『まんなかには大事なものをおきたい』『まっすぐな△△がいい』などという、何となく自分が動かされるように感じた瞬間があり、それが不思議だ

った」。

「作ってみた感想としては『どうしてもおかないではいられないもの』『ちょっと軽い気持ちでおいてみたら動かせなくなったもの』『おくことで安心感がえられるもの』があることを実感したのが一番大きかった。つくる前は『いざとなれば何でもつくれる』というないい加減な気持ちもあったが、実際につくりだしてみると、やはり棚を眺めていても自分の中にはいってこないものはどうしてもおきたくないし、全体的な構成としては多少おかしなパーツでも、アピールしてくるものがあって、『これははずせない』と思うようなものもあった。箱庭で一体何がわかるのか疑問だったが、そういう取捨選択の段階ですでにひとりひとり独特の志向をもっていることを実感として得た」。

❔ 三木は「箱庭とは何ですか」と問われると、「まず、この木をこの箱庭のなかのどこでもいいから、おいてみてください」と言っておいてもらうそうです。

1本の木を手にしたその人は、何でもない砂箱の前にたち、その木をあちらにおいたり、こちらにおいたりしはじめます。はじめから何の躊躇もなく、ポンと真ん中におく人もいます。おかれた木を前に、その人にむかって「どうして『そこ』においたのですか」と問うということです。でも、きちんとした理由が何か語られることはあまりなく、「何となく『そこがよかった』から」というような漠然とした答えが返ってきます。三木は「箱庭っていうのは、それなのです」と。

これはまるで禅問答のようなやりとり。事態は何も明らかにはなっていません。しかしこの、うまく言葉にはならないけれども"自分のこころが勝手にうごくこと"を味わうことが、箱庭の出発点であるようです。

3　連想すること

連想が違う、という体験

❔ 「実際には同じものをみていても、みなバラバラの意見だったり、『こういう意図に違いない』と思っていても、本人の意図は別のところにあったりと、いい意味で裏切られる体験があった」。

「ぼんやりとみていると他人の箱庭なのに自分の勝手な連想が進んでしまい、後で本人の話をきいて『そうだったのか』とびっくりすることも多かった。逆に自分がつくったものを、そういう意外性の連続のなかで、それでもやはり

第3章　箱庭ワーク

『その人らしさ』のようなものが見えてくるとき、箱庭という手段がもっている意味の大きさ、内的世界への入口としての意義を感じた」。

「最後のセッションで、これまでにおいた何枚かの箱庭の写真をみなみていたとき、自分にはどういうところが同じテーマで、どういうところから変化していったのか、よくわからなかった」。

🍄　箱庭の作成に立ち会うときには、おかれるパーツをみてゆきながら、自分のなかにわきおこってくるフィーリングを大事にみてゆくことが大切です。それは言葉になる手前の触感のようなものです。でもこういうと学生に、「しっかりと筋を読みなさい」あるいは「きちんと理解して箱庭に立ち会いなさい」と言っているように誤解されそう。でもそれは違うのです。

そもそも箱庭のなかで何が起こっているか、よく事例研究で詳細な解釈がついたものがありますが、それらはほとんど後づけの理解。その「とき」そんなに「わかって」関わっているものでもないのです。というよりも、頭でわかった気でつきあえば、相手の自由なこころの流れをせきとめ、狭めてしまうでしょう。「わかる」ということは、そんなに簡単なことではありません。

後で本人の話をきくと、違っていたりすることも多くあります。でも、それもそれでよいのです。どっちが正しいとか、答えがひとつであるという世界ではないのです。教えてもらって読み方が違っていたら、それはあとでじっくり考える、よい素材をもらったということです。

また箱庭を続けておいていくと、ある"流れ"がみえてくる、といわれています。読みとる能力というのは、自分の感じるこころそのものです。でもそれも、ひとつの答えがあるわけではありません。もしも箱庭をみていて"何も感じない"という場合、何も感じていないはずはありません。それはうけとろうとする自分が自分の感性に触れていない、届いていないということなのです。感じていることと、それをうけとるセンサーとの間が離れすぎているということです。そのときにはじっくりと時間をかけて自分の感覚に触れるまで本をよんだり、空想したり、あるいは全然違うことをしてみたり……そうしながら自分の"感じ"をつかんでいこうとするのです。

連想が乏しいということの悲しさと腹立ち

❓ 「授業の後半では、つくり終わった箱庭をかこんで、みなで感想をのべあうということをしたが、自分は他の人の連想の豊かさや感受性の豊かさに、正直いって圧倒された。自分のなかの『感じる』という部分がこれまでおろそかにされてきたように思う」。

「小さい頃、自分は想像力の豊かな方だと思っていた。なのに人がつくった箱庭をみても、ありきたりなことしか浮かんでこない。自分自身にがっかりしたり、腹がたったり。他の人たちの感想を聞いていると、よくそんなにいろいろなことが想像できるなーというくらい、いろいろな意見がでて、連想できない自分の頭を殴りつけたくなるほどだった」。

「他の人の豊かな箱庭をみると、自分のもつ感性の乏しさを感じた。他の人の感想をきき、自分が気づかなかったことだったと思うと、焦りや苛立ち、自己嫌悪の感が強くおこった。それが『より鋭くあざやかにみよう』とかりたてさせ、それにとらわれ、その結果、かえって自分らしく箱庭をみる、ということを妨げていたように思う」。

🍄 "想像力をはたらかせる"ということは、心理療法のなかのエッセンス。パーツや言葉は、その人が訴えたいことのぎりぎりの結晶で、いろんなものがそのなかに集約されているのです。その、なかに秘められている内容を捉えていこうとするとき、私たちは自分自身のこころのなかにある想像力を手がかりにしてゆきます。

ところが、これまで私たちが受けてきた教育の多くは、文字によって与えられた情報から、短絡的にその意味内容を要約して抽出し、それを記憶（インプット）し、試験のときにつかう（アウトプット）、というようなものになっているように思います。身体やこころで感じる感性を、積極的に磨いてゆくという方向のものではありません。

だから箱庭をみても"味わう"よりも先に"考えて"しまう。そして人と比べて焦ってしまう。どんどん自分らしさから遠のいていく……連想が豊かではない、ということは、想像力がないから、乏しいからではなく、自分のなかにわきおこってくるものを、うまくすくいとってゆくチャンネルがまだ見つかっていない、うまくあっていないということではないでしょうか。想像する力とは、目幸の言葉を借りるなら、"いのちの動き"です。自分のいのちの源に、まだ自分自身がとどいていない。だから想像力が使えない……そんな気がします。また、つくられた箱庭が、その人のいのちと遠く離れて

いるときにも、「み手」の方の想像力ははたらきにくいように思います。積極的に訴え、語りかけてくるものが少ないのです。

さて、ほかの人の感想や意見を聞いていて、自分が想像しなかったことを聞くと、「自分が劣るのではないか」「自分は駄目なのではないか」と感じ、劣等感にさいなまれる、嫉妬心すらわいてくる、と語る声も聞きます。でも"悔しい"という感じは、それを感知する自分がまったくいない場合には、起こってはこないように思います。何かがある、とは感知している。でもそれをまだ、自分なりの何がしかの言葉として抽出させられない……だから悔しいと感じるのではないか、と思います。

先の学生は「自分で箱庭をおいてみて、自分を自分として落ちついて捉えることができるようになると、自分がゆさぶられることを調整できる足場のようなものを感じることができた。そうすると、他者に近づこうとする余裕がうまれてきたように思う。とらわれ、こわだり、こわばることで何とかそこを抜けだそうとしていた試みだったのではないか、と思えるようになった」と語っています。

文 献

東山紘久　1994　箱庭療法の世界　誠信書房
樋口和彦　1987　砂・遊び・そして箱　箱庭療法研究，1(I)，1-2.
平松清志　2001　箱庭療法のプロセス　金剛出版
Jung, C. G. 1954 The aims of psychotherapy. *Collected works 16. The practice of psychotherapy : Essays on the psychology of transference and other subjects*. Princeton University Press.
カルフ，D. M.（河合隼雄監修）　1972　カルフ箱庭療法　誠信書房
河合隼雄　1969　箱庭療法入門　誠信書房
木村晴子　1985　箱庭療法　創元社
目幸黙僊　1987　宗教とユング心理学／個性化について　山王出版
目幸黙僊　1995　道教とユング心理学Ⅰ——におけるワークショップ（講義）より　わせだ心理臨床研修会主催（未公刊）
目幸黙僊　1996　道教とユング心理学Ⅱ——におけるワークショップ（講義）より　わせだ心理臨床研修会主催（未公刊）
目幸黙僊　1997　法然の夢・親鸞の夢——におけるワークショップ（講義）

より　わせだ心理臨床研修会主催（未公刊）
目幸黙僊　1998　自我・自分・そして自己——におけるワークショップ（講義）より　わせだ心理臨床研修会主催（未公刊）
三木アヤ・光元和憲・田中千穂子　1991　体験箱庭療法　山王出版
光元和憲　1997　内省心理療法入門　山王出版
光元和憲　2001　箱庭療法へのいざない——箱庭療法における内的訓練についてのレクチャー　わせだ心理臨床研修会主催（未公刊）
光元和憲・田中千穂子・三木アヤ　2001　体験箱庭療法Ⅱ　山王出版
織田尚生　2001　通路としての箱庭　箱庭療法学研究, **13**(2), 1-2.
岡田康伸　1984　箱庭療法の基礎　誠信書房
岡田康伸　1987　心理療法家の訓練法の一試み　甲南大学紀要・文学編, **63**, 1-22.
山中康裕　1988　箱庭療法　大原健士郎・渡辺昌祐（編）　精神科・治療の発見　星和書店
山中康裕他　2000　世界の箱庭療法　新曜社

第4章 語りのワーク "相手の響きを感じられる" 自分になる

I こころをつかった対話

　心理療法の場で私たちセラピストは"相手（クライエント）の話を聞くこと"と"相手に話しかけること"の両方を行います。この話を聞くことと話しかけることは、別々のものではなく、互いに連動しあう車の両輪。話を聞くとは、単に語られていることの意味内容を分析し、理解しようとすることではありません。聞くということは響きを感じること。「精神療法の技術のうち最も重要なものは"読みとり"の技術である。読みとりの技術の核は"感じる"能力である」とは神田橋（1990）の言葉です。

　私がセラピーの場で人の話しを聞こうとするとき、言葉が発せられる、まさにその前後に相手が示す瞬間のためらいや勢い、トーンの変わりかた、目の伏せ方やまなざしの強さ、声のりきみや座っている姿勢の緊張等々の、いわゆる"からだ言葉"を"語り言葉"と絡ませて把握していると思います。もちろん、そのときの私自身のからだの反応も、意味内容を捉えるための大きな手がかりになります。

　面接の前までと異なって、緩んでいた自分のからだが静かに気押されるような勢いを感じるとき、あるいは背筋に緊張が走ったり、全身が硬直したり、胃の部分が重くなるとき、それこそが私のからだがキャッチした、確かなメッセージ。逆にあまりに何も感じないときには、それによって「ああ、自分は今日は調子が悪いんだ」とわかります。相手が沈黙を続けているときにも、そこに立ち会っている自分と相手のからだ言葉が豊富な手がかりを提供してくれます。

　たとえば心理面接のなかで「母親がわかってくれないのです」あるいは「うちの子はもう、ダメなのではないでしょうか」とクライエントが語った

としましょう。そのメッセージを私はどのように聞いているのでしょう……？　その彼らの声はまず、私の耳に届きます。その語りが語り口と共に私の耳や目からはいり、頭にあがってゆく。と同時に、腹の底に降りてゆく回路もあるようです。そして腹でうけとめた感情は、次にじっくりと私の末梢神経にまで、めぐってゆきます。これはおそらく、相手の"言葉"に含まれているエッセンスのすべてを、私のからだが全体で聞こうとしている作業でしょう。このようにして私のからだを通って醸成された"何か"は、今度はゆっくりと上昇し、私のこころのなかで頭から届いたメッセージと一緒になり、口からは語り言葉として、全身からは非言語的な雰囲気という名のメッセージとして、相手に語り返されます。このようなプロセスをへて発せられた"言葉"には、いのちがこもっています。このような血のかよった"言葉"が相手のこころに届くと、相手に手応えを与え、何かしらの変化や動きをひき起こします。私の考える対話する関係とは、このように互いに影響をおよぼしあう、つまり、影響を受けあうことによって育ち、互いに変容してゆくという行為なのだろう、と考えています。それがすなわち、"こころをつかって対話する"ということです。

　ところが、ふだん私たちが行っている話しあいでは、響きとしての相手の全存在をかけた"言葉"には注意がむかず、語られていることの言葉だけをとりだし、その意味内容にばかりひっぱられています。耳からはいった情報を直接頭にすっとあげてしまい、頭で考えたことを口にだしているという具合です。つまり頭だけが使われ、自分自身のからだもこころもつかわれていない。そこにお互いの思い込みも加わり、「言った」「言わない」とコミュニケーションのズレが起こってゆきます。これでは相手とわかりあい、何かをわかちあってゆくような対話にはなり得ません。私たちはいつの頃からか、頭で考えたことを優先させ、からだ言葉の存在を忘れ、こころをつかうということを置き去りにして、人とも自分とも関わっているのではないでしょうか。

　何かを問われれば頭の先だけをつかい、ほとんど反射的に知識を総動員して答えをだそうとする。しかしセラピーの場では、そのような行為はあまり意味をもちません。その理由は、扱われている内容のほとんどが、知識や情報を伝えればよい、という類のものではないからです。「自分でもどのよう

にしたらよいのか、頭ではいくらでも考えた。すでに頭のなかでの結論はでている。でも、なぜだかそうできない自分がいる。どうにもならない自分がいる。それをどうしたらよいのか……」というような相談に、頭だけで対処することはできません。クライエントとの関係性を基盤として、セラピストとして立ち会っている、自分のからだを通して伝わってくる、クライエントからの語り言葉と言葉以外のメッセージを受けとめ、どのようにしていこうか、と考えるのがセラピーというものでしょう。しかし私たちはほとんど、そのような学びの体験を、教育の過程で受けていません。そこが初心者が一番、苦労する部分になっているのではないか、と考えます。

スーパーバイザーに「聞けていない」といわれても「ピンとこない」。あるいはピンときたとして、次にくるのは待ちうけたように「じゃあ、どうしたらいいの」という問いかけ。「その方法を教えてくれたら、まかせて。ちゃんとマスターするから」といわんばかりの勢いです。

ここで思い出されるのが、セラピストの応答のレッスンとして、相手の言った言葉をくり返す、という方法です。私はこの手のレッスンが好きではありません。それはどうも、いきたレッスンになっていないからです。もともとは相手の言葉をくり返してみることによって、それを発した相手の気持ちを味わい、それを感じとろうと工夫されたものでしょう。でもいつの間にか、肝心な部分が欠けおちてカタチだけが残っています。このトレーニングを受けた人から、次のようなホントの話を聞かされたことがありました。「苦しかった」と言ったら「そう、苦しかったのね」と。「悲しかった」と言ったら「そう、悲しかったのね」とくり返され、頭にきて「わかってもらえない！」と言ったところ「そうなの、わかってもらえないのね」とあっさり言われて、がっかりして部屋を飛び出したという体験談。これは単なる"おうむ返し"。今は人間関係を紡いでゆくための聞く技術・話す技術が多く開発され、翻訳され、出版されている時代です。もちろんかたちから入っても、次第に中身が肉付けされてくる人も多いはず。でもそこに至らずに、おうむ返しをカウンセリングの聞き方と勘違いしている人も、結構多いように思います。それは貧しいやりとりであり、形だけが整備された"空洞化された関わり"です。人とどのように関わるか、どのようにして会話をはずませるか、ということの本質は、スキルを覚えればできるようになる、ということであ

るはずはないのです。せっかく心理臨床家をこころざすのであるならば、豊かな、相手に届いたと感じあえるような対話をこそ、目ざしたいものです。そのためには、こころとからだをフルにつかうということが必要です。

　ここで"こころをつかう"ということをもう少し具体的に言ってみましょう。言葉になっていない、非言語的なメッセージをよみとるとき、私たちは"察するこころ"をつかいます。まだ子どもが幼く、十分には言葉をつかえない時期には、子どもの行動や表情のひとつひとつを一生懸命に読みとって対応してきた私たち大人も、子どもが言葉でのコミュニケーションができるようになると、「もう大丈夫」とばかり、語られた言葉だけ、しかもそのつかわれた言葉の端っこだけを摑まえて早わかりしてしまい、じっくりと腹でうけとめるようなコミュニケーションをすることが少なくなっていくように思うのです。

　"察するこころをつかう"というのは、目にはみえないけれども、とてもエネルギーのいる作業です。考えてみれば私たちは程度の差こそあっても、人から何がしかこころをつかってもらって成長しているはずですし、そうやって人と関わってきているでしょう。ですからおそらく、ちょっとそのことに気づき、"こころをつかってみよう"と自覚的になるだけで、ずい分変わってくるのだと思います。

　"察するこころ"を取り戻すためには、相手のからだ言葉を捉えるセンサーの機能を回復させることが役立ちます。相手のからだ言葉を受けとめるためには、まずは自分のからだがほぐれていることが必要です。竹内（1999a）は「からだの内側の感じをさぐることに集中すれば、自然に呼吸が深くなり、胸をつりあげて固めてはいられなくなる。声は深い、胸に響く声になる。こうなると自分のからだの感触にも気づく。こうなると不思議に言葉が相手にふれ、沁みる、腑に落ちる」と述べています。クライエントの語りを、想像力をはたらかせ、自分のこころとからだで聞くことができるようになること。それがこの、語りのワークをはじめた私の動機です[*]。

---

　[*]　このワークは、竹内敏晴先生・伊藤昶先生による「からだとことばのレッスン」に参加し、教えをうけた光元和憲先生に全面的にアイデアをいただいてできたものです。さらに「レッスン4」で織りこんだ「筋肉弛緩」の方法は、花クリニックにおける山上敏子先生による行動療法セミナーで知り、具体的には花クリニック精神神経科、臨床心理士の林行雄先生に教えていただきました。

II　語りのワークの実際

【レッスン１】　導入のためのガイダンス（１セッション）
〈授業の最初に、ガイダンスをしてワークの導入をし、最後の授業のときに、ふり返りのディスカッションを行います。その間のセッションはすべて体験学習です。場所は、全体を通じてある程度の広さがある寝ころがれる所、なければ教室にビニールシートを敷いて対応するとよいでしょう。〉

【レッスン２】　ウオーミングアップ・レッスン（１セッション）
（１）あいさつのレッスン
①　全員で自由に歩きまわる。"ふだん、無自覚に動いているからだ＝習慣"に気づくことへの誘い。
②　まずはぶらぶらと歩いて、言葉をかわすのではなく目だけで挨拶をする。
③　ふたたび全員で適当に歩きまわり、５人のひとと握手して「よろしく」と言う。
④　その違いを個々で話しあう。全体で行ってもよい。
（２）並びのレッスン：２人１組になり、お互いに自分がいて居場所のよい位置をみつける。
①　ＡとＢのペアになる。
②　Ｂは動かずにＡだけが動く。並びあい、片方が居心地のよいところ・安心できる位置と姿勢を見つける。その人の周りをぐるぐる回ってもよいし、左右に行くのもよい。
③　交代してＢが動く。２人共が互いに楽で安心できる位置・姿勢をみつけあう。
④　組み合わせをかえて、行ってもよい。
⑤　体験の共有のための話しあい。
（３）ふれあいのレッスン：２人１組で（触れ方、触れられた感じ）
①　ＡはＢの肩にとりあえず触ってみる。肩でも頭でも、相手に不安や嫌悪感・緊張感を与えないようにと配慮して、自分でいいと感じるところで

手をとめる。
　②　Bにどういう感じかを尋ねる。
　③　組み合わせをかえて、くり返し行う。
　④　体験の共有のための話しあい。

【レッスン3】　脱力のレッスン（1セッション）
　①　2人1組。Bは仰向けに横になる。Bは足も伸ばして完全に力をぬいてゆく。
　②　AはBの腕をとって少し持ち上げる。Bの力が抜けているとAは重く感じる。Aがその腕を離すと、ぐったりと落ちる状態が"脱力している"ということの目安。
　③　Aに腕をもちあげてもらい、揺すってもらう。片方の腕から手を握手するように握り、腕をぶらさげるように手首から揺する。相手の腕と自分の腕が一本の線になるような感じで、たっぷりと時間をかけて行う。揺するのは一方向だけではなく、脇をあけて揺すったり角度を変えたり、大きくしたり上下・水平に近い斜めの方向にひっぱったりする。うまく揺すると、全体の波が揺れながら足の先まで伝わってゆく。
　④　もう片方の腕を同じように揺する。
　⑤　交代して同じようにする。

【レッスン4】　筋肉弛緩（1セッションか2セッション）
　〈ここまでワークをやっていくと、"からだをほぐす"ということの前に、自分のからだが"緊張している"ということがよくわからないで当惑し、ほぐそうと一生懸命になるという、奇妙な現象が起こってくることに気づきます。ほぐれるという力を抜く体験は、自分の身体が緊張している、ということとの対比で捉えるとわかりやすくなるのではないか、と考えました。そこで行動療法で行われている"筋肉弛緩"を、ここで導入しました。〉
　全体を通じて、AさんとBさんの2人でペアになり、交代で行う。「できた」という合図をきめておく。例えば左のひとさし指をちょっとあげるなど。
　①　まず、自分でできる範囲で身体から力をぬく。このとき、
　②　腕の弛緩：片方ずつ行う。利腕からはじめる。

・腕に力をいれ、緊張させるために、椅子に座っている場合には椅子のアームの部分をつかむ。アームがない場合や椅子に座っていない場合には、自分の拳を強く握る。力を抜いたときとの落差がでて、自分で緊張しているという状態と弛緩しているという状態の違いを、からだで感じることができるので、できるだけ力をいれる。

・最初に力をいれ、その後、今度はどんどん力をぬく。「肩から腕から手先から指さきから、どんどんどんどん力をぬいていく。もっと抜いてもっと抜いて、もっと抜いて……」とAは腕の弛緩にとりくんでいるBさんに声かけをして、弛緩を促進させる。Bは自分で大体これでぬける限界と感じたら、きめておいた合図をする。

・ここで左腕と右腕の感じを味わう。多くの場合、その感じに違いが生じている。最初に弛緩させたのが右腕だとしたら、右の方が力がぬけている状態になっている。それが自分が弛緩しているという感じ。これを2回ほど行う。

・2回目も同じように声かけをする。多くの場合、1回目よりももっと力が抜けた感じになっている。

次に左腕で同様にする。

③　肩の弛緩：声かけだけでなく、AはBの弛緩の手伝いをする。

・上体をまっすぐにする。椅子に座っている場合は、椅子の背にもたれる感じにする。このとき頭を落としてしまうと緊張がでてしまうので、頭はあげたまま。

・その状態でやや肩をそらし気味にする。背もたれがない場合には、手はイスの肘掛けの上か膝の上においておくようにする。

・AがBの肩を上からぐっと押す。それに対抗するような按配でBは自分の肩をぐっと上にあげてゆく。あげたと感じたら余分な力を一度ぬき、そして肩をもっとあげてゆく。こうして肩があがったときが緊張した感じ。その感覚がつかめたら、今度はゆっくりと徐々に力を抜いてゆく。

・これを2度くり返す。肩は抜ける感じがわかりやすい部位。Aさんが押す（↓）のに対抗して自分は上げ（↑）る。このとき肩があがらないということは、緊張が高いということ。肩の弛緩の感じを覚えておいて、自分であげおろしをしてみるのもよい。緊張の感じがつかめたら、2回目は1回目

よりももっと肩があがる。
　・肩が動くようにするとリラックスできるようになる。
　・これを交代で行う。
　④　顔の弛緩
　・目を上にあげて、額に皺を4本ほどつくるような感じ、ひょっとこのような顔。これが額の緊張した状態。
　・ひとつずつ皺をとっていくようにする。全部の皺がのびたとき、以前よりも弛緩した状態になっている。もう1度くり返しながら、すっかり顔から力を抜いてゆく。
　・次は目。ギューっと両目をつぶって力を入れる。その後、力を目のまわりから目の奥からゆっくり抜いてゆく。これもくり返す。
　・次は舌。上の前歯の裏に舌を押し出してギューっと力をいれる。これが緊張の感じ。それがつかめたら今度はどんどん緊張を抜いてゆく。
　・奥歯と顎をギュッとかみしめる。緊張の感じがつかめたら力をどんどんぬいてゆく。すっかり抜きおわったら、自分でやるとポカンと口があく感じになる。
　・この全部を一緒にして力をぬく。
　⑤　首の弛緩：これもAがBを手伝う。
　・AがBの首のうしろの筋肉と顎を片方ずつの手で持って支える。Aが「これから私があなたの首をぐっと後ろから前の方に押し出しますので、その力に対抗して後ろの方に押し返すようしてください」と声かけをし、その後実際にそれを行う。このとき頭が落ちないように顎を手で支える。
　・しっかりと首が後ろに押されたら、次は「今度は私が力を抜いていくので、それにあわせて力をぬいてください」と声かけをして、Aは入れていた首の後ろの力を徐々に緩めながら、Bが力をゆっくりと抜く手伝いをする。
　⑥　お腹の弛緩：人から急に腹にパンチを受けた、という設定をイメージして力を入れる。そしてその後、ゆっくりと抜いてゆく。
　⑦　背中の弛緩：エビ反りのようにぐっとそらす。それが緊張したときの感じ。その後、緩める。
　⑧　お尻の弛緩：お尻にギュっと力をいれる。肛門を締めて、その後緩める。

⑨　足の弛緩：前になげだし、上げてみて（これが緊張）、次にばさっと落とす。
⑩　身体全体の弛緩：全体を同時に行い、次にもっともっと力をぬいてゆく。自分が抜けた（緩んだ）と感じたところがあったら、その感覚は手がかりになるので覚えておく。

【レッスン5】　脱力／呼びかけのレッスン（1セッション）
〈脱力や筋肉弛緩は、1～2度やっても身につきません。くり返しやることによって、自分で緩んだ感覚、緊張の感覚をつかむことができるのです。ですので、これ以降のレッスンでは、各レッスンの最初の20～30分を、脱力のレッスンにあてています。緊張すると言葉はでてきません。人に話しかけるということがどういうことなのか、ということを体験するのが、この呼びかけのレッスンです。〉
　○脱力のレッスン
　○呼びかけのレッスン
　・全員を7～8人のグループにわけ、演じるグループと見ているグループができる（AとBというグループで呼ぶ）。
　・まずBグループが演じる。そのグループのなかのひとりが誰か自分のこころに決めた特定の誰かひとりに向かって、自分がこころから発したい、と思った言葉（「こんにちは」でも「お茶をのみに行きませんか」でもいい）で呼びかける。
　・次に、Aグループのメンバーのなかで、その言葉が自分に向けられて発信されたと思った人が手をあげる。ひょっとしたら自分かもしれない、と思う人も手をあげる。このとき、その声が自分の頭を通りすぎた、とか、ちょっと後ろで落ちたとか、いろいろな感想がでてくる。
　・最後に、誰に発したのかを本人に聞く。
　・観察していた側も、誰に発されたのかをあてる。

【レッスン6】　脱力／招きのレッスン（1セッション）
　○脱力のレッスン
　○招きのレッスン：相手を自分のところに来てもらうレッスン。AとB

というペアをたくさんつくり、ワークを行う場の広さに応じて、複数のグループが同時に交代でレッスンする。
・最初は言葉を添えずに動作のみで「来て」というメッセージを発信する。
・次には言葉を添えて何かを言う。

相手に自分が本当に呼ばれたと思ったら一歩前に進みます。自分のところに相手がくるまでやってみる。むずかしいようであれば、途中で役回りを交代してもよい。

【レッスン7】 脱力／うなずきのレッスン（1セッション）
　○脱力のレッスン
　○うなずきのレッスン（非言語の聞く姿勢）
　　2人のペアをつくる。
　［設定1］　Aが何でもよいので2～3分間、Bに好きなおしゃべりをする。
・Bは聞いていて、ウンウンと自分の自然な応答で返す。うなずき方はどのようなものでもよい。
・次に交代して同じ設定で、ただ「うなずく」ということをする。
・その後で、そのうなずき方でどういう感想をもったかを2人で話しあう。
〈このとき、ちょっと心もとない感じがしたとか、すごくわかってもらえた感じがしたとか、本当にわかってもらえているのか心配になってきたとか……いろいろな感想がでてきます。普段自分がしている、自分にとって自然なうなずきが、相手にどのように受けとられているのか、ということがわかります。〉
　［設定2］　Bは聞いていて、何もレスポンスをしない。うなずかないし、表情もかえない、視線もあわせないようにする。
・交代して同じ設定で行う。
〈これは適度なうなずきがないと苦しい、という体験です。〉
　［設定3］　再度Aがおしゃべりをしてbが聞きます。そのときに「設定1」でフィードバックされたことを参考に、応答（うなずき）を返す。
・2人で話しあいをし、体験の共有と確認をする。
（相手を変えてレッスンするのもよい）。

〈ひとつは自分のクセを知るということ、相手が違うと同じうなずきでも違って感知されるという体験。黙ってうなずく・深くうなずく・軽くうなずく・声をいれる・あるいは視線をそらす・首をかしげる（変だなーと）・表情を変えない／変える等々、いろいろな工夫ができるでしょう。〉

【レッスン8】　脱力／肯定のレッスン（1セッション）
　○脱力のレッスン
　○肯定のレッスン：4～5人が1グループになり、ひとりの人のいいところを皆でみつけあい、言葉で伝える。
　・皆で輪になって、今までやってきたワークや知っている関係を踏まえ、その人に関してもっている知識を総動員して考えられる限りのいいことを言う。まずはAに対してB、C、Dさんが次々に自分の考えられる限りのよいところを伝える。
　・このとき、言われている人はただ黙って聞く。
　・それを順番にB、C、Dと交代で行う。
　・最後にみんなで感想を言いあう。
〈普段は面とむかってほめたりほめられたりすることは少ないもの。というよりもむしろ、ふだん私たちは人の欠点をみつけることは得意でも、人のよいところをみつけるということは苦手なのではないでしょうか。また時にほめられても、気はずかしくてしっかりとそれを受けとめることがむずかしい、という体験もあるでしょう。このレッスンはほめるということ、そこで起こってくる感情の体験です。〉

【レッスン9】　脱力／応答のレッスン1：フィードバックする（1セッション）
　○脱力のレッスン
　○応答のレッスン1：フィードバックすること
　　4～5人がひとつのグループをつくる。
　　そのなかのひとりAさんが2～3分話をする。他の人は扇型になって聞く。
　・Aは他のグループのメンバーに、そこで自分の聞いて欲しい話をする。

その内容は辛いことでも悲しいことでも、楽しいことでも何でもよい。ただし、その話の中核は本当のこと。シンのところは本物の話をして、あとは脚色をしてもいい。話のあとに、B、C、Dはその話を聞いて自分がそこで感じたことをフィードバックする。

・返す側はあまり長くならずに、ある程度手短に何か感じたことを返す。そのときAは、それを味わう。

・ひとまわりしたら、Bが発言者、その次は……とメンバー全員が話す体験とフィードバックする体験をする。

・全員が話しおわったら、発言者として受けた感想をどのように感じたか、ということを順に話し、そのグループのなかで共有しあう。

〈このレッスンは、Aが言いたかったことをあてるゲームではありません。この応答のレッスンは、相手の言いたいことを"あてる"という設定でもできます。言い当ててもらえた喜びを体験する、というねらいもよいのです。

フィードバックされたことがズレても、そのズレを味わってみる。トンチンカンでもいい。ズレてもクライエントにはサポートになる、なることもあるのだ、ということを学ぶのがこのレッスンです。フィードバックはあてっこではありません。ズレてもちゃんと何かがうまくいくんだ、ということを知るのです。〉

【レッスン10】　脱力／応答のレッスン2：連想をつむぐ（1セッション）
　○脱力のレッスン
　○応答のレッスン2：連想をつぐむこと
　　4〜5人がひとつのグループをつくる（レッスン9と同様に扇型）。

・Aは何でもいいから2〜3分話をする。それに対してB、C、Dがそこから連想したことをフィードバックする。このとき、B、C、Dからのフィードバックでは「絶対にAに対して、助言指導はしないこと」と伝えておく。

そのときAは、それを味わう。

・ひとまわりしたら、Bが発言者、その次は……とメンバー全員が話す体験とフィードバックする体験をする。

・全員が話しおわったら、発言者として受けた連想でどのように感じたか、

ということを順に話し、そのグループのなかで共有しあう。

〈ここで不思議な連関が両者の間に起こってきます。BからフィードバックされたAの連想をAが聞き、そこからAが連想したことをBに返す……そうしていくと、両者は何か自由に遊んでいる、というような感覚さえ味わうことがあります。しかもAは何か自分がとても肯定されたという感覚さえ味わうことがあるのです。〉

【レッスン11】　ふりかえりのディスカッション（1セッション）

　一連のワークが終わったら、みんなで体験を共有しあうディスカッションをする時間を設ける。

　これは"できない人"をつるしあげたり、できるように強制するためのレッスンではありません。"身体が緩む"ということがどれだけむずかしいかということ、緊張しているということに気づくこと、これまであたまで思いこんできたセラピーというものが、自分の体験のなかでちょっと緩み、ひろがりをもって捉えられたら、それでよいのです。後は日常の心理面接やプレイセラピーのなかで、自分なりに何年も時間をかけて長期的に工夫してゆけばよいのです。

III　学生のコメントをもとに
（以下、❓は学生のコメント、🍄はそれに対する私のコメント）

1　からだからのアプローチ

何のための"からだのワーク"？・頭でっかちだからこそ

　❓「臨床心理はこころを扱うもの。なのになぜからだに着目したワークを行うのか、素朴に自分にはわからなかった。ワークを終えた今も、その意味はいまだ未知なる世界。でも面接をしていると、自分の緊張で相手を一層緊張させてしまう、ということがあることは感じている。こころが安心してリラックスしているときには、からだもほぐれている。緊張をとるためには、脱力のようなからだからのアプローチと、こころが本当にリラックスできるような内面的なアプローチの両方が必要なのだろうと感じた」。

　「頭でっかちな自分。そんな人は頭による処理能力が限界を越えることが頻

繁に起こるために、からだが反応しやすいのではないだろうか。からだの反応は、そんなに簡単に理解できそうもない。だからまず、立ち止まって『自分のからだがいま、どういう状態にあるのか？』を感じることから始めてみよう……自分は今、そう思っている」。

🏆 なぜ"からだ"を使ったワークをするのか。それが"こころの援助"にどのように役立つのか？　これに対する答えを明確に言葉化することは、現在の私には到底できそうもありません。机の上の学びでは決して得られない、心理臨床のエッセンスを伝えたい、そう考えていったところ、こんなワークになってしまった……これが一番素直な感想です。

先の学生は、セラピストが緊張しているとクライエントにそれが影響する、ということに気づき、からだから緊張をとるアプローチと、こころが本当にリラックスできる内面的なアプローチの両方が必要だと述べています。言っていることの意味は、言葉づらではよくわかります。でも、はたして「こころがリラックスできる内面的なアプローチ」とは、どのようなものなのでしょうか？　自分のからだが緊張しているとき、こころも同様、緊張している。自分のからだがほぐれていくと、こころの縛りもほぐれてきます。こころとからだは、そういう不思議な相似形。自分が過剰に無理をしていると、からだが病気になってストップをかけてくれるでしょう。からだは一番の正直者。だから私は"こころのリラックス"を求めて"からだ"を使っているのだと思います。

からだが感じる手応え感、これに関して別の学生は、次のような感想を寄せてくれました。「机に向かっての勉強は、もちろん自分の知識のベースになっているのだろうが、その内容についてはそれほど具体的には記憶していない。その一方で、小さい頃の遠足やキャンプ、山登り、海水浴などの体験は、今もありあり思い出すことができ、感覚としても鮮明によみがえってくる。からだを通して体験的に学習するということは、これほどまでに印象的。だからその学習がからだのなかに深く根づくものなのだろう」と。また、このレッスンを通しての気づきをふり返って、ある学生は次のように言葉化しています。「自分の知らなかった自分のあり方への気づきが、からだや自分以外の他者を通してなされたことが不思議です。他者を通して反射される自分をうけとめ、そこで何らかの気づきを得る際の自分の感覚を使用していた

と考えれば、他者を通してというよりも、自分の五感を通して、といった方がしっくりくるような気もします。自分のからだ、五感を使って知ったこと、考えたことは自分の中でストンと腑に落ち、いつまでもこころから離れません。『語りのワーク』を経て、感知し思考し気づくための脳みそは、頭蓋の中にだけあるのではなく、身体の隅々にある、という気がしています。自分の頭で考えるということは、文字通り頭を使って理性でのみ考えることをさすのでなく、身体や五感を使って注意深く自分の内面に目を向けることも意味しているのだろうと思いました」と。"自分の五感を通して"というこの言葉は、私が意図した「語りのワーク」の本質の部分を捉えた表現であると思います。そして心理臨床の現場に必要なのは、概念としての知識ではなく、このように五感を伴ってつかんでいく知なのです。

脱力するってどんな意味？・からだに相談している感じ

❓「脱力するということは自分を無防備な状態にさらすこと。脱力するということが何の意味をもち得るのか、今ひとつわからない。脱力の仕方も一応のポイントは教わったが、力を抜きやすいコツは、もっとあるように感じた」。

「脱力を行ったあとは肩こりも弱まり、からだがリフレッシュし、すっきりした感じがした。普段はからだの意見を聞いている余裕もなく、頭だけでぐるぐる考えたりあくせく動いている時間が多い。この脱力の時間はとてもからだに優しい時間だった。床に寝ころんで目をつむると、頭でぐるぐる考えているものがしばしの間とまり、肩や腕と対話しているような感じがした。まるでからだに相談しているような感じがした」。

「体調が悪いと身体を緩めるのがむずかしい。体調が万全に近い方が自分の身体をコントロールしやすいように感じる。臨床の面接で精神面の整理だけでなく、体調も整えておくことは大事なことだ、と感じた。体調がいい方が身体もいうことを聞いてくれ、気持ちよく落ち着いて脱力をすることができた」。

🏆 私がこのワークで最も力を入れた課題、それは脱力のレッスンです。でもそれはまず、力を抜くことの習得をめざしていたのではなく、自分の緊張に気づくということ。そのための工夫として、"筋肉弛緩"のレッスンも加えました。ある学生は、「緊張と脱力は正反対の関係にあるとともに、その相補性を実感した」と語っています。

"筋肉弛緩"は行動療法のなかで、緊張を弛緩させることによって不安に

対処できるようにするための"不安―マネージメント訓練"のひとつの技法です。それは自分自身の身体の緊張を積極的に緩めることを意図しています。脱力のレッスンをしていても、なかなか自分が緊張していることに気づきにくく、どのように緩めたらよいかがわからないという訴えが多く語られました。人に自分のからだを委ねることはむずかしく、見られていることも人を緊張させるものでしょう。そこである程度自分ひとりでできるレッスンで、しかも緊張に気づくことによって、反対に緩めることを体験するために、この筋肉弛緩は中継のレッスンとして位置づけられるのではないか、と考えています。

　面接の場で相手のメッセージをしっかり受けとめ、いきた対話を行うことができるようになることが、このワークの目標です。そのためには、自分のからだの硬さや緊張に気づき、緩められるようになっていくこと。脱力のレッスンを毎回、行っているのはそのためです。

　最初の学生は、コツややり方を知りたいと語っています。私自身、まだこの体験ワークの初心者で、コツをつかんでいないために習得の手助けがむずかしい、ということは確かにあります。ただその一方で、このようなワークは最初からモデルがあってきちんと行って修得していく、というものではないようにも思います。

　例えばダンスを習う場合。確かにお手本はあるけれども、その手本通りに振る舞えばよいというものではなく、実際には自分の手と足を下手ながらも動かし、身体を鏡に映しながら、バランスや動きかたを体得してゆく、というプロセスをへるでしょう。スキーやテニスがうまくなっていく場合も同様です。もう一押しするならば、それは幼いとき、補助輪をはずしてひとりで自転車に乗れるようになっていく過程とどこか似ているのではないでしょうか。助けてはもらうけれども、最後の一押しは自分でつかむ。頭でわかって正しく習得するということではなく、試行錯誤をしながらその過程での手応え感を確認しながら、自分なりに歩んでゆく……私たちは心理臨床のなかでクライエントに提供しようとしているのは、そういう歩みそのもの。頭の納得ではない、からだを含めた、自分の存在をかけた納得なのだと思うのです。

頭も脱力に協力！・イメージをつかう

❓ 「途中まではすーっと力が抜けるのだが、瞬間瞬間で力がはいるのが自分でわかる。手を揺すられているとき、海の波が寄せては返すイメージを意識的に浮かべていたら、そのうち自由連想的にゆりかごのイメージとか、リズミカルなイメージが浮かんでは消えていった。別に子どもの頃を思い出したということではなかったが、『脱力しよう』とすると逆に力がはいるらしい。そこで頭を脱力に協力させようとしてみた。一定のリズムをもったものをイメージしようとするといいみたい」。

「(ペアの相手に) あまり小まめに対応を変えられると、イメージを抱きつづけにくい。手を大きく揺するなら揺する、と一定に、リズムは変わらないでゆっくりと同じ動きをしてもらう方がいいみたい」。

「自分の身体を緩めることを自分の意志で行うことはむずかしい。先生の言うように『まず、自分が緊張していることに気づくこと』が大切だということは、やってみてはじめてわかったことだった。脱力する本人の心構えとしては、脱力しようと力みすぎないことがコツのよう。脱力しようという意志はあるのだけれども、意識をその意志でいっぱいにせずに、空の部分を残しておく。一方、脱力を手伝う側の技量としては、脱力する人が自分に安心して身を任せられるということだろうか。脱力する本人によけいな緊張を与えてはいけないと思いすぎ、腕の抱え方が弱くなってしまいがちだが、手や肘、肩を強すぎない程度にしっかりと持つこと。その方が相手は安心して任せられるだろう」。

🍷 「脱力しよう」というこのワークでは、「まだちゃんとできていない！」「最後まで抜けていない！」という、たくさんの悲鳴に出会います。このような訴えに出会うたびに、私は自分たちが罹患している、"はやく何とかしなくちゃ病"の重症度を感じます。「今、自分ができていること」を確認するのではなく、「まだできていないこと」の方にばかり気もちが向いてしまう。そして「早く目的を達成しなければ」と焦ってしまう。弛緩するために今の自分の緊張に気づくこと、というこのカラクリは、ともすると弛緩しようと気張ってしまい、緊張を強めてしまうという逆の効果をうみだします。とはいえ、みんなで罹っているその病気そのものを根本から治すのは困難です。とすると普段、私たちが使っている「頭も脱力に協力させよう」というのは妙案でしょう。とはいえ、「理性でからだに『力を抜いて』と指示をだしても身体がいうことを聞いてくれるわけではありません。この、頭と身体の間にあるものは何だろう、頭と身体をつないでいるものは何だろう？」とは別の学生の問いかけです。私はその両者をつなぐものこそイメージではな

いかと考えます。

　先にも書いたように、緊張を抜こうと必死になるという方向は、りきみをうみだし一直線で閉塞的。それに対してイメージを使うという方法は、頭のなかのりきみがとれて、ちょっと余裕がでる雰囲気です。ある学生は脱力のワークで腕を揺すられているときに、「赤ちゃんがフンワリとお母さんの腕に抱かれている」というイメージを思い浮かべた途端、ふっと力が抜けたと語っています。そしてその"力が抜けた"瞬間、脱力を手助けしていた相手側の学生にもそれが伝わり、急に腕がふんわりとしたことを感じたと語っていました。それは自分が赤ちゃんの頃に抱かれたときのフィーリングを想起したところ、その感覚がからだに伝わり、からだが反応し、脱力ができた、ということです。

言葉のコミュニケーションの方が高次なの？

❓　「呼びかけ、手招き、うなずきのレッスンを体験して一番感じたもの。それは『照れ』の感情。それについて考えた。まずは自分自身がそういうようなからだを使ったメッセージを行わなくても生活できる、からだを使わずに、言葉のみを駆使することによって、生活できる環境に身をおいているということを痛感した。言葉によるコミュニケーションを、からだによるコミュニケーションよりも高次のものと考えていることにも気づいた。だから照れを感じたのだろう。普段よりも低い次元の方法でコミュニケーションを行うことへの抵抗感だったように思う。

　でもクライエントは自分自身で言葉にすることがむずかしいから、来談している。その局面を打開するためには、言葉以外のクライエントの発しているメッセージを受けとめていくのがセラピストの役だろう」。

🍷　語り言葉とからだ言葉、この２つがすでにまったく切り離されたものになっており、からだ言葉を抜きにして、語り言葉だけですんでしまっている（ような気がしている）ということは、第２章の「二重同時話者」と捉えた学生の感覚と一致します。別の言い方をするならば、本当に私たちがどれほど、からだ言葉とのつながりを自覚的に回復させなければならない時期に来ているか、ということかもしれません。

　言葉は人がつくったもの。だから言葉によるコミュニケーションを、からだをつかったコミュニケーションよりも高次のもの、高尚なものという指摘

はある意味では正しいのでしょう。しかし先の学生の言っているように、面接を求めてくる人たちの多くは、まだ、とても言葉にできない思いを胸いっぱいにもちながら、どうしたらよいのかわからずに苦しんでいる人たちです。まだ言葉にならない世界を言葉化させ、胸のうちに収め直していくために、言葉以外の箱庭や絵画など、別の関わりの窓口をももっていると、自分と相手との関わりの幅と質が広がるのではないでしょうか。

2　相手との関係性

相手によって変わる自分

❓「相手次第で自分が変わった。あたり前のことなのだろうが、日常のなかでそんなことをわざわざ意識するということは、これまでなかった。言葉を使うロールプレイの実習をしていた体験と比べてみると、ロールプレイではクライエント役になろうとする自分を感じていた。でも今回のワークでは、呼びかけられる・うなずかれる・自分のことを肯定される・相手から応答されるという、ひとつひとつの働きかけに対する自分の反応を知ることができた。『他者に関わられる』という立場に擬似的に自分を置いてみること、そんな体験。それは非言語レベルや素朴な感情のレベルで、クライエントの気持ちになろうとする（相手の身になる）体験だったと思う」。

「どのレッスンかによって違ったが、とにかく相手によってやり易さがずい分違うように感じることが何度かあった」。

「ペアを組む相手によって自分の力の抜け加減に差があるように思えた……とくに相手がこちらの些細な変化に注意して何らかの声をかけてくれると、自分自身がその変化に無自覚であったとしても、『感じてくれている』とうれしくなり、その気持ちに反応して身体もやわらいでいくように感じた」。

「個人的なレッスンだけだと自分の体験しかわからない。でも、このように集団で行うと、自分の体験と同時に、他者がどのように体験したかを知ることで、自分の体験や感覚を相対化することができる。それが大きな収穫だったと思う」。

💡　このワークでは相手を固定せず、毎回自由にいろんな人とペアになり、グループになります。だから相手によっていかに自分が変わるか、いかにいろいろな働きかけや表現があるのか、ということを知ることができます。また、相手が同性であるか異性であるか、知り合いの度合い、先輩か後輩か、そのようなことによっても異なってくるでしょう。

並びのレッスンで、ある学生は「自分は相手が立つ微妙な位置の違いによって、感じ方が違うということはないだろう、と思っていた。また視線のあわない背後に立ってもらうのがこちらとしては一番楽だろうと考えていた。でも実際には自分の右側に並んで立って同じ方向を向いているのが一番安心できた。視線をあわせる位置は恥ずかしく、居心地が悪いものだった。一番楽だと思っていた背後に立たれたら相手が何を考え、どう自分を見ているのか気になり、不安になった。ある程度知りあいでもこうなのだから、関係のつくれていない相手や敏感な相手にとっては、立ち位置のように些細に思えるようなことでも、大きなことだとあらためて感じた」と語っています。

ただ"並ぶ"（レッスン２）という些細なことが、どれほどにこころに影響を与えるかということも、体験しないとわかりません。このことは、箱庭とは何なのか、という問いに対して「とにかく（パーツを箱庭のなかに）おいてみてください」と導入するのと、同じことのように感じます。相手によって変わるという、この当然のこともまた、どう変わるのか、どうすると安心なのか、どうすると不安なのか、という実際の体験によってわかってゆくものなのです。そしてさらに言うならば、自分が安心だと思う関わりや姿勢が、ある人にとっては正反対の不安を喚起するものである、ということもあるのだ、と知ることも大切な体験です。あたり前のことですが、人の感性はみな、同じではないのです。

招くための必然性!?

❓「招きのレッスン。最初は課題だったので、必然性がない"招き"だったと思う。でも後になるに従って、『こっちに来て欲しい』という思いが強くなり、それに連動した仕種も伴って『こっちに来いよ!!』いう感じになっていたと思う。おそらく、そこに込められた思いが強くなっていったのだろう」。

「仕種だけでなく、声を伴ったまねきのとき。一度うまくいかないと、どんどん不自然になっていった。でもふと自然にできたときは、あっさりと相手が来てくれた。このレッスンでは２人でペアになっていて、呼びかける相手が決まっている。でも他から声をかけられたら、どうだろう？　ふだんなら、誰によばれるのかわからないのだから、たとえば６人くらいバラバラにいて、呼ぼうと思った相手をふいに呼ぶ、というレッスンもいいかなと思った」。

💡 自分は「ふだんならできる」。何気ない素の自分だったらできる。でも

ワークでやらされる場合は、自分としては「ことさら（ふだんとは違う）」になる。今、目の前の招く必然性もない人に対して、自分はどう本気で声をかけ、招いたらよいのか。そういう学生たちの姿は、先の呼びかけのレッスンだけでなく、招きのレッスンでもありました。

　セラピーでは素の自分と役割の自分が混在します。役割だけでセラピーをする、ということはあり得ません。その人の人柄やクセがでてきます。だとすると素の自分の反応を知っているということが、セラピストとしては大切なことだといえるでしょう。

　しかしここで問題になるのは「素の自分」ということです。後のうなずきのレッスンも同様ですが、自分がどのようなパターンをもっているか、ということは私たちはふだん、あまり自覚していません。挨拶をするとき、恥ずかしがり屋だからぶっきら棒になってしまう、照れがあるからぞんざいな言い方になる、控え目すぎて無視したようにみえる、あるいはちょっと甘えて押しつけがましくなっている、あるいは別に悪気はないけれども偉そうにみえてしまう等々、人はいろいろさまざまです。そしてそのうけとられ方も人それぞれ。ある人は、ぶっきら棒をあしらったと捉えるかもしれません。控え目さを拒否と捉えるかもしれません。その押しつけがましさは親切さと映るかもしれません。逆の場合もあるでしょう。どういう風に映るのか、自分だけではわからないのです。だから自分のクセを他者との間で共有し、点検してみることが心理臨床家には不可欠なのです。

　また、人にみられているということは気になるものです。あまり相手が来てくれないと、次第に目の前の相手との関係をみるよりも周囲からの視線の方が気になってくるでしょう。でもこれは当然のこと。だからレッスンには工夫が必要です。うまくいかないペアが浮きださないように、うまくいったペアは次のペアと交代して常にフロアーには複数のペアがいるようにする、あるいはあまりむずかしそうだったら、一度ひきあげて、別の相手で試してみる、なども方法としてはあるでしょう。また相手を決めずに呼びかけてみる、というアイデアもやってみると面白いかもしれません。

　うまくいかないときには、自分が悪いということにばかりに気持ちがはいり、目の前の相手を呼ぶことに集中できません。悪循環がはじまったら、やめてちょっとひと呼吸置いてみるとよいでしょう。

やっぱり"言葉"は欲しいもの

❓ 「声を出さずにうなずいてみる、というレッスンでは、相方にちょっとおおげさだったと言われた。声をださないって結構たいへん。声に頼れないとなると視覚に頼ろうとするからなのか、相手の目をみようとする時間が長くなっていたように思うし、うなずきの回数、アクションの大きさが普段よりもふえていた気がする。また、こちらの喋りたさを押し殺していた」。

「うなずき方の多様さ。人によっても、同じ人でも毎回違う。声はなくてもうなずいてもらうだけで心地よく、勢いよく話が進んだ。日常いかに自分が相手の表情に左右されながら話をしているか、また自分の話を途中、干渉がこんなに少なく聞いてもらうというような機会がほとんどないということを感じた。ただ、うなずくだけではなく、最後にはやはり、自分は相手に言葉でも返して欲しいと思ったことは、素直な感じとして残った」。

「相手にうなずいてもらっていると、自分の話をしっかり聞いてもらえているという感じ、肯定的に支持されている感じすらうけた。じっと目をみられると気恥ずかしく、視線をそらしてしまった。人によっては負荷がかかるだろうから、目をつむったり他へ視線をやったりしながらと、相手によってうなずき方を変えることも必要だと感じた」。

「うなずいてもらえないと話をする気、話を続ける気持ちがこんなにも起こらないものか。自分の話したい内容が一貫せず、何を言いたかったのかまとまらなかったり、話を途中でやめてしまいたくなったりした。自分が話をするとき、いかに相手の反応に依存しているのかわかった」。

❗ 自分が授業をしているとき、黙っていても、自分の語りに学生たちがうなずいてくれていると、大きな指針になり、次々と自由に連想がふくらみ、話がはずんでゆきます。反対に身動きひとつされずにいると、しぼんでいってしまいます。

うなずくという行為は、それだけで内容の詳細についてはともかくも、全体の流れに関しては、「わかっているよ」あるいは「その線でいいよ」という了解の印となるものです。その聞き手のメッセージを受けて、話は進んでゆくのです。ある学生は「自分はこれまであまり、うなずくことに慣れていなかったので、授業にでて話しているときにうなずく人が多いことに驚いた」こと、「でも、人の話を聞く態度をこころがけていくうちに、次第にうなずいている自分に気づいた」と語っています。うなずきは対話のための羅針盤。

ある学生はうなずきを禁じられた苦しさを内省し、「今まで自分にとって

のうなずきは、自分が話を理解していることを示したり、話がしやすいよう相手を促していると知らせるための信号のようなものと考えていた。つまりうなずきの信号は相手のために送られていると思っていた。しかしこのレッスンから、うなずきは語り手のためだけでなく、聞き手側のためにもなされている、つまりうなずきは信号というよりはメッセージであり、聞き手として相手と何らかの関わりをもちたいという気持ちのあらわれだったのかもしれない」とのべ、それは「相手と関わりたいという自分の気持ちを封じる」という意味で苦しい感じがわいてきたのではないかと推理している。そのとおりだと思います。

また先の学生が言うように、途中途中で口をはさむのではなく、ただひたすら相手が語りに耳を傾けてくれている、そういうことがどれほどに心地よいものかという体験は、やっぱり時々してみるとあらためて確認できます。助言指導をする前に、まずはしっかりと聞くこと、です。

とはいえ、最後はやはり、「そうですね」「わかります」というような言葉化が、非言語によるうなずきを一層、確かなものとしてくれます。雰囲気で伝わってくるものを、言葉で表現することによってより明確な形にして確認しあい、わかちあうのに役立つのです。

ほめられる心地よさ・ほめた相手を確認することで得る自信

❷ 「面とむかって人をほめる、なんて日常ないなーと思った。ほめる際には、気恥ずかしさはあったが、なるべく嘘にならないように伝えていった。ほめられているときには、思っていたより照れはせず、むしろ嬉しかった。『あー、そういうふうに見ていてくれたんだ』と確認できた感じがした。普段、相手がこちらをどう思っているか、なんて想像するしかないので、確信できないけれども、今回のように『言葉』で言ってもらうと安心することができる。普段から適切な時期に人をほめられるといいな、と思う。その一方で、自分にはないような、あるいは自分自身では認められない自分の部分を指摘されたとき、ムズガユクなった」。

「ほめられて、びっくりするほど心地よかった。ほめられるという場面が強制的につくり出されている場なのだ、ということを認識していながらも、実際にほめられると極端に心地よく感じてしまうということが意外だった。その日は一日中、気分が良かったことを覚えている。人って案外、単純なんだなーって。でもほめられるだけでなく、相手をほめることも行っていたことが心地よ

さをうんだのではないか、と後になって気づいた。肯定するということのなかには、自分のメッセージに満足する相手を確認することによって、自分に対して自信がもてるようになるという面もあるようだ」。

　「あるクライエントをほめたとき、『そんなにほめるようなことばかり言わないで』とむしろ不快な感じでいわれて意外だったこと、面接ですごいなーと思ってそれを相手に伝えようとしてもうまく伝わらず、『そんなことないですよ』と言われてしまったことなどを思い出し、相手に肯定的な言葉を伝えることについて、いろいろ考えた。クライエントとして会う人たちは、ほめられることが少ないなかで生きてきたのかもしれない。ほめるつもりで言った言葉も、その言葉の反対の側面に敏感になり、辛くなる体験も味わった。相手のことを敏感に感じること、それを適切な言葉と結びつけること、が重要なのだろうと思った」。

🏆　"ほめること"と"ほめられること"。この２つのことをすんなりできる、という人は、それらに対して苦手意識をもっている人よりもずっと少ないのではないでしょうか。ほめるということに関して、自分のなかで強烈に残っている記憶——それは私が大学院を出たての初心者だった頃、勤務していたクリニックのある先生に、何かの折に「患者さんのよいところを、みつけようとしなさい。自分はすぐに100こはほめることができるよ」と、いともたやすく言われたこと。そのときその先生は、私と一緒に担当していた、あるクライエントのことを実際に延々とほめはじめたのです。語られているのは、けっして嘘ではない、そのクライエントの実像です。まず人をほめなさいと言われたことにびっくりしたこと、その内実はその人の事実記述をちょっとだけ、形をかえればほめ言葉になるのだ、ということにも驚きましたが、何よりも100こはほめる部分をみつけられるよ、とあっさり言ってのけてしまった、精神科診療への、その医師の心意気に圧倒されたのだと思います。人をほめるということは、その人を必要以上に大きく見せることではありません。へこみ、歪んで縮こまってしまっている、その人の自己像をそのまんま、ありのままに等身大の大きさで、鏡に映し出すだけのことなのだ、と私はそのとき理解したのだと思います。

　そして先の学生の言葉にもあるように、ほめられたことに満足する相手を確認することで、ほめた自分に対しても、小さな誇りがもてるようになるということは、ほめるという行為のなかに含まれている、互恵的な関係性を示

しているのだろうと思います。まっとうなことをきちんとほめる、こんなささやかなことが、関係性の育ちの原点にあることなのかもしれません。

ただ等身大ということは、実際には心地よいばかりではありません。「ほめられたら、それを素直に喜ぶ反面、それだけじゃだめだ、とそのほめ言葉に反発する気持ちが起こってきた、それは自分の予想していなかった気持ちの動きだったので驚いた」という学生の感想にもあるように、その事実から生じる反応は、まったく自分の意図とは正反対に響くこともあるのです。だからほめるということは、案外簡単で、そして同時にとてもむずかしいことなのです。

3　言葉が届くということは

言葉は自分のなかにある

❓「ワークをやっていくと、語ること・話すことがこれまで以上にむずかしく感じた。自分のなかにある本物の言葉でないと、相手には結局、届かないのではないかと考えたり、あたりさわりのないような意見や、誰かの言葉を引用して意見をいうということに、いつも以上にためらいの気持ちが起きていた。それまではそんなこと、考えもしなかった。でも考えてみると、『こう言ったら相手はどう思うか』とか、『こう言ったら相手は喜ぶだろう』というようなことばかりを考えて、語ってきたように思う。でも、このワークをやっていくと、『自分のなかに自分の言葉がある』ということに敏感になってゆき、『今はこれだけを伝えたい』『これだけは教えてもらいたい』ということが、少しずつ確かに感じられるようになってきた。言葉は自分のなかにあるんだろう、と思うようになってきた」。

「しゃべっていても、相手に自分の言葉が伝わっていかないクライエント。これまで自分は、相手のもつ何かが、自分の言葉を伝わりにくくしているのだろうと、相手のせいだと考えていた。あるとき、自分のこころにずっとひっかかっていた思いをスーっと言ってしまった。それはあまりよい感じのことではなかった。相手は一瞬、遊んでいた手をとめた。お互いにとって、はじめての体験。どう響いたのかはわからない。でも、少なくとも『伝わった。とどいた』という気がした。自分がそのとき言葉にしたことは、本当に自分のなかから生まれた、素直な自分の言葉だった。借り物の言葉でもなければ、誰かが言った意見でもない。『だからとどいた』。そんな気がした。だとしたら、これまでの相手へのとどきにくさは何なのか……それを見つめたいと思った」。

🍷 "自分につながる・自分にとどく"。いつの頃からか私は、「自己実現」とか「個性化」といった言葉を、こういったより身近な言葉で語るようになりました。「人は自分が人に関われた分だけ、自分と関わることができる」とは光元（2000）の言葉です。これは「自分が自分にとどいた分だけ、人とも関わることができる」と言い換えても同じです。

　自分が自分にとどくということは、自分が何を感じたのかをつきとめ、つかみ、最後には言葉化してゆこうとするいとなみです。相手はどう思うか、ということの前に、相手は何を伝えようとしているのか、何を望んでそう語ったのかを考え、それに対して自分はどう感じたのか、をまずは考える。そしてそれをできるだけ忠実に言葉に置き換えてみる。相手を理解するということは、こういう一連の作業の無数のくり返しによって可能になるのだと私は考えています。

言葉の風——言葉にもある"かたち"

🍷 「呼びかけのレッスンでの体験。言葉は実体はないけれども、横を通り過ぎたり、山を越えるように後ろの列をとびこしたり、自分にまっすぐささったりする『感じ』をもつ。実体をもっている。フシギと誰に話しかけているのか、ということもわかった。自分はもしかしたら声の方向とか語りの内容を総合的に考えているのかもしれない。あるいは直観的な何かがあるのかもしれない。でも呼びかけられたとき、確かに『あっ自分だ』『自分じゃない』という感じはするし、自分の横のあたりだとか、そういうのはわかる」。

　「呼びかけのレッスンで気づいたこと。それは、力ある言葉には"うごき"と"かたち"があるということ。呼びかけのレッスンをしていたとき、言葉の"かたち"が見えた。それは帯状の風のようなもの。意味をもつというよりも空気の動きとして感じられた。ちょっとしたこころの揺れで、言葉は簡単に変わってしまう。面接のなかで将来、言葉のちからを自然に利用できるようになるといい、と思った」。

　「言葉は単なる綴りではなく、感情をもって生きていて、しかもそれを発した人の意志まで持ちあわせている、ということをじかに感じた」。

　「人のもっているメッセージや信号は、身体を離れて空間をとんでいっても、それでも相手に伝わるだけの重みをもっている。同時にそのように身体から離れたメッセージや信号でも、それを受けとるだけの鋭敏な器を人は備えているのだろう」。

🍷 　呼びかけのレッスンは、参加したほとんどの学生たちの間で、もっとも

印象深かった体験として残っているようです。

　声が自分の横を通りすぎてゆく、後ろで落っこちてしまう、あるいはためらいによって呼びかけた声が拡散してしまったり、自分がふわっと覆われる感じがしたり……それはまさに、竹内（1990）が描いている通りのことが起こります。届かない場合、その理由をたずねてみると、声を発した当人に迷いがあったり、気持ちが十分にこめられていなかったり。呼びかけている当人以外、誰もあてられない（わからない）場合もあります。その反対に、しっかり届く場合には、迷いはなく一直線。ドンとした力をもって伝わり、誰もが明らかにわかります。学生たちは「呼びかけを発する人の微妙な感情やエネルギーの違いによって質が異なり、人はそれを敏感に感じとる」という新鮮な体験をしています。

　一方、呼びかけを見ている観察者の側に立つと、誰に呼びかけているのかがわかるという、不思議な体験をすることができます。それは、見ているからその人の意向がわかるということではなく、目で見て耳をすませて聞いていると、その自分の思いも相手の発する声にひっぱられて相手にとどいていく。だから着地点がみえてくる、という感じでしょうか。先の学生が「力ある言葉には"うごき"と"かたち"がある」と言っているように、もしもこれが力のない言葉だったら、おそらくは、誰にも届いていかないでしょう。面接開始時に「○○さん、どうぞ」というひとことが、力ある言葉で相手に届くか否かで、その日の面接のスタートは、相当違ってくるでしょう。

　でも実は、このレッスンは、それ以前のところに大きな落とし穴がありました。それはまず、「どう呼びかけたらいいのか、わからない」ということ。呼びかける立場にたった学生の最初の迷いは、「先生にやってみろと言われた。でも今、自分は別に、呼びかけたいことがないんだよ」という現実に直面し、「本気で呼びかけることができない」と困惑していました。確かに一理はありそうです。でも呼びかけるということは、たとえば「こんにちは」でも「調子はどうですか」でも「お腹すいたねー」でもよいのです。自然でよいのです。「ことさら」に「人の前で行う」という不自然さを、学生たちは先のような表現で語っていたのではないでしょうか。

応答のレッスンで──言いあてること、はずれること

❓ 「人は他者のメッセージを理解するとき、ある程度自分自身の主観を利用する。だから理解にも異なりが生じてくる。でも、応答のレッスンで、自分の発信した内容に対して語られた聞き手側の反応のなかには、『違っている』と感じられるものはなく、むしろ『自分が気づいてなかった、そうなのかもしれない』と思わされるものがほとんどだった。メッセージを発した側の人は、それに応答する側の人がある特定の解釈にいたることを期待しているだけではなく、応答する側の人のもつ『フィルター』のようなものを通して、自分のメッセージがいかに受けとめられているかを確認することをも、期待しているのだろう。その確認の作業は、自分のこころのなかで自分自身では意識できない面を知ることにも通じているのだろう」。

「自分が伝えたかったことを言い当てられたように感じたとき、反発する気持ちが浮かんできた。それは『そんなに簡単にわかってくれちゃ困る』というはっきりした気持ち。この気持ちがある程度、自然な気持ちの流れであるならば、クライエントの気持ちを言い当てるということは、時にはひとつの技法として大切かもしれないけれども、あまり重要なことではなく、むしろ気持ちのアンビバレントさを飲み込んだところでのセラピストの姿勢の方が必要なのかもしれない、と感じた」。

🍄 どのように応答するか、ということは、初心者たちが一番訴えてくるところです。彼らの訴えを聞いていくと、「どう返したらよいのかわからない」という言葉にまとめられそうです。それは「自分の言おうとした言葉は、相手にとってきついのではないか、と思ったので言うのをやめた」という学生の感想にあるように、自分の言葉が相手に与える影響は怖いから、というのがひとつの理由。そこにあるのは「相手を傷つけたくない」というセラピストの気持ち。しかし実はこれはそれだけではなく、「相手を傷つけた自分を見るのが怖い」ということが根にあるのではないでしょうか。つまりセラピスト自身、「自分が傷つきたくない」のです。

心理療法は、傷ついた人がその傷を癒そうとしてはじまる関係です。セラピストがするのは傷口の手当て。でも、絶対に（ふたたび）傷つけないでその手当てができる、とは限りません。その傷が深ければ深いほどに、手当てとは反対のことが起こる危険もまた、あるように思います。もちろんそこを傷つけよう、という意図があってはなりません。ただ、癒されるということと傷つくということは、ほんの紙一重の関係です。ちょっと何かが崩れたら、

正反対のことが起こってしまう微妙さ、危うさをもっていることを、私たちは嫌でも知っていることが必要だと思います。そして私が自分に課しているのは、もちろん第一には、そのようなことを起こさないようにとできるかぎり気をつけることですが、次に起こしてしまったときには、真剣にそのことを考えること。ごまかして、なかったことにすることだけはすまい、と考えて心理臨床に携わっているつもりです。

でもそうしていくとセラピスト自身もまた、相当に傷つくということです。心理臨床は生身の人間が生身の人間を相手にする関わりです。傷を負った人との対話で、セラピストだけが傷つかないですむというのは、私はむずかしいことなのではないかと思っています。自己愛が満たされるときもあれば、傷つくこともある、その両方をひきうけてはじめて、セラピストであるということなのではないでしょうか。

さて、学生たちのどう応答したらよいのか、という悩みの理由のもうひとつには、できるだけ相手が望む、相手が考えていることを伝えたい、という願いがあります。それはつまり、相手の気持ちを（不可能ながらも）「言い当てよう」とすることです。そうであれば相手を傷つけなくてすむから。でもこの悲願もまた、相手を傷つけないことで自分が傷つかずにすむという点で、セラピストの自己愛のあらわれである、といえそうです。「相手が発したメッセージが、それを聞く人によって異なった受けとめ方をされていても、不快を感じるかというと、必ずしもそうでもないと感じた」という学生の感想や、先の「簡単にわかってもらっちゃ困る」という感覚は、応答をしていく上でのひとつの指針になりそうです。

4　守りの枠

守られている空間・柔軟性を失わず

❓「このワークで、場としての守りを感じた。一応の枠がありながらも、参加者のペースやその時々のテーマにあわせて、柔軟に枠が変化していっていた。それ自体が心理療法に求められていることだろう。からだと言葉、話し言葉と書き言葉、日常語と学術語との差異に目をむけて常に意識化しつつ、柔軟性を失わないようにすることだと思った」。

「人前で素直にものを感じ、さらに感じたことを言葉で表すというのは非常にやっかいなこと。このワークではいくら知っている人が多いといっても、完全にこころを許しているわけではない人たちに囲まれて、自分の感覚に素直になる、つまりある意味で自分の内面を無防備にさらすということは、想像しただけでも空恐ろしいこと。人は守られているという安心感がなければ、自分の内面をさらすことなんてできないと思う。そう考えるとクライエントが面接場面で自分の内面について語るということは、何と怖いことだろうとぞっとした」。

「ひとりでフォーカッシングをやろうとしてもうまくいかなかったり、箱庭も同じ。脱力を家でやろうとしてもむずかしかった。他の人とやろうとしても、うまくできない。こういうことは、信頼できる人がいて、はじめてできることなのかもしれない」。

♣　枠、あるいは守りという言葉は、心理面接をしていると必ずでてくる大きなテーマです。心理療法における枠とは、けっしてかたく冷たいものではなく、柔軟で弾力性のあるものです。その大きさも小ささも、常に担当するセラピストの力量とクライエントの問題や病理とのかけあわせによってきまってきます。

たとえば、きめられた時間内で終われず、枠を守ることのむずかしいクライエントに対して、枠という言葉をつかうとき、それはしばしば「制約」という意味になります。枠破りをしようとするクライエントに、枠を押しつけようとするセラピスト。セラピストは制限や制約を押しつけることが、果たして治療的な行為といえるのかどうか、という疑問を抱きます。それは当然でてくる疑問です。

枠とは器です。ウイニコットのいう抱え環境（holding environment）には管理するという意味も含まれています。枠がなければそこに何かをつみあげることも、ためることもできません。こぼれ、散らかってしまうからです。きめられた時間と場、そして関係という制約によって、まずセラピストが守られます。それによってセラピストはクライエントを守ることができるようになるのです。相手を、相手との関係を守るために、セラピスト自身をがっちりと守る必要があるのです。ただその枠というものの治療的な意味は、頭では理解できてもからだ全体でわかる、ということはむずかしいのです。それ故に、どこまで許すか、何を禁じると治療的な行為になるのか、ただの厳

しい処置になるのか、という境界がわかりにくいのだろう、と思います。

　枠というと、初心者はただ、やみくもに守ろうとしたり、気持ちのなかで反発し、破ろうとしがちです。だからこそ、セラピスト自身が枠を体験する、つまりそれによって味わうであろう苦しさやしばり、あるいは安心さというものを、頭だけではなく感覚でも触れられていると、おそらくは枠をめぐるそのセラピストの理解が深まってゆき、クライエントと自分にとってほどよい枠をつくることができるようになってゆくのではないか、と思います。

文　献

　神田橋條治　1990　精神科診療面接のコツ　岩崎学術出版社
　神田橋條治　1992　治療のこころ　巻1　対話するふたり　花クリニック神田橋研究会
　光元和憲　2000　日本教育心理学会準備委員会シンポジウム「破壊された関係性——その起源と修復の可能性を探る」における発言
　竹内敏晴　1990　「からだ」と「ことば」のレッスン　講談社現代新書
　竹内敏晴　1999a　教師のためのからだとことば考　筑摩文芸文庫
　竹内敏晴　1999b　癒える力　晶文社
　豊永武盛　2000　声と身体の語らい　金剛出版
　豊永武盛　2001　コトバと心の起源　国書刊行会
　ウイニコット，D. W.（橋本雅雄訳）　1979　遊ぶことと現実　岩崎学術出版社

第5章 スーパービジョン

I 相互的な育ち スーパービジョン

　心理面接やプレイセラピーを担当するようになると、私たちは個別であれ集団であれ、スーパービジョンを受けるようになります。「ケースとは自分ひとりで抱えるもの、クライエントの話をよそにたれ流すべきではないし、自分の不安から人に安易に相談するのはよくないのでは」という声も聞きますが、特に初心者には、何がどのように動いているのかさっぱり見えていないでしょう。いくら心理面接が「クライエントと一緒に考えていくもの」だとしても、初心者はまだ、自分自身が目隠しをして手さぐりしながら歩いているような状態です。だとすると、目隠しをしたセラピストが、困って相談に来ているクライエントと二人三脚しているわけで、これは考えただけでも無謀で怖い。どれだけ専門的な援助になっているかはわかりません。心の援助専門家として自分を役立たせ、活用できるようにしていくためにも、客観的第三者である専門家と二人三脚、いえ三人四脚をしていくことがよいのです。また経験を積んだから、スーパービジョンを受けなくてよいということはありません。常に自分以外の視点から、自分と全体を見通してゆくために、また、自分のひとりよがりの見方を固めてしまわないために、外部からのまなざしが役立ちます。他者の視線を含めた自己点検は、幾つになっても必要です。具体的には誰にいつ、どのような形で、かつどれくらいのペースで受けるかということは、その所属している集団や自分の置かれている状況（経済的な事情やどこに住んでいるか、という物理的な事情も含めて）によって、それぞれでしょう。また、どういう人がスーパービジョンをする側、つまりスーパーバイザーとして適切であるかということも、考えなければならない問題です。

心理臨床の、特に大学院の教育課程のなかに、スーパービジョンをどのように位置づけていくかは、きわめてむずかしい課題のようです。鑪・滝口（2001）に集約されているように、この問題にはさまざまな考え方があり、いわゆる「こうするべきだ」というひとつの路線が確立されているわけではなく、それぞれの教官たちが、個々人の考えや願いと、置かれている場の状況とを総合しながら行っているのが現状でしょう。また、誰がスーパーバイザーになれるか、というスーパーバイザーの側の資格についても、さまざまな論議があるようです。将来的には何らかの形に資格が制度化されてゆくのだろうとは思います。しかし、システムとして確立されると、その弊害もまた大いにあり、まだまだ検討中の課題のひとつであると考えます。

さて、私にスーパーバイザーの資格があるのか否はともかくとして、実際には自分のゼミの学生たちには、「修士課程で心理面接をはじめるときには、一人歩きをしてはダメ。必ず誰か、自分が相談したいと思う先生にスーパービジョンを受けなさい……私が担当してもいいから」と伝えています。私自身はもしも求めてもらえるならば、自分の担当学生たちに、自分を提供したいと考え、積極的にそうしている教官のひとりです。ただ、指導教官がスーパービジョンを担当するということは、その学生のもち味を豊かにひきだすというよりも、自分の考えや枠組みを押しつけるというような指導になる危険性が、指導教官でない場合よりも多くなります。教師と学生という立場は、本質的には「教える―教わる」関係で、それは一種の「押しつける関係」です。とはいえ、もしも、自分のゼミの学生にせっかく求められても「指導教官だから」という理由で断りひきうけない、というのはどこか不自然な気がします。自分の経験を一番なまに伝えられる……それがスーパービジョンというものだと私は考えているからでしょう。また、心理臨床のスタートラインの肝心要の部分を、よその誰かに外注し、自分自身が関与しないということも、何だか納得できかねます。

とはいえ、大学院でのスーパービジョンは、あたり前ですが無料提供（ここで「授業料を支払っているのだから無料じゃない」と考える方もいるかもしれません。しかしここで私が伝えたいのは、「この人に」と思う先生に、文字通り、1回1回身銭をきって学ぶから身についてくるのがスーパービジ

ョン。「あれもこれも」総合した授業料とは質が異なる体験学習だということです)。また、心理臨床の学びの最初の時点で、無料で安易に受けられるということは、それはそれで弊害も多く、「あっちの先生がいいのに」とか「うち(の大学)にはこれだけしかいない」という、当然ではあるけれども不満の心を誘発します。与えられると、与えられた環境は当たり前のことになり、得られていないものへの希求性が強くなる。さらには、指導を受けつづけていくと、何だか自分の見方がその先生にどこか部分的に似てきたりもします。自分が自分じゃなくなっていくようで、「自分はどうなってゆくのだろう？」と不安になったりもするでしょう。

「……はじめから理性を使って、師匠の教えを批判的に取捨選択し、良い部分だけを吸収しようとする人は、師匠の教えの良くない部分だけを吸収する結果になることが多い。その悲劇を数多くみてきた。溺れて己を失っていくなかで、次第に、的確な批判の能力が育ち、過ちなく取捨選択できる日がいつかは到来する。それまでは、見境なく吸収するのがよい。己を失うことができないのは、惚れ込んでいない印であるから、別な師匠を探すのが早道である」とは神田橋の言葉です（光元（1997）の序文より）。「見境なく吸収する」……いい言葉です。最初からまったく自由に自分をつくっていく、自分を開花させてゆくということは、なかなかに困難なこと。誰でも誰かの真似をしてみたり、ひかれる考えが（ひかれるからこそ）自然に自分のなかにしみ込んでいったり……という時期は、おそらくもっているのではないでしょうか。もしも「惚れ込める」としたら、それは幸せな出会いです。もちろん、いずれ覚めるものなのですが、惚れ込んでいるときの吸収力は絶大です。染まってみたり似てみたり、押しつけられたり反駁したり……それをしながらいつの頃からか、不必要なものは抜けてゆき、馴染むものは馴染んでゆき、次第に自分なりのスタイルができてくるのではないでしょうか。そう考えていくと、結局は「自分が似てもいいな」「押しつけられてもいいな」と自分で思える先生を探すとよいのだろうと思います。

　正直なところ、こちらも心理臨床家として完成体ではありません。こちらもまた、よりよい心理臨床家をめざしている道程にいる、迷い人のひとりです。さらにまた、私は現在進行形で、自分なりのスーパービジョンも模索中。ですから本書でも「こうするとよい」というような手本を見せようとしてい

るのではありません。

　実際のところ、ある意味偶然の、さらには選択の余地の少ない中で私がスーパーバイザーになった学生たちとの関係作りは、それぞれになだらかなものではありません。嬉しいこともある反面、互いに消化不良をおこしたり、何日もうなって考えこんだり、途方にくれる日々も続きます（おそらく相手もそうでしょう）。互いに基本的には「よしとする」——そういう関係を土台として、傷ついたり傷つけたりしながら、そのなかでたくさん怒り、泣き、そして笑い、それでも投げ出さない双方のふんばりのなかで、私たちは"より自分らしいセラピスト"へと成長してゆくのでしょう。スーパーバイザーもスーパービジョンをしてゆくなかで、問われ、惑わされ、壊され、人としてもセラピストとしても育てられてゆくのです。

　さて、これまでスーパービジョンに関して書かれたものは、多くが、スーパーバイザーの側からのメッセージ。自分の受けたスーパービジョンに関する語りはあっても、初心者のなまな体感というのは、みつかりませんでした。スーパービジョンのうけ手である初学者たちが胸のなかで感じたり、私たち教官にはふだんは言わない、仲間同士で語りあうパーソナル・コミュニケーションの一部でも、つまり彼らが感じたり捉えている本音の部分を、私は知りたくなりました。どれだけ語ってもらえるかはともかくも、山あり谷ありの関わりを経てきて、田中研（研究室）というものをこの４年間、一緒につくりあげてきてくれた、まさに戦友であり仲間であるゼミ学生たちに、「田中にスーパービジョンを受けて、何は役立ったのか、何は困ったのか、本音のところをそのままに、具体的に教えて欲しい……」という私の意向と目的、さらには公開することも含めてあらかじめ伝え、考えてきてもらい、2000年10月に約２時間、フォーカス・グループ・インタビューという形を借りたセッションを設け、自由に語ってもらいました。

　以下の項目は、その折にだされた彼らの素朴な感想と、個人的にもらった感想文や、スーパービジョンを受けていたときにつけていたという記録を頼りにまとめたものに、私なりのコメントを添えたものです。私はまた、いろいろな相談機関のスーパービジョンもひきうけていますが、そこでのやりとりは、基本的にはこのなかに含めてはいません。

II 学生のコメントをもとに

(以下、❓は学生のコメント、🍄はそれに対する私のコメント)

1 心理面接の流れの中で

「(うちの子は)かえって悪くなってきた」と親が言う

❓ 「あまりうまく自己主張ができずにいた子ども。はじめは警戒していたが、何回か進んでいくうちにプレイルームに喜んで通うようになり、セラピーにのってきたかなと思えていた。そうしたら母親の並行面接の方で『最近子どもがわがままになってきた』『悪くなってきたような気がする』と言われ、びっくりしてスーパービジョンのときに相談した。そうしたら先生に、『面接が進んでくると、日常場面で一見悪くみえるようなことが起こることが多い』といわれた。

それまでは何か直線的によくなっていく、というイメージでカウンセリングを捉えていたので、『そうなんだ』って思い、びっくりした。また『荒れるだろうと予想がつく場合には前もって親にそう伝えておくといい』といわれ、『そんなこと言われたら、親はがっかりしちゃうんじゃないかしら』と思い、よくなるつもりで来ている親に、そんなこと言うのはどうだろう、と思った」。

🍄 自己主張を"しない"のではなく"できない"でいた子ども。そういう子どもに「ここでは自分の好きにしていいんだよ」と枠を緩め、比較的自由な時空間を提供していくと、子どもの中の縮こまっていた"自分"がモゾモゾと動きだします。自己主張とは自分をだすこと、言葉を変えれば自分勝手をすることです。だから「今までとは全然違う」その子の一面が行動として現れてきます。「わがままになってきた」とか「悪くなってきた」という表現は、まさに子どもが自分を出しはじめた証です。ですからセラピーが順調に進んでいけば、そうなってくるはずなのです。

とはいえ、「自分を出すこと」は自分だけが好き勝手をすればよい、ということではありません。結局は自分の思いだけでなく、周囲の状況や相手の思いをも視野にいれ、適度に主張し適度に我慢し、ということを自覚的に行うこと、それが遠くの目標です。「わがままをはじめた」というのは、その大きな目標に向かったスタートラインに立っただけ。だから最初は自己主張

が下手なのです。直線的によくなっていくのではなく、一時的に悪化したようにみえたり、行きつ戻りつを繰り返しながら大筋としては、よい方向に進んでゆくというイメージで考えるとよいでしょう。

セラピストが自分の予測（読み筋）にしたがって、「もしかしたらそろそろ学校に行きたくないっていうかもしれません」とか「わがままになってくるかもしれません」「暴れるようになるかもしれません」と伝えておくとよい理由は、2つあります。

ひとつは、親は子どもがカウンセリングに通うようになると、先の担当セラピストと同様に、「スムーズによくなっていく」と考えがち。一時的にではあれ悪化する、ということなど思ってもいないでしょう。その「一時的悪化」を耐えてもらうために、なぜ悪くなるのか、そしてまた、それがカウンセリングのなかでどのような意味があるのかをあらかじめ伝えておくのです。嵐がくる前に天気予報で嵐を知らせてもらえていると、少しは心の準備ができるでしょう。あるいは心構えができていなくても、前もって言われていると、「ああ、やっぱり来たんだな」と思えます。親がびっくりしてカウンセリングをやめてしまう、あるいはやめさせてしまう（中断）ということが一番心配。子どもはどうしたらよいか、困ってしまうでしょう。そうなることが拙いのです。

2つ目は、セラピストに対するクライエントや親の信頼感というものは、あるとき一気に獲得されるものでも確立するものではなく、日々の関わりのなかで徐々にはぐくまれるものだということです。悪くなるということを言ったら、相手はがっかりしてしまうのではないか、というのはもちろんその通りなのです。でも、がっかりさせるのは、失望させるためではありません。そのセラピーが、ある見通しをもって進んでいるということを伝えるためのメッセージなのです。でも、だからこそ、このことは初心者にむずかしい。初心者は体験に根ざした見通しをたてることはできません。だから「〜悪くなるって一般には言われているので、もしかしたら○○ちゃんの場合も、そうなるかもしれません」あるいは「本で勉強したのだけれども……」と、借り物の考えとして伝え、親と一緒に様子をみながら確認してゆければよいのです。実感をもてない語りは、とにかく借り物としてつかうとよいのです。

面接の"つらなり"・「あてていくのよ」と「はずれてもいいのよ」

❓ 「自分が担当しているクライエントに、『○○ということを言った』と言ったら、そのとき相手の表情はどうだったか、と先生によく聞かれ、『ああ、自分が言うことに精一杯で、相手をみるゆとりがないんだ』って思った。よく本に『言葉以外の非言語的なメッセージが重要だ』と書かれてあるけれども、実際のケースの流れのなかでどういう風にそうしていくのか、ということはわからなかった。でも、自分の言ったことに対する相手の反応を仕種や雰囲気、姿勢や表情などで捉えていくというような呼吸でやっていくんだって思った」。

「自分は自分がどういったか、何をしたか、ということは実によく覚えている。だけれども、それを相手はどう受けとめたか、あるいはクライエントに何かを言われたとき『そのときあなたは、どう思ったの？』と先生にいわれた。最初はとても意外だった。言い換えると、セラピストの発する刺激と、それに対するクライエントの反応の強度や頻度、あるいは持続時間等々……これらの無数のつらなりで面接は進んでいく、って先生は考えているんだと思った」。

「先生はよく『あてていくのよ』と言っていた。それは面接の筋を追いなさいということ。どのような流れで進んでいって、こういう話しになってきているのか、そしてどういう風に流れていきそうか、という予想をたてなさい、推測しなさい、読みなさい、というメッセージ。でも先生は同時に、『その読みは、はずれてもいいのよ』と。初心者だと失敗しちゃいけない、間違っちゃいけないって強く思う。けれども、失敗して間違っていいんだ、ってことを言われたと思っていた。

それと『セラピストが言ったりしたりすることの10のうち9こくらいは的はずれ。でも10のうち1こくらいは大抵、初心者でも的を得たような、気の利いたことが言えるの。クライエントがそろそろこの先生じゃだめだ、変えようかなーと思った頃にちょっとだけ、わかったようなことを言われると、『ああー、もしかしてこの先生わかってくれるんじゃないかなー』って思ってもらえて、面接ってつながっていくものなのではないかしら。スーパービジョンもそうでしょう。10回やったら10回共、素晴らしい指導、満足のいくスーパービジョンなんて有り得ない。『ああ今日は先生不調だなとか、そろそろ変えてみようかなーって思ったりして。でも何回かに1回はよい体験っていうのがあるんだろう、だから続けてみようかって思えるのではないかしら。逆に10回のうち10回すべて失望していたら（いくら無料でも）間違いなくやめるでしょう。面接もそういうものなのよ』といわれた。なるほどなって思った。これらのことはケースを実際にやる前には、わかっていなかった」。

💡 面接が「セラピストとクライエントの"やりとり"の"つらなり"である」ということは、心理面接をしていけば、ごく自然にわかってくることで

す。でも初心者は、ともすると自分の頭のなかだけで考えてしまい、それに対して「いま、相手がどのように考えたり、感じたりしているのか」ということを忘れてしまいがち。自分の過去をふり返ってみても、自分が何を言うか、何を言ったかということにばかり気もちが動き、肝心要の相手の受けとり方にまで思いをはせるようになったのは、ずい分たってからだったように思います。

　先に「あてていく」と言ったように、私はセラピーとはクライエントの言語・非言語の語りから、問題の核となるようなことについて、何がどうなっているのか、どうしてこういうことになっているのだろうかということについての一応の予測、つまり見立てをたててゆくものだと考えます。そのある予測のもとに、セラピストが言葉を発し、相手がどう反応したかで、次のセラピストのメッセージはきまってきます。でもそれは、一言一言のやりとりを詳細に吟味するということではありません。そんなことはできっこないし、的中率を高めるのが目標でもありません。ある一連の発想に対してどのような反応が返ってきたか、ということで、その流れでよさそうだ、あるいはよさそうでも、今はまだ触らない方がよさそうだ、いや方向が違うようだ……と全体のフィーリングを大まかに捉えながら、セラピストの見立ては柔軟に変わってゆくのです。仮説をたてるのも仕事なら、仮説を壊すのも仕事です。たてては壊し、壊してはたてて……そうして相手への理解は深まってゆくのだと私は考えているのです。

　事例研究や事例報告などをみていると、よく初回面接でしっかりと見立てができ、あとはその読み筋にしたがってケースをマネージしているかのように見えるものがありますが、実際には多くのケースは、もっとでたとこ勝負です。初回面接で立ってくるのは、一応の概略に関する見立てであり、細部は面接の流れで順次いろいろに変わります。最初からそんなにわかってやっていく面接など、どこにもありはしないのです。見立ての命中率を高めようとするよりも、間違った、誤ったと思ったとき、どれだけ素早く立ち直り、目の前のクライエントに向き合えるかが、セラピストとしての勝負どころといえるでしょう。つまり見立てはたてなければいけません。しかしそれは不動の見立てではなく、常に点検され、調整されていく性質のものなのです。それがケースをフォーミュレートするということです。

スーパービジョンの役割は、第三者としてそのケースの流れに陪席することでその関係を対象化させ、当人だけでは気づきにくい、もう少し客観的な視点を提示できるということでしょうか。読み方に多様性をもたせるといってもよいのかもしれません。少なくとも正確な流れの読み方を指導しているということではないと、私は考えています。

「カウンセリングって何？」と問われたら

　❷「よくカウンセリングって何ですか、と面接で問われる。そのとき一応教科書的な理解は伝えるのだけれども、それで納得しないクライエントがいる。自分自身もカウンセリングや心理療法って何か、ということがきちんとわかっているわけでも、言語化できるわけでもないので、やたらと力がはいってしまう。でうまく納得してくれないで同じ質問がくり返されると、ちっとも内容（主訴の方）にはいっていけずにいらいらしてしまう」。

　♣「カウンセリングって何ですか？」。しばしば問われるこの問題に、まずは教科書的な理解を伝えることでよいのでしょう。それ自体、なかなか容易なことではありませんが、工夫してみるとよいのです。しかしそれでもくり返される場合は、何かが違っているのです。相手の問いの内実を、正確にこちらがキャッチして返せていないという可能性が考えられます。それは具体的なカウンセリングについての解説をその人が求めているわけではないということです。

　くり返される問いというのはとても重要。それをその日の、あるいはここ数回の面接の主訴と捉えてもいいほどです。相手もその実態を、まだうまくつかめていないのかもしれません。相手の問いの形も、うまくないのでしょう。

　もしもそうであるならば、「あなたは何をいいたいのですか」と直接的に尋ねても、本人も困ってしまうことでしょう。ではどうするか？　「これまでは一般的なカウンセリングというものの概念をお伝えしてきたのですが、○○さんの言われている意味は、それとは違うのではないかという気がしてきたのですが、どうなのでしょうか」、あるいは「○○さんにとって、この時間が何か、ご自分の意図とは違うものになっているということを伝えたい、ということのようにも思えるのですが……」などもう少し、その違いそのも

のを具体的にしてみようとしましょう。具体的なやりとりであれば、「そうだ」「いや、違う」「そこからはちょっと違って……」など、漠然とした自分のなかの問いかけを、自分自身でも少しはっきりさせてゆくことができるのです。抽象的な話は、しばしば思っていることからどんどん私たちを遠ざけてしまいます。

行き違いが起こったときには、とにかく、こちらが正しくメッセージを把握できていないのだ、と考えて、繰り返し相手が伝えたいと思っていることは何なのか、その意図をあれこれ考え、話題にしながら手探りでたどってゆくとよいのです。

失敗はするもの、アクティング・アウトはするもの

❓ 「最初の頃は、アクティング・アウトという言葉に嫌なイメージがあり、この言葉を使うのにも言われるのにもアレルギーがあった。それをしたら一巻の終わり。あまりにもよくないものと捉えていたために、自由に考えることもできなかった。

甘えてしまってはいけないけれども、先生がよく言っているように『セラピーをしていると、セラピストはアクティング・アウトしちゃうものなんだ』って思えるようになってきた。しないようにする、というよりも前に、アクティング・アウトをしたら、したことをどう考えていくか、したことの意味を考えていくことができるようになってきたような気がする」。

💡 セラピストがするアクティング・アウト。その意味を肯定的に捉えられる人は少ないのではないでしょうか。ちなみに神田橋（1992）は、アクティング・アウトについて、「言葉に置き換わったならば、言葉を介して表現されたならば重要な発見がもたらされたであろう心理が、言語以外の表出の中に、内的なエネルギーが吸収されてしまったために、せっかくの実りある発見を逃した、というような意味である」と述べています。アクティング・アウトをしないようにと直進すると、そういうチャンネルからの発信を閉ざしてしまうことになりかねません。言葉にならないから、行動で、身体から発信されるわけなのです。だからアクティング・アウトしたことの意味を考える。むずかしいケースほど、相手の問題に揺さぶられ、振り回されます。自分が「思わずやってしまった（行動した）」ことではっと気づくということは、とてもたくさんあるのです。そこから立ち直って考えていくことが大切

なのです。

　スーパーバイザーに叱られるから、仲間に言われるから……と恐れれば恐れるほど、アクティング・アウト回避行動ばかりが身についてゆき、すりぬける業は身についたとしても、そこから真実に手が届いていくことはありません。アクティング・アウトする自分を恐れるのではなく、してしまったひとつひとつのアクティング・アウトから、自分がどのような問題に対して弱いのか、まきこまれやすいのか、ということをつかんでゆこうとするある種の貪欲さと頑張りがセラピストとしての自分を育てるのではないか、と私は思っています。

クライエントの日常を守るということ

　❓「相談に通ってくるうちに、クライエントが『今はこころの問題の方が大事。会社などに行っている場合ではない。あるいは受験勉強などをしている場合じゃない。もっと自分について考えなければ。その方が自分には大事。だから会社を辞める（あるいは受験をやめる）』ということを言ったとき、自分はどこか納得するところがあった。でも先生は『それはダメ。それは逃げ。現実をしっかりと生きなければこころの問題は解決できないのよ』と言った。『えぇー、そうなのか⁉』とちょっと戸惑った」。

　🏆　確かにこころの問題を考えるということは、大変な作業ですし、大切なことです。しかし現実を生き抜くということもまた、同じくらいむずかしく、かつ貴重なことです。現実のなかに生きていく基盤なり枠ぐみ、たとえば「学生である」とか、「○○会社に勤めている」というような社会の一員としての立場をもてていることや、家族と一緒に住んでいるとか、経済的に誰かに頼れるというようなことによっても、こころは守られます。どんな形であれ、誰かと何かとつながっているということは、こころの問題をしっかりとみつめ、解決してゆくことのできる基盤でもあるのです。

　その現実の方を降りなければならないときというのは、よくよくのこと。先のケースの場合には、クライエントが現実とこころの問題を天秤にかけて、こころの問題の方に優先順位をつけたというよりも、むしろ、現実の過酷さから逃げだすために、こころの問題の方に重きを置いた、と私は聞いていて思いました。こころの問題を整理するためには、しばしば長い時間が必要で

す。その間、その人の現実を保障する枠組みは、よほどのことがない限り（そしてよほどのこと、という場合は確かにありますが）、保っている方がよいのではないかと私は考えています。

　ちょっと場合が違いますが、ひきこもりのケースを例にこの問題を考えてみましょう。長い間ひきこもりをしていた人が、自分の問題をある程度整理し、現実社会に復帰しようとするまさにそのとき、彼らを戸惑わせるのは、「既存のレールの上を走っている電車に戻るむずかしさ」です。彼らは最初は他のひとと同じレールで走っていたのでしょう。それがあるときを契機に、レールから降ります。それが「ひきこもり」です。社会の中で生きるということは、現実という制約のなかに走っている、たくさんのレールのいずれかに復帰するということでしょう。レールの上を走っている電車は、それぞれのスピードで走っています。「降りてはみたものの、再び乗る」のは容易なことではありません。そして私たちは「どのレールでもいい」とは思っていないでしょう。だからレールを降りるという提案に対しては、まずは慎重にありたいものです。ともかくも、「日常のいとなみよりもこころの問題の方が崇高であり高尚である」というのは間違いです。

面接の現実とドラマ性

　❓「事例研究を読むとビッグな出来事、"それなり系" の "それもの話" が次々に展開されているので、面接を実際にはじめるまでは、ケースの流れというのはそういうビッグな出来事が連続して起こり、収束していくものだと思っていた。でも実際に面接をしていくと、そんなことはなく、大きな山場というのは確かにあるけれども、それを支えていく日常的なやりとりもまた、たくさんあるのだということがわかった」。

❗　確かに事例集を読むと、そこには大きなエピソードが綴られています。しかし大きなエピソードばかりが連続して語られていくのが面接ではありません。自分の抱えている問題を解決してゆくための助走としての面接、山を支えるすそ野の部分としての面接もまた、大きな意味をもっています。

　初回の面接をへて、ある程度お互いがお互いにわかってくると面接が軌道にのってきます。そうすると互いの間に当初あった緊迫感がやわらぎ、少し関係が安定してきます。そうなるとおたがいに腰がすわってきますので、当

初の問題の本質だけでなく、その問題に絡んでいるであろうすそ野の部分も話題にあがってきます。それは言ってみれば、最初の数回の面接というのは、問題のアウトライン（骨格）を線画で示すものであり、それに対して以降の面接は、その線画に肉付けをしてゆく作業です。「その他の話」や日常的な困ったことが相談されるのは、その肉付けのためでもあるのではないでしょうか。事例集で読むような大きなエピソードのつながりよりも、実際の面接というのはずっと地味で平板なものなのだと思います。

　また事例を読むと、最初からそのクライエントの問題をセラピストが把握していたかのように書かれているものがありますが、実際にはそんなことはありません。もちろん、ある見立てをたてて私たちはクライエントと会ってゆきます。でも「あれ？」と思う出来事が随所にあって修正され、あらためて見立てをたて直して……というくり返しが面接の実際です。またその流れについても、事例研究のなかで描かれているのは、あくまでもセラピストの考えるストーリー。絶対に正しい唯一のストーリーではありません。それとは別の、クライエントやクライエントの家族たちの考えるストーリーもまた、あるはずなのです。

質問の意図も加えて語って

❓　「クライエントに面接のなかで自分が質問をしたとき、『どうしてその質問をあなたがしたのか、その意図がわからないと、相手は不安になってしまうだろう。だからそれを聞きたくなった、こちら側のこころの動きを添えて言ったほうがいい』と先生に言われたことがあった」。

　「人との実際の関係が希薄で、自分のこころのなかだけで人の気持ちを推測しながら、人との関係を求めているクライエントの話を聞いていて、その場を共有するというよりも一歩先へ駒を進めてしまったセッションがあった。そのとき、セラピストである自分が『ちょっと（面接を）急いでしまったのかもしれません』とクライエントに言ったところで先生が、『せっかくそういう気持ちがうまれたのならば、何故急いだのか、というところまで自分の気持ちをみつめてごらん。例えば相手が急ごうとしていたので、あなたの気持ちがすっとそこにのってしまったのかもしれない。相手の急ぎたい気持ちはあなたの急ぎたい気持ちでもあり、でも同時に、じーっと急がない方がいいのではないか、という気持ちもあなたの側にもあって……で、そのとき、急ぎたい気持ちの方がちょっとだけ大きく動いたので、話を進めてしまったのかもしれない……と

かね。たとえばの話だけれども、そこまで伝えると、セラピストがどのような気持ちや考えでそういうことを言ったりしたりしたのかがわかるのではないだろうか。どうでもいいから駒を進めた、ということではないのだ、ということが何か伝わるといいね』と言われた」。

💬　カンファレンスにでていると、「どうして今ここで、こんな（場違いな）質問がでてくるのだろうか」と違和感を感じ、びっくりすることがあります。それは私が受けとり、理解したレポーターの意向、つまりどのようなことを話題にしてもらいたいかという線から、その質問が大幅にずれているということで、しかもその質問者がなぜ今、その質問をしたくなったのかという、その意図そのものも見えないために、何をどう答えたらいいのかに当惑するということです。

　もちろん、人の思考はそれぞれであり、各自の文脈で捉えてゆくものです。ですから質問それ自体が多様であるのはよいのです。しかし限られた時間の中で、相手の意向をくみながら、できるだけ相手（この場合は事例報告をしているセラピスト）が望むような、益になるようなディスカッションをと考えてカンファレンスに臨んでいくと、面接の中での「聞き方」を育てることになるでしょう。

　見えないということは不安なもの。自分の意図を伝えながら質問をするという聞き方は、自分なりの理解の筋道をも明らかにして……という方法です。その意図を聞いていくプロセスで、「先生、方向違いだよ」と教えてくれる場合もたくさんあります。思考の筋道がみえてくると、お互いにわかりやすくなるからです。

　とはいえもちろん、すべての人にこの方法がよい、ということではありません。極端にコンパクトに要点だけ、結論だけを簡便に伝える方がよいクライエントも、もちろんいます。

"わからない"ことをも含めて一緒に歩む

❓　「最初の頃自分のなかには、漠然と『セラピストの役割はクライエントの問題を解決したり、解釈すること』あるいは『セラピストは答えをだす人』というような思いが根深くあって、解決や解釈を与える、というような気構えでセラピーに臨んでいたように思う。理論と実際との間をうろうろしていて、明確化や解釈という言葉を知ってはいても、実際にどのようにするのか、という

ことがわからずに、文面通りに受けとってやろうとしていたところもあったのかもしれない。クライエントのいうことがわからないといけない、という強迫のようなものがあった。先生に『セラピストが先にわかるということがセラピーではないの』『一緒に迷って、一緒に抜けていけばいいの』『セラピーがわからないということは、当たり前のことなの』とくり返されても、クライエントと一緒に歩んでいくことが、わからない状態をも含めてのことなのだ、ということは、だいぶたってからわかったことだった」。

🍷 もちろん、「わからなくていい」わけではありません。関係が深くなってゆけば、ある部分、そのクライエント以上にわかっていくことも、もしかしたらあり得るのかもしれません。でも私は、「わかるということ」について、慎重にかつ謙虚に考えたい、と思っています。

　誰かが誰かのことを理解する、あるいはわかっていく、ということはそんなに簡単なことではありません。心理面接で長い年月のつきあいになっていったとしても、やはりすべてがわかるわけではなく、ほんのちょっと、問題の周辺部分だけがわかっていくだけだろう、と思うのです。わからないことの方が圧倒的に多いはず。セラピストにできることはわかろうとすることであり、わかる部分を少しでもしっかりとわかること。結局はその人の苦悩に徹底的につきあって、どうしたらよいのか、一緒に考える。相手が答えを導きだしていくことに伴走する。その過程で専門家として学んだ知識も助けてくれます。相手の考え方の偏りや特徴、特性といったものを捉え直したり、考え方の整理の仕方やその枠組みを提供したり、ということは手伝えるかもしれません。本人が気づかずに生じていることを少し自覚化し、よりよい対処ができるように援助するのも私たちの専門性といえるでしょう。でも、相手以上に「この人はこういう人だから、こうすればいいのだ」と安易に解決策の処方箋をきることではないのです。

面接の進み方

🍷 「『インテーク時』・『中盤』・『終結期』というような区分けの言葉は知っていたけれども、自分がはじめて担当したクライエントが10回ほど続けて面接に来ていると言ったとき、先生は『クライエントはたいてい、数回は"試し"でくる。ダメだ（この先生ではダメだ）と思われたら、そこで来なくなるだろう。10回きていれば、突然に連絡なく来なくなって中断する、というような

ことはあまり心配しないでいいと思う。キャンセルが起こっても、何が問題だったのかを一緒に考えるセッションをもってもらえる可能性は高いの。だから、"その"セッションが勝負なの。それをはずさないようにすればいいの』と言った。ちょっと気持ちがおちついた。何も見えない五里霧中の状態のとき、回数がひとつのメルクマールになるのだと思った」。

🍷 一般的にはまず、受理面接というものがあり、それによって、その相談機関で受けるか、誰が担当するか、という大枠がきまります。しかし実際には、その担当者とクライエントが何を合意し、どのように面接を進めていくかということに関しては、まだ手つかずの状態です。受理面接の後の初回面接で「私があなたの相談を担当することになりました」と自己紹介するセラピストがいますが、私は何か違うような気がします。それだとすでに担当者が決まってしまい、クライエントの側には選択権はありません。セラピストもクライエントも共に、実際には相手に会ってみなければわかりません。またお互いに、「嫌だという」もしくは「希望をいう」自由はあるのです（これは相性という問題でもあります）。

ですから「一応私がご相談をうかがいたいと思っています。でもお互いにまだよくわからない者同士ですから、相談の内容を伺いながらあと2〜3回、面接をしてみてから、その後に私が担当させていただいてよいかどうかを確認する、というようにしたらと思いますが、いかがでしょうか」と、初回面接で提案する。自分以外の誰かがいるか否かということや、他には手がないという、実質的な問題があった場合には、相談機関を変わるという選択肢もあり得るでしょう。拒否する自由を提供することで、できるだけ、セラピストからの一方的な押しつけという雰囲気を薄めたいと思うのです。

このような導入をしてゆくと、少なくとも最初の数回の面接は、試運転期間になるので、何とか来てくれます。また、このように回数を限定すると、いきなり深い問題にはいるよりも、浅い次元で基礎的な情報を提供してくれる、いわばお見合いのような面接になってゆくことが多いように思います。数回面接をしていくと、何だかフィーリングがつかめてきて、乗ってくる（つまり自分が面接をしていってもよいようだ）とセラピストが感じることは多いのです。でもこの場合もできるだけ、「最初にお伝えしたけれども……」と言って、「担当は私でよいでしょうか」という言葉での合意を得る

ようにした方がよいのです。こうしていくと、後で面接がこじれて、「先生じゃない方がよかった」というような話がでてきたときに、この、合意の地点に戻って「○○っていうようになって、ここまできたけれども、どこらへんで、何がまずくなっていったのでしょうか？」と点検してゆく作業がしやすくなります。

　病院などで仕事をし、医者に「あなたが診るように」とクライエントを回されたときでも、私は基本的に相手に「私でよいですか」とどこかで尋ねるようにしています。あるいはそういう雰囲気でお会いしています。そこで「嫌です」といわれたことはほとんどなかったように記憶しています。逃げ口上のようにも聞こえるかもしれませんが、それを言うことによって、「一方的に押しつけられたセラピスト」から、「"一応"自分もOKしたセラピスト」に変えたいと私は考えているのだろうと思います。「意見を聞く」形でスタートさせることができたとしたら、それ以降何かを聞きたくなったときにもお互いに尋ねやすくなるのではないでしょうか。

　そしてこのような手続きをふんで10回ほど面接が継続しているということは、何らかの関係が育ってきていることですので、勝手に無断で来なくなる、ということは起こりにくいと一応考えてよいと思います。私たちセラピストにとって、「面接が続かない」ということは心臓に悪いもの。最初のうちはやみくもに続けることだけに集中しがちですが、10回ほど続いたら、ちょっと落ちついたと考えて大丈夫なのではないでしょうか。

力のいれどころ・抜きどころ

?　「自分はずっと、面接って緊張しっぱなしでやりぬいていくものだ、と思っていた。でも常に緊迫して幾つものケースをするっていう風にはならない、ということに気づいた。そのとき先生に『最初は緊迫してはじめても、次第にちょっと気が抜けていくというか、緊迫ではないトーンに変わっていくものなの。でもそのうち"いざ"というところがくるの。その"とき"に頑張る。そのときをはずしさえしなければいいの』といわれた。『そうか』と思ったけれども、『いつがその"とき"なのかが自分にはぜんぜんわからないんだ』とまた頭を抱えてしまった」。

💡　初心者の良さは基本的には熱心さ。だからこのような「力を抜く」という話は必要ないかもしれません。でも実際には、熱心なあまりに、燃え尽き

てしまうということもあるので、あえて項目にいれました。

心理面接には、大きな波、小さな波と幾つかの波があり、嵐もあれば凪もあります。あまりに何のために相談に来ているのかがわからなくなったときには、治療契約の確認をしてみるのが基本的にはよいのですが、何をしに来ているのか、よくわからない、でも何かあるようなないような……とりとめのない、雑談的な話が続く場合には、次の大きな波にのっていくための準備をしている調整期間であることもあるのです。それは言葉を換えれば中休み、ということです。お互いに緊張のしっぱなしでは疲れるので、しばしば途中休憩がはいるのです。

だからこちらも「そのうち来るぞ」と思いつつ、しばしの安らぎのときを過ごしておくとよいのです。その"とき"というのは、地雷を踏むようなものなので大丈夫（といってよいのかどうか迷いますが）、嫌でも応でもわかります。

常に最悪の事態と最良の事態を考える

❓「人はつい、何か事が起こるか起こりそうになったとき、一番うまくいった場合を考えようとしがち。でも『面接のときには一番ラッキーな事態と、最悪の状態を常に考えるようにする。そうするとたいてい真ん中くらいに収まる』ということを先生にいわれた。忘れられない言葉」。

💡「常に最良の予想と最悪の予想をたてておくこと。と、たいてい事態はその中間点で収束するから」。この仕事にはいって間もなくの頃、ある先輩の精神科医から言われた、私自身、忘れられない言葉です。この言葉には「最悪の事態を予測しておけば、たいていその事態は避けられる」というメッセージと、「もしも脳天気なことしか考えていないと、事態は思いがけずに悪く展開していくよ」というメッセージの両方が含まれています。

クライエントが自殺をするのではないか、荒れるのではないか、もう面接には来ないのではないか……。セラピストの心配はキリがありません。重篤なケースが増えてくるほどに、どれはしなければいけない心配なのか、どれは常識的なところで収まりそうか……ということがわからなくなってきます。このような無数の心配に対して私たちは一応、経験をつみながら、大きな心配、中くらいの心配……とりあえず大丈夫そう、などと一応の心配のくくり

ができるようになり、心配ではあっても自分の日常生活を送り、その心配にのみこまれてしまうのではなく、置いておくことができるようになっていくのでしょう。

　最悪の事態を予測しておくと、その予測を避けようとするような動きを私たちは自然にするものです。いえ、それを回避させるためにこそ、最悪の予測をたてるのです。

　もしもクライエントに「自殺したいという気持ちが起こっているのではないか」と面接で感じたら、何かしらの伝え方でそれを相手に問うてみる。「ええ、死にたいのです」という気持ちが語られたら、行為としての自殺企図は、比較的とめられます。なぜでしょうか？　100パーセント、死を決意している人には迷いがありません。邪魔されたくはないでしょう。だから、とめられそうなことはしないのです。語るということは、ほとんど99パーセントは、死にたいくらいの気分だったとしても、残り1パーセントのなかに、生への希求性が残されている、と考えられます。その両方の思いを受けとることで、実際の行為が一時的にでもくいとめられるのではないでしょうか。

　しかし実際には、相手は死にたい気持ちが起こっているのではないかと想像し、おずおずと聞いたところ、「ええ、死にたいのです」と言われ、「どうしよう、聞かなきゃよかった、墓穴を掘った。このあとどうしよう!?（どうまとめたらいいの？　ホントにされたらどうなるの？）」と途方に暮れるというのが多くの初心者の姿です。あるいは、墓穴をほるのが怖くて聞けずに面接を終えてしまい、あとで戦々恐々となっている姿もみかけます。この場合は、墓穴を掘っておいた方がよいのです。それは、死にたい気持ちを弔うための墓穴であり、実際の死に待ったをかけるメッセージ。

　せっかく気づいたことならば、どう扱うかはともかくとして、器用にできなくてもよいから、何とか話題のなかにのせてゆきたいものです。そしてもし、予想外のことが起こったら、あるいは起こしてしまったら、そこにどうしたら誠実に対応してゆくか、ということを真剣に丁寧に考えていこうとしているのだろう、と自分をふりかえって思います。

2　はじまるとき・終わるとき

泣かれてしまって終われない！──枠をめぐって

❓「面接時間が終りそうになった頃、クライエントが泣いしまって困ってしまった。可哀相になったので、1時間延長して別れた。そのとき先生に、『このクライエントさんなら、この一件で極端に依存的になることはないだろうから、それはそれで大丈夫だろう。けれども、そういうときどう対応するかは、よく考えなければいけない』と言われた。セラピストが可哀相だから、と思って行動することが、単純にそのクライエントのためになる、とは限らないのよ、とも言われた」。

💡　私は先の学生に、「ただ可哀相だからといってするのはよくない」と確かに言っています。でも同時に「人が人に可哀相だからと思い、する行為」は、心理療法の原点にある対応だろう、とも思っています。だからそういうときに、ただ頭だけで「枠を越えることはよくない」と考え、追い返すようなセラピストに、私はなって欲しくありません。そのときまず、どうしたらよいのかをしっかりと迷うこころをもって欲しいと願っています。

　この「しっかりと迷う」という内実は、「困ったなー」と途方にくれ、実際には用事もあってそんなに延ばせなかったり、あるいは人情としては放っておけないと思うものの、読んだ教科書やスーパーバイザーや仲間の顔を思い描いてみると、多分、安易に延ばしてはよくないんだろう、非難されもするかもしれないし……と密かに慌て、そういうことはできれば避けたいなー、と思ってみたり……と、とりあえずはあたふたすることです。悩むのはあたり前。悩まないで「とにかく枠を越えることを全て禁止する」、というのはセラピストの手抜きです。

　多くの場合、問題は面接が終わる頃に起こります。重要な放ってはおけそうもないような話がでてきたり、「死にたいです」といわれたり、泣かれてしまったり……「どうしてもっと早く、このテーマを言ってくれなかったの‼　扱う時間がもうないじゃない。とはいってもこのまま帰すわけにもいかないし……」というのは、私たちセラピストの定番のぼやきです。それはつまり、クライエントが意地悪く、最後に言おうととっておいたということ

ではなく、困らせようと思ってする、ということだけでもなく、まだしっかりとは内容としてとりあげるのはむずかしい、でも言わないでは帰れない……というようなことだったり、あるいは本日の面接の総決算としてでてきた言葉であったり……それはいろいろでしょう。とにかく、そういう事態は頻繁に起こります。

　しかも心理臨床の現場は混雑しています。大学の相談室とは違って予約はぎっしり。余裕の時間はありません。だからいくら人情が豊かでも、しょっ中「余分に時間を延ばす」ということはできません。先の場合、1時間延ばすのではなく、5分なり10分なり、いつもよりもちょっと長くするというあたりで十分に対応できるし、そうしていった方が、クライエントの負担も少ないのです。感謝と負担の按配は、とっても微妙なものなのです。また、クライエントの不調は、セラピストの都合にかかわらずに起こってきます。だからあまり、極端な「例外」をつくらないようにしておいた方が、関係が安定するのです。もちろん、クライエントの抱えている問題や病理によっては、「例外」を面接のなかに組み込んで対応しなければならないケースや、「例外」を絶対につくらないように枠決めをしてそこを徹底死守する、というセラピーもあります。すべてについてそうである、ということではありません。

前の面接が延びていたら・帰る姿を想像しながら送りだす

❷　「自分の担当しているケースをはじめる時間になってもまだ、使うはずのプレイルームが空かずに（前のケースが延びて）5分、10分と待たせてしまったという話をしたところ、先生に『約束した時間からプレイは始まっているのよ。だから待合室で"お時間きたのにお部屋があかないの。ごめんね"と言って話をしても何かで遊んでいてもいいし、あるいは使ったプレイルームをその前のセラピストが一人で片づけていたら、自分の担当している子どもに"早く遊べるから先生急いで片づけてくるね。（あるいは）一緒に手伝ってくれるかな？"など聞いてみるっていうのも、時にはありかもしれない。約束した時間から面接は始まっているのよ』って言われた。

　また、その子と大事な話をしなければならないことがあるときには、いくら遊びを楽しみにしていたとしても、つまりプレイすることを犠牲にしても、その時間のなかで話しあうこと、伝えることが大事だとも言われた。自分はそれまで、プレイルームにいって一緒に遊ぶっていうことがプレイセラピーだって

いう気がしていたけれども、その前も後もすべてプレイセラピーなんだっていうことは、言われなければわからなかった」。

「担当している子が、待合室でかなり長いこと本を読んで、それからプレイルームに行くというパターンをもっていた。自分は待合室にいる間はプレイセラピーの時間だとは、考えていなかった。でもそうじゃなくて、『待合室に迎えにいったときからプレイセラピーははじまっているのよ、そういう気持ちで関わるといい』って先生にいわれた。また終了時には、『帰る姿を想像しながら送り出しなさい』っていわれた。面接やプレイセラピーの中身だけじゃなく、端と端の部分（はじまる前と別れる前後）をどう考えたらいいかっていうのは、はじめてのケースを担当したとき、すぐに知りたかったことだった」。

🍷 プレイセラピーや面接そのものをどう捉えるか、という捉え方にもよるのかもしれませんが、私は「その人と約束したその時間からはじまる」と考えて面接をしています。それはもしかしたらほとんどの場合、終了時間を大幅に変えることができないという現実ゆえなのかもしれませんが。

待合室で絵本を読む、マンガを読む、あるいはおしゃべりをする等々のことがあったときに、セラピストとして心がけたいことは、その行為にどのような意味があるのかを、まずは考えようとしてみるということであり、プレイルームにせきたてること、ではありません。とはいえ、あまりにエンジンがかかるのに時間がいって、ほとんどプレイルームで遊ぶ時間がなくなってしまいそうなときには、「そろそろいかないと、お時間なくなっちゃうよ。急ご急ご……」とせきたてることも、私はします。

「約束の時間」ということがでていました。実際に約束した時間に始まり、約束した時間で終わることができれば理想的。でも現実は苛酷です。自分自身のスケジュールも、よほど余裕のある予定をくまなければ、実際に時間どおりに始めることは、ほとんど不可能な話です（それは生身の人間のこころを相手にしており、同時にこちらも生身だから。機械的にはできないのです）。複数のスタッフで面接室を共有しながら運用している場合には（そしてほとんどが、そうでしょう）、時間厳守はさらに困難。前の面接やプレイが長引いていて、約束した時間に始められないということは、複数のセラピーが同時進行で行われている機関の場合、しばしば起こります。また親面接と子ども面接を並行して行っている場合、2人のセラピストのうちどちらかが遅れてしまう、ということも起こります。でも前のケースのせいで遅れて

始まっても、次の（後の）ケースのためには部屋をあけなければなりません。あるいは自分の次の面接のためにも、同様です。そのままズルズル、時間をのばせるわけではないのです。だからそのクライエントのせいではなくても、ある程度、その人の時間を短縮せざるを得ないことのほうが多いのです。

　実際には、もしも時間の余裕があれば、遅れた時間を長引かせてもよいのです。でも、そうするためには、次に自分の使っている面接室なりプレイルームが空いているか否かの確認が、そのとき必要です。また今回はそうできても、次には無理かもしれません。自分の都合、空間の都合、相手の都合等々……もちろん時宜に応じて対処してゆくのですが、建前を守ることに命をかけると、命はなかなか持ちません。

　私たちはさまざまな制約のなかで生きています。叶えてあげたいことはたくさんあっても、実際に叶えてあげられることは少ないもの。「時間がなくなっちゃう！」と嘆く前にとりあえず約束した時間を一緒につかってみようとする。

　プレイセラピーに通ってくる子は、どんなに幼くてもプレイルームで遊ぶことだけを楽しみにきているのではありません。「なぜ、ここに来て毎回同じ先生と遊ぶことをしているのか」ということの意味は、どれほど自覚的であるかはともかく、無意識的にはわかっているものです。それは年齢には拠りません。プレイルームで遊ばないとプレイセラピーをしたことにならない、というのはセラピスト側のとらわれです。

3　関係性ということ

「学園祭に来てください」と言われたとき・一緒に呑みにいくことは？

　❓「高校生の心理面接をしていたとき、そのクライエントに学園祭にきてくださいと誘われた。相手が喜んでくれるならば、それもいいんじゃないかっていう思いもあったけれども、その一方でまずいんだろう、という気持ちもあってスーパービジョンで相談した。

　そのとき先生に、『カウンセリングと友人の関係は違うのよ』っていわれた。ピンとこなかった。『もしその子とあなたの関係がどんどん熱く（関係が濃密に）なってしまったとして、そうしておいて、あなたが途中でその関係を放棄してはいけないのよ』ともいわれた。でも『だって絶対手放さないもん』って

そのときは心の底から思っていた。そのとき先生は、『学園祭に行くほうが簡単なのよ。行為としては行かずにこころを使う方がずっとむずかしいの』と言った。それはそのとき納得できた。学園祭には実際には行かないのだけれども、こころをつかった関係をもつってこと、そして『決めるのはあなたなの』と言われたこと、忘れられない」。

「"カウンセラーと友人と……"という文脈で、友だちがいなく淋しいと訴えている青年の心理面接をしていたとき、自分は『ここ（面接室）で話しているよりも、バーに行ってしゃべった方がずっといいんじゃないか。現実の生活経験のなかで友人が少ないのであれば、そういうことが実際にあった方がいいんじゃないか』っていう気持ちがあって、スーパービジョンで相談した。

そのとき先生に、『あなたがそう考えるのはもっともなこと』というところからスタートしてもらえた。そういう考えはしばしば、考えるまでもなく即座に否定される。

そして『そうしてもいいのかもしれない。けれども、それをすることによって失うものも大きいのだろう』と言われた。もしそれをしたとして、失うものが何だったのかはわからないけれども、確かに何かを失うことになったのだろうと思う。『即行動する（呑みにいく）のではなく、それを一歩とめたところで考えてみるの』『行動しないでその願いの背後にある、相手の思いを一緒に感じる。その方が豊かな世界であって、それが心理療法の関係なの』と先生は言っていた」。

♟ 「一緒に○○へ行きましょう」「コーヒーショップでお茶を飲みたい」「野球に行きませんか」等々のことをクライエントから提案されるという体験は、面接をしていればあるものです。これらの誘いに対し、総論としての答えは用意できても、正しい答えはわかりません。個々のセラピストが、自分と相手との関係をしっかりと考え、頭だけで摑んだ理解に頼るのではなく、頭ごなしに否定するのでもなく、ひとつひとつ迷いながら真剣に対応してゆくことだろう、と私は考えています。

実際のところ、もしも一度学園祭に行ったとして、クライエントは嬉しかったと感じるとしましょう。そのクライエントにとって、その１度だけの体験がそれ以降、貴重なお守りになってゆくのであれば、その行為は豊かな支えになるのだろう、と思います。しかし心理療法にもちこまれてくる友人関係をめぐる悩みの多くは、たった１回や数回、どこかに行くということで解決されるようなものではありません。収束してゆく代わりに、「もっともっと」と求める気持ちをかきたて、広がってゆくかもしれません。そこにもま

たすべてセラピストがつきあい抜いてゆく覚悟があれば、『最初の１回』をしてもよいのかもしれません。でも私たちはほとんどの場合、そのことにつきあい抜いてゆくことはむずかしいのではないでしょうか。先にも書きましたが、中途半端が一番悪いのです。途中で放りなげるなら、最初から変な期待はもたせない。限局された週１回１時間という枠は、セラピストにとっても守りです。セラピストが守られるから、クライエントを守るという機能を果たすことができるのです。複数の、大勢の人の相談にのることは、制限をつけるからこそできること。制限があるからこころを精一杯、そこで使うことができるようになるのではないでしょうか。

　もうひとつの、現実の友人関係の希薄さを補うために、実際にカウンセラーが友人役をしたとしたら、実際にはどういうことが起こるでしょう？　例えば実生活のなかに、その青年から「これから呑みにいこう」と電話がはいります。そのときセラピストは、常にOKできるとは限りません。

　いわゆる"ただの友人関係"であれば、ある程度、「断る」ことは、それほどむずかしくなくできるでしょう。でもクライエントとして出会った人に対しては、私たちはそれほど自由に振る舞えず、「気を悪くするかなー、友人じゃないってやっぱり思うかなー」などと、余計なことを考えてしまうのではないでしょうか。そういう関係は不自由です。それでは関係を長続きさせることはできません。その青年との関係を面接場面に限定させることによって、私たちは「安定したよい関係」を持続させ、「何かが起こったら、そこで話しあい解決にむけて一緒にとりくむ」という道が確保できるのです。ですから極論すればそのセラピストは徹底的にやりぬく覚悟がありさえすれば、一緒に呑みにいくという選択肢もあり得ます。ただその場合には、数多くのそういう関係を同時並行させることはむずかしいので、その人の専属のセラピストになる、という覚悟がいるように思います。

　人はイメージによって支えられる生き物です。現実の行動（実際的な関わり）がふえればふえるほど、イメージのなかの関係が拡がるとは限りません。直接行動で実現させると、すべてのことを直接に実行させないと、満足することはむずかしくなってしまうのです。「おいしいものが食べたいな」と思ったとき、いつも即座においしいものがでてきたら、私たちは幸せになれるでしょうか。その瞬間は幸せでも、その幸せ感は長続きすることはなく、ま

た「おいしいもの」が欲しくなる。もっともっと欲しくなる。だからこころはかえって飢えを感じてしまう。そういうことと同じです。だから、クライエントの願いに行動として直接答えるのではなく、「もしも学園祭に行ったら……」「呑みにいったら……どうなるだろう？ 何が起こるだろうか？ どこでどうするかしら？」と空想しながら、その夢を共有していく……その方が、はるかにお互いに自由で豊かな関係を築くことができるのではないでしょうか。実働きによってではなく、イメージで支えるのです。

ケース・バイ・ケースの意味は？

❓ 「どのような本にもケース・バイ・ケースであるということが書いてある。けれども、何がケースごとによるのか、っていうことがよくわからなかった。そのクライエントの年齢がどの程度であるとか、症状や状態が重篤であるか否かによって、ということがケース・バイ・ケースではなくて、自分が何かを言ったときに相手がどう反応してくるかで、『ああ、これでいいんだ』あるいは『ああこれじゃまずいんだ』って変えてみる、っていうこと、つまり自分がある言葉を言ったり、自分が何か雰囲気のなかで出したことを受けて、相手がどのように振る舞ったり、表情を変えたりするのか……っていうことで調整していくことがケース・バイ・ケースなんだっていうことは、ケースをやってみるまでわからなかった」。

🎙 確かに概説書には一般的な手ほどきを説明したあとに、実際には「ケース・バイ・ケースである」ということが書かれています。個別のことなので総論として語れるものよりも、細かなところはケースごと、ということになるのは間違いありません。しかし先の学生が語ったように、このケース・バイ・ケースという言葉は、相手の症状や年齢・性別や環境等々という、付帯する事情や事象を指していると捉えられていることが多いのかもしれません。もちろんそれもあるのですが、それ以上に、セラピストである自分とクライエントである相手との間のやりとりそのものが、相手がどのように対応してくるか、ということでその後のセラピスト側の動きやセラピーの流れそのものが変わっていく、ということがケース・バイ・ケースということなのだ、という理解は、この学生の感想を聞くことによって私自身、あらためて「そうなんだ」と思いました。

困った気持ちは相手も同じ

❓ 「箱庭のなかに恐竜も車も人間もぜんぶ、埋めては出し、埋めては出しをくり返していた子どものセラピー。セラピストとして一緒にいて『どうしていいのかわからない、そのわからなさ』を感じて相談した。そのとき先生は『あなたが感じている、その感覚は、その子が自分自身に対してもっている感覚なのではないかしら。それが関係のなかでセラピストに伝わり、セラピストにも同じように感じられているのではないかしら』と言われた。自分の側の気持ちだと思っていたので、『ええっ？』て思った」。

♟ セラピストが途方もない無力感、自分に何ができるのだろうか、というような方向喪失に圧倒されるような感じを味わうとき、まさにクライエントの体験している世界そのものがセラピストにこころのなかに映しだされている、ということは多いのです。

クライエントは何とかなりたいと思っているし、できるものならセラピストに「何とかしてくれ」、と思う気持ちもあるでしょう。でもそれと同時に、先生が何とかできることでもないし、先生に何とかしてもらうというよりは、結局のところは、自分が何とかしなくてはならないんだ、ということを彼らはわかっているのです。このことをわかっていないのは、しばしばセラピストの方なのです。

この箱庭をおいたときのクライエントの語りを「自分の置かれている状況は、こういうものなの、先生。恐竜も車も人間もみんな、埋まってしまうの。簡単に再生したりするような簡単な世界ではないの」と、胸いっぱいの不安と恐怖を伝えようとしているのだろう、と理解したとしましょう。このときセラピストの方が自分自身の不安から、埋める作業を途中で切り上げてしまっては、自分の不安を軽減させてもクライエントを助けることにはなりません。相手のこころの世界の厳しさや過酷さが、どれほどのものなのか、安易に救助行動をとる前に、その前提条件を把握することが必要です。そこでアンテナになってくれるのが、自分のキャッチした感覚なのです。

4　ごく"ふつう"の感覚も

カウンセラーは相談相手

❓「はじめて高校生の心理面接を担当したとき、そのクライエントに服装のことや髪形のこと、タレントのことやアルバイトのこと……等々いろんなことを聞かれ、困っていたとき、先生に『カウンセラーは相談相手なのよ』と言われた。その子はそういう話が友人とはできないんだろう、深刻な話（主訴をめぐる）だけをすることが面接ではなく、そういう、いろいろな日常的な話ができることも大事なのよといわれ、そういう話をもじっくりと聞いて対応していけばいいんだ、って思った」。

💡　ともすると私たちセラピストはまじめな話、とくに主訴に絡んでくるような話ばかりを重視し、その他の話を軽視しがちなところがあるのではないでしょうか。もちろん、セラピストかクライエントか、あるいはその両者が直面することを避けて、別のもっと楽な話ばかりをしているということも起こります。セラピストが逃げているときは、そのことを自覚する必要がありますし、クライエントが逃げているときには、「直面せざるを得ないのだろうけれども、とりあえずは逃げている」ことを頭で共有し、じっくり聞いて待っていく……そうするとやがて「そのとき」が訪れます。直面させようとするだけではなく、逃げにつきあうのも大事です。

　心理面接を求めてくる人は、問題を解決したい、あるいは解決するしかないだろうと思って来談するとはいえ、具体的にどういう風にしたらよいのか、わからないで困っています。だからいろいろな話をしながら困ったことに近づいてゆく。また、中核的な問題に直面する前に、助走をすることも寄り道をすることも、あるいは、やっぱりやめるということもあってよいのです。とはいえ、いつまでもレコードが同じところをグルグルと回っていて、何のためにそうしているのかわからなくなったときには、相手に「どうも話がいつもぐるぐるまわっていて、深まっていかないように思うのですが、どうでしょうか」と尋ねることもセラピーです。急がせればよいということでも、ただ待てばよいというものでもありません。

　また先の高校生の場合には、その学生は友だちとの関係がまったくなく、

いわゆる友人とお喋りしながら吸収してゆくような同世代のつきあいもまた、体験的にたりなかったので、そういうチャット的な関係も、相談場面にもちこまれていたと私は思っていました。似たような世代の人（ちょっとお兄さんでもお姉さんでもよい）がどのようにいろいろなことを捉え、理解し、行動していくものなのか、という話もまた、特に思春期から青年期前期の子どもたちにとっては、大切な内容であることは多いのです。

あたり前の感覚を大切に

❓「子どものことで相談にきていた母親。1ヵ月ほど中休みというか中断になってしまい、そのときにスーパービジョンを受けた。なぜ自分は中断になったのか、1ヵ月もあいてしまうことになったのか、その理由をセラピストとしての自分のやり方や、その親との関係がうまくいっていないから、というような力動で捉えようとしていた。なのに先生にごくあっさりと、『このお母さん、面接のなかで"疲れている"っていっているよね。疲れている人には休ませてあげるのよ』と言われてしまった。で、先生は『ちょっと休んだらこのお母さん、また来るよ』と。ああ、そういうあたり前の感覚ももっていること大事なんだ、って思った」。

🌳 もちろん、その背景にあるであろう"セラピスト―クライエント間の力動的な関係"を考える視点は必要です。私自身、力動的な視点をもっているセラピストだと思っています。しかしそれだけでなく、平板で常識的な考え、つまり「あたり前の感覚を常にもっていること」も大切です。

この母親は「疲れている」と休む前の面接で訴えていました。疲れている人には休みが有用です。「先生ちょっとお休みしたいのです」という、それを"そのときの母親の主訴"と捉えるとよいのです。多くの場合、心理面接の道程は山あり谷あり。時には休みも欲しいもの。

別の子どもの相談で、面接にきていたシングルマザーが、「仕事が忙しいから面接を隔週にしたい」とセラピストに申し出たときに、「抵抗が起こってきた」と力動的に理解して、「ちゃんと毎週通うように設定した方がよいのではないか」と迷ってしまう……私たちセラピストはわりと即座にそういう捉え方をしがちです。確かに抵抗が起こっているのかもしれません。もしそうならば、「必要な抵抗」あるいは、セラピーが強引でちょっと待ったと申し出ていると考える姿勢も持ちたいもの。また、シングルマザーはひとり

で子どもを育て、働き、生活していかなければなりません。間違いなく忙しいでしょう。経済的な基盤がきちんとあるから、人は精神的な問題にとりくむことができるのです。そういう相手の現実をみて、無理のないペースで面接を設定する方が優先されることのように思います。その言葉を専門用語で短絡的に捉えるのではなく、何を訴えているのか、私たちはその響きを聞き取りたいものです。

「ここに来るとほっとする」と言われたら

❓ 「クライエントに『ここ（相談機関）に来るとほっとするんです』と言われたとき、つい相手のリップサービスではないか、と考えてしまう……セラピストはクライエントの発するクレームに対しては真摯に受けとめなければいけない、とはしばしば言われていて、でも、感謝の気持ちを表明されると、そのことについては、わりびいて考えるところがある。でもこれをスーパービジョンの体験に照らしてみたとき、スーパーバイザーに対して自分が感謝の気持ちを語ったとき、もしもスーパーバイザーに『それはあなたの○○という感情から生じてきたことで……』と分析されたり解析されたりなんかしたら、自分はきっと淋しい気持ちになるのではないか、と思った。もちろんいろいろな可能性を考えるのだけれども、同時に素直に感謝に応えるという、あたり前の気持ちは、先の、『あたり前のことをも大事に』ということと同じことなのかもしれないと思った」。

♟ セラピストがクライエントの語りをしばしば、額面通りにしか受けとらず、その底に隠されているメッセージを受けとめ損ねる、ということはよく起こることです。表面的には感謝の気持ちを表明しながら、別の感情を込めていることはもちろんあります。だからただ喜べばよい、ということでもありません。心理療法をやってゆくと、いわゆる"裏読みの世界"にたけてゆくようなところがあります。でもネガティブな感情に響きやすくなるだけでは片手落ち。感謝の気持ちを素朴に素直に表明されることもまた、十分にあることでしょう。「どっちか」だけを考えるのではなく、「どっちも」ある、ということです。だから、心理療法における対話は面倒で、ややこしいのです。

日常性・非日常性

?　「自分は最初のうち、『自分の担当するクライエントと心理面接をする』ということがセラピーだと思っていた。でも、はじめてくる人に相談室の案内図を送ったり、相談室の掲示板を近くに設置してガイドする、あるいはプレイルームや面接室・待合室を整えてきれいにしておく、というようなさまざまな要因、つまりセラピーの前と最中、そしてその後を考える、それらすべてでセラピーというものはつくられているものなのだ、ということは、先生に言われてはじめてわかったことだった」。

💡　心理的な問題を相談しに行くということは、ごく普通のことではありません。突然おとずれた、非日常的な"時空間"と"関係"です。ですからそこにつながっていくまでのプロセスは、できるだけ常識的に気を配ったものでありたいもの。近くに行ったら、そこの看板がでているとか、行き方をていねいに説明できるものを用意しておく、あるいは、待合室や面接室がある程度整理されているということ等々は、人が人と関わるときになされている、きわめて常識的な気配りです。

　言うまでもありませんが、これは高価で立派な面接室があるといい、ということを言っているのではありません。古くても手入れがゆき届いていること、部屋のスペースが小さくても、あるいは広い部屋の片隅で面接をするということであっても、それなりに"気配りがなされていること"が大事なこと。

　話は飛びますが、たとえば保健所や病院の外来で、空き部屋がない状態で急に頼まれて面接をしなければならない、あるいは予定をいれていたのに誰かが使ってしまって部屋がない、というようなことが起こったとき、どうするか。その日の面接はやめにして、別の日の予約をいれるというやり方もあるでしょう。相手がそれを望めば、もちろんそれでよいのです。でももし、「丁寧にではなくてもよいから、ちょっとだけでも相談したい」という場合には、そんなに頑に面接室にこだわらなくてもよいのです。「どうしても部屋を用意することができないのだけれども、○○だと人に聞かれにくいのではないかと思いますが、どうでしょうか」と伝えた上で、たとえば人の往来の少ない廊下の隅などに相談するスペースをつくるとか、衝立で部屋を区切って……というような、"急ごしらえ"もあり得ます。自分の側の方針や納

得よりも、相手のそのときの緊急度と相手側の納得にあわせて、できる対応をしてゆけるとよいのだと思います。

　また、プレイルームの玩具は、基本的には消耗品ですから壊れます。壊れた玩具を修復する、というプレイが意味をもつことはあるとしても、あまりにも使えない玩具がたくさんあるというのはよくありません。たとえばラジコンでバッテリーが切れている、あるいは複数のラジコンが混じってしまい、どのコントローラーがそのラジコンのものなのかセラピストにも、わからないというようなことは子どもを精神的に疲れさせてしまうかもしれません。電池切れもあまりに多いと、イライラしてきます。箱庭はイメージが大事なのに人や動物、建物などのパーツが種類別に整備されておらず、ほとんどガラクタ置場と化している状況も、しばしば目にする光景です。

　たいていの場合、ケースがたて混んでいて、セラピストがゆっくりかたづける時間がとれないことの方が多いのですから、玩具やパーツそれ自体を、簡単に大雑把に片付けられるようにと工夫する、たとえば複数のカゴを用意して、同種の玩具やパーツをカゴにいれるなど、子どものいる家庭の母親の生活の知恵が役立ちます。きちんとでなくてよいので、要領よく片づける工夫をしたいものです。

5　スーパービジョンを受けてみて

スーパービジョンを受けること——"関係のなかで変わる"体験

❓　「スーパービジョンを自分が受ける前には、スーパービジョンっていうものが何なのか、本には書いてあってもよくわかっていなかった。そして受けはじめてもなお、よくわからなかった。しばらくしてからスーパーバイザーである先生に、『受けていなかったらどうだったと思う？』と聞かれて自分は、『ケースの流れが全然違っていたと思う』と言った。先生は『不安がもっと大きかったのではないかしら』と言われて、そのときにはそうだろうとは頭では思ったけれども、実感としてはピンときていなかった。数年たった今の方が実感としてわかるような気がする。

　今、この問題をあらためてふり返ってみると、スーパービジョンを受けると『人は誰かとの関係のなかで何か変わっていけるんだ』っていうことを実感できるようになる気がする。この場合、変わるのは自分自身。安心するなら安心するという体験、わかってもらえない辛さならわかってもらえない辛さ、とい

うような、気持ちの動揺とかを本で読むのではなく、授業ででもなく、誰かとの一対一の関係のなかで体験すること。そして自分の気持ちが変わっていく、やっぱり本当に変容していくんだっていうことを体験するということなのだと思う。だからスーパービジョンをある程度長く受けていくと『関係のなかで変わる』っていうことを実感するんだと思う。初心者はそういう特殊な人間関係をもっていないからやみくもだし、自分が何をするのかということのイメージも、そういう体験があるのとないのとでは、全然違ってくるのだろうと思う」。

🏆 これを聞いて、心理療法というのは、"体験してみないとわからない"という言葉に収斂されていくのではないか、とあらためて思います。セラピストはクライエントが心理的変容をとげていくための変容の器になるものである、とはよくいわれています。頭ではわかる。でもこのことを体験知としてわかるのはむずかしいというものです。

　セラピストの手に余るような、どうにもならないような大きな問題をクライエントが訴えてくるとき、セラピストは慌てます。でもクライエントは、その問題をセラピストに解決して欲しい、と単純に言っているわけではないのです。クライエントが相談にくるときに一番求めていることは、その話を共有すること、同じ地平に立ってみて、一緒に眺め、一緒に茫然としてくれる。もちろん助言も欲しいのだけれども、その前のところ、一緒に立ちどまって考えてくれる……つまり、コミットしてくれる相手を求めているのだろうと思います。そして誰よりもクライエントは、最終的には他の誰でもない、自分自身が解決していかなければならないんだ、ということはセラピスト以上によくわかっているのです。

スーパービジョンでめげるとき

❓「あるきっかけがあって気持ちがおちこんでしまい、相談に訪れていた青年。セラピストとして自分が会っていて、この人の落ち込みは、そうそう簡単に改善されるものではないだろうと思い、自分なりにじっと頑張って、変化のない毎回の面接に臨んでいた。けっしていい加減に面接をしていたわけではなかったし、自分なりに精一杯、相手のことを考えて会っていたつもりだった。『また変わりありません』と、そのクライエントがある日の面接で言ったとき、自分が『変わることに関心があるのですね』といった。そうしたら先生に『あなたよく、それで怒られなかったわね』といわれてしまった。自分なりに長いこと頑張って耐えてきたのに、そのひとことで一遍に崩されてしまった気がし

て、何とも気持ちが挫けてしまった」。

🍷　スーパーバイザーがスーパーバイジーの気持ちを挫いてしまうということは、申し訳ないことですが、時として起こるだろうと思います。

　失恋や死別など、元に戻ることができない対象喪失の体験をし、抑うつ状態に陥った人たちが心理面接を求めて相談に訪れます。そのとき自分はセラピストとして、そのクライエントが以前の状態を十分にいとおしみ反芻しながら哀惜の念をいだきつつ、胸のなかに収めてゆくというプロセスを一緒にたどってゆく、ということをしようとするのではないかと思います。けっして明日に向かっての建設的な見通しの話にはなっていかない。どうにもならない嘆きの時間を共有しぬくことによってしか、その人は喪の作業ができないのだろう……と頭ではわかっているつもりでも、もう少し別の方法もあるのではないか、と思う自分もいます。こころはいつも迷っています。

　このクライエントがこのとき使った"変化"という言葉。それはこころが動く、ということのように響きます。こころが躍ったりはずんだり、揺れたりすることがまだないんです、ということをこのクライエントはセラピストに語ったように、私は感じたのだろうと思います。先の学生の「ひとこと」は、私にはクライエントと一緒にその場にいるよりも、少し知的に駒を動かそうとしたように感じられ、そこに反応したのかもしれません。

　このスーパービジョンのそのときに、この学生は私にその場で「そんなことを先生にいわれたら、これまでの自分の頑張りがチャラになった気分。挫けちゃったですよ〜」と正面から抗議し、嘆いてくれました。そういわれてはじめて私は、そのとき自分が、このセラピストとクライエントの間のズレの方にばかり目がむいており、クライエントの方に肩入れが大きくなり、目の前にいるセラピストの気持ちの負担や頑張りの方に、気配りが手薄になっていたことに気づきました。その学生からのメッセージで、「ああそうね、もっともね」と自分の立つ位置を修正し、ちょっとセラピスト寄りになる姿勢をとり戻すことができたように思います。

　セラピストがクライエントに助言する、あるいはスーパーバイザーがスーパーバイジーに助言するというのは、けっして一方向的に正しい何かを与えるということではありません。もしもそうだとしたら、クライエントやスー

パーバイジーはただ何かをアウトプットし、その結果として何かを与えられる、というだけの関係でしょう。

　助言という形で提示されたメッセージをその2人で一緒に眺め、検討する。スーパーバイザーにがっかりさせられたときには、まず、そのことを自分のなかで考える。そして相手に伝えようとし、可能であれば伝えてみる。そして関係のなかで、その問題をスーパーバイザーと一緒に検討してみることです。

　とはいえ、何かいわれたことが違う、傷ついたと感じたスーパーバイジーが、いわゆる先生に苦情を言うということは、容易なことではありません。まずは苦情を言えるだけの関係ができていること、次には勇気もいるでしょう。でも、その前提もなく勇気もでずに、言葉を呑み込んで黙っていたら、それは偽りの関係です。そのような関係のなかで、心理面接の技術が育成されるはずはありません。重要なことは、相手を傷つけないことでもめげさせないことでもなく、そういうことが起こったときに、その関係を修復し、互いの理解を深めあっていくことができるかどうか、ということだと私は考えているのです。そしてまた同時に、学生であれクライエントであれ、どういう立場にいても、相手に苦情を言うということがどれほどに困難なことか、ということは、私自身、骨の髄までわかっている……つもりです。

言い回しの真似をしてみる

?　「ある状況下で、セラピストの気持ちや理解をどのように伝えるとよいかということは、最初のうち、特にわからないことだった。どういう言葉がどのように伝わるか、ということはもちろん特定できることではないけれども、それをケースの具体的な場面でセリフとして、つまりどのような言い回しがあり得るか、ということをスーパービジョンのなかでたくさん学んだように思う。先生は『これをそのまま使ってはいけない。あなたのなかで残ったもの、自分になじんで、自分の言葉で言いかえられそうなものを使いなさい』と言っていた。確かにそうなのだと思いつつ、最初のうちはやっぱり先生の言い方がよさそうなので、記憶しておいて、面接で全部言おうとしたりした。でもそうなると、相手を見るゆとりがなく、言うことに精一杯になってしまう自分がいた。そのことにもだんだん気づいていった。また、同じ言葉を使っても、自分のものになっていないと、結局は借り物。自分の言葉として相手に響き、伝わってはいかないようだ、ということにも気づいていった」。

🍷　セラピストとクライエントの「そのとき、その場」における対話が、同じ状況で再現されるということはありません。どうすれば良かったか、どう言えば良かったかと過去を振り返るのは、その後の２人の対話に役立てるため以外の何ものでもありません。もちろんいくら言葉だけを真似しても、それはあくまでも借り物の洋服にしかすぎません。「自分の言葉で」言えるようになったときはじめて、自分の気持ちをまっすぐ、しっかりしみこませた、重厚なメッセージになるのです。

　しかし外側を真似するということは、まったく意味ないことでもありません。家庭内暴力を振るう子どもや、部屋からぜんぜん出てこない子どもに、どのように言葉をかけたり行動するか、という具体的な対処の仕方を、私はずい分、具体的に母親たちに伝えています。というより面接をしていて、「そう言っているなら、子どもさんは○○っていう気持ちなのではないかしら、だったら△△っていってみたらどうかしら……」とぐちゃぐちゃ言っていたところ、あるとき突如、ある母親が「先生、いまの書いてもいいですか」とメモ帳とペンをとりだして、私のセリフを書きだしたのです。母親が「……あれ、その後、何でしたっけ。もう１回、言ってください……」に、「え？　忘れちゃった」と私。「……だよ、じゃなくて、なのかしら、の方がよいのでは」「……だね、は押しつけがましい」など、添削でもしているような雰囲気でした。私はもちろん、最初は呆然啞然……でも母親は必死です。結局私はひきずられ、「この場合にはこう言って、あの場合にはああ言って」……と母親の語るいくつかの場面場面に一応返す雰囲気や言葉を考えてみて……母親はそれを私の前で一生懸命、くり返し練習し、家に帰って実行してみる、ということをしてみたケースがありました。芝居のせりふの稽古というか、暗記して頭に叩き込む、受験勉強のあの感覚。そして次の面接でも母親はセリフを書きとめて家で実行し……そのくり返しで、次第に子どもとのやりとりが変わっていった……というケースもふえてゆき、「ああ、こういう風にやっていく面接も、あるんだな」と思うようになったことを、この学生の感想から思い出しました。

　そういう事態の母親たちには、凄味があります。決死の覚悟で書き取ってゆき、最初はホントにそのまんま、私の言葉をそのまんまに言っているようです。まさに真似っこが続くのです。しばらくは緊急電話も入ります。でも、

第5章　スーパービジョン

どうしても連絡がとれないときには、自力で対処するしかありません。そういうときこそ、貴重なとき。母親たちは「田中先生だったら、どういうだろう？」とこれまでのことを考えて、次第に母親の「頭の中の田中先生」との間でやりとりをしてゆき、最後には実物の田中先生はいらなくなっていくのです。

　でも、ここで起こったことを考えてみると、けっして私の言ったセリフが、会ったこともないその子どもにぴったりと入ったはずはありません。入るわけがないのです。また言いまわし方を母親たちが学習し、マスターしてゆき親子の関係が変わっていった、ということとも違うように思うのです。子どもの側に立ってみると、私の言葉は「いつもの母親の言葉」とはぜんぜん違う、別の味つけのメッセージ。だからちょっと「あれっ？」とびっくりする。それで一呼吸、間があくのではないでしょうか。一方母親の方でも、その間のおかげで、いつものような緊迫した子どもとのやりとりとは違ってくる。そのために、ちょっと気持ちが落ちつき、ゆとりがうまれる。それはいわば、閉塞した両者の間に、ちょっと隙間をあけ、風をいれた……だから母子は、私のセリフをクッションにして、これまでのやりとりとはちょっと違う関わり方を模索してゆく別のルートを手に入れた。そういうクッションに、真似するという行為がなっていたのではないだろうか、と思うのです。もちろんそのうちに、母子の間で互いに響きあう琴線がみえてきて、借り物ではない、自分自身の生きたやりとりができるように変わっていって私の役割は次第に終わっていくのです。

　さらに言うならば、そこまで具体的につきあわさせられていく過程で、私自身も、その子どもの気持ちと親の気持ちの両方とその間にある溝やズレに、より鋭敏になることができたのだろう、と思います。だからやはり、私がわかっていて導いたのではなく、私自身の言葉や助言の内容も、次第に変わっていくのだろう、と思います。

　さて、セラピストの思考や語りが、うまく相手とかみあわないとき、面接は膠着状態を呈します。大体スーパービジョンを求めてくるのは、そういうときです。何がまずいのか、何が見えていないのか……。そのときにセラピストが面接などで「スーパーバイザーに言われたように、その語りを真似して言ってみる」ということは、先の膠着状態を呈していた母子関係の場合と

同様に、別の響きが伝わって、こんがらがった両者の関係に少し新しい風をいれるのに役立つのかもしれません。また、人の考え方や語り方は、「ああそうか」と思うものなら（つまり親和性があるならば）、最初は異物でも、使っていくうちに次第に自分のものとなじんでゆくのではないかと思います。だからきっと、真似っこしてみるということは、いろんな意味でよいのでしょう。

スーパーバイザーは黒幕か？・頼る悔しさ

❓ 「困ったケースがあると、先生にスーパービジョンを受けにいこう、と考える。確かに助けになる。助かる。あるとき夢をみた。「ある出来事で自分が『やった！』という達成感をもった。でもその背後に何やら黒幕がいるらしい……」というような夢。自分なりにやっている、という気持ちがある一方で、何か縛られているような、先生の手のひらのなかで自分が踊っているような、踊っているだけのような、何ともいえない複雑な気分になった」。

❓ 車の運転免許を取得するためには、まず教習所のなかのコースを走ってから、教官を同伴して車道にでて走ってみる時期があるでしょう。おそらく初心者にとってのスーパーバイザーは、仮免中のドライバーにとっての、教習所の教官と似ているように思います。だから、「いてくれないと"心細い"。でも、いられると実に"うるさい"。できれば一人で勝手に操縦したい。それでも結構うまくやれるかもしれないじゃない」と。スーパービジョンを受けていると、うまくいっても、自分ひとりでできたわけではないし、うまくいかなかった場合には、まるで責められて、非難されたような"気もち"になってしまう（いえ、本当はすでに、自分で自分を十二分に非難している。だから、非難の二重奏になるのが苦しいのではないでしょうか）。助言を得るということは点検され、指導されるような気分であり、一応の指針にはなるけれども、その反面、不自由で、縛られる体験でもあるはずです。

スーパービジョンというものが、心理臨床教育の課程でほとんど自動的に受けられるようになることの弊害は、ここにあるのだろうと思います。心理臨床の現場で自分なりに総力を結集させて面接にとりくんできた人たちは、5〜6年もたってくると、当初の気概や熱い思い、あるいは学んだ知識を片手にそのまま突き進んでゆくことに、疑問を抱くようになってきます。その

ままではどうにもならないことに立ち至る、つまり壁につき当たるといってもよいでしょう（ちなみに、心理臨床家としての壁は、無数にあります。何度も壁や曲がり角につきあたり、それをその時々にのり越えてゆく工夫と努力をしていくことで、自分なりの味わいをもった臨床家に育ってゆく……それはおそらく、一生の間そうなのです）。

「目の前にある壁は険しく高く、とても自分の力だけでは乗り越えられそうもない。何かがたりない。何かが必要。その『どうしても欠けているもの』を得ようという、こころの飢え」がスーパーバイザーを求める基盤。だから、指導を受けるということが多少自分を不自由にさせ、縛りになり、格好悪かったとしても、そのこと自体が一番の障害にはならないのです。それを凌駕するもっと大きな「自分のなかの決定的な必然性」が自分のなかにあるのです。だから本当はこの時点でスーパービジョンが導入されるのが望ましいのだろう、と私は考えています。

初心者が最初からガイドされるスーパービジョンには、このような内的必然性がありません。それは「転ばぬ先の杖」であり、守りや安全というような、スーパービジョンのプラスの側面はあるとしても全然意味が違うもの。スーパービジョンを受けるということはそれ自体、助かることでもあるけれど、頼れる救いはあるけれども、頼る情けなさもまたあるはずです。それは誰にでもおこる気持ちです。だからスーパービジョンを受ける時期がいつになるとしても、スーパーバイザーもスーパーバイジーも共に、スーパービジョンのプラスの側面とマイナスの側面を、きちんと理解し自覚して、指導し指導される、ということがよいのではないかと考えます。スーパーバイザーは自分で求め探し、出会うのが一番よく、外側から自動的にあてがわれたとき、それを得られる「幸せ」が減り、「不満」が増えるように思います。

こう考えていくと、スーパーバイザーとスーパーバイジーの関係は、セラピストとクライエントとの関係に似ていることに気づきます。相談にくるクライエントのこころのなかもまた、複雑なもの。頼りたいけれども頼りたくない。頼れる人がいるということは嬉しいこと、素敵なこと、ありがたいことには違いない。でも、頼らざるをえない自分はちょっぴり哀しいし悔しい、情けない。感謝もするけれども恨みも感じる。セラピストの年齢は自分と同じか年下の場合には一層、そういう気持ちは強くなるでしょう。相手（セラ

ピスト)がきちんと仕事について社会的な場で活動しているということは、クライエントにとってやっぱり悲しいものでしょう。そういう思いは、おかしなことではなく、ごく自然な気持ちなのだと思います。

残っていく"体感"

❓「スーパービジョンを受けていて何がよかったのか、を考えていったとき、確かに具体的なことを教わっているのだけれども、している体験としては技法的なことを学んでいるという感じではなかった。柔道や剣道のメタファーでいうなら、こういう風に受けたとか、こういう風にかわしたというような型を目の当たりにみせてもらったことで稽古しているような感じがする。関係のなかで変えられるのだということ、一緒に歩いてもらえているんだというような感じを体験したということがおおきかったように思う」。

♟ この感想を聞いて私は、スーパービジョンも面接の陪席をしているときの感じと似ているのかもしれない、と思いました。私自身、他の先生の陪席というか、診療に立ち会ったことはほんの数回しかありません。しかし、そのときその先生の、間のとり方やクライエントへの接し方、受け方や返し方という"呼吸のようなもの""雰囲気"が自分のなかに残ったような気がします。

スーパービジョンというのは、誰かに何かを助言してもらうことによって、自分のやっているセラピーのこれからに示唆を得るもの、と捉えられがち。でもそれは本当は、自分で自分のケースをふり返る機会です。ふだん以上にもっと深め、じっくりと考えるように強引に時間をあけ、スーパーバイザーと一緒にふり返る。スーパーバイザーに語りながら同時に、自分自身でも反芻しながら流れを追ってゆく。そうすることで、おのずから気づいてゆく。それはスーパーバイザーがいなくてもよい、ということとは全然違うのでしょう。そこに誰かがいてくれることで、促進され、とどいてゆく"気づき"なのです。おそらくそしてよいスーパービジョン関係というのは、外から何かを教えるというものではなく、そのセラピスト自身がまだ気づいていない、あるいは半分しか意識化できていない"何か"をより浮き上がらせることができるような関係なのかもしれません。

第5章　スーパービジョン

"一緒にわかっていく瞬間" という体験

❓　「『このクライエントはどんな人なのか』ということを、こういう人なのか、ああいう人なのか……とスーパーバイザーと一緒にあれこれ考えていって、おそらく2人が同時に『腑に落ちた』瞬間があった。そのとき『自分ひとりじゃないんだ、2人でいるんだ』ということを体験した。この感覚は本で学んだだけではつかめなかった」。

🍷　スーパーバイザーは多くの場合、スーパーバイジーよりも臨床経験を多く積んでいます。ですからセラピーのメカニズムや対応の仕方について、スーパーバイジーよりも「知っている」ことは多く、だからその知恵は役だつでしょう。でも今、目の前にいるスーパーバイジーが担当しているクライエントについては、そのセラピストよりも知っているわけではありません。スーパービジョンの過程は、そのセラピストの語りを自分の経験に照らしながら「知ろうとしている」ということ。一方的に教えられるという体験は、あまり気もちのよいものではありません。「2人で探究し、模索し、腑におちる」からこそ、考えてみようとした気持ちが報いられるのではないでしょうか。

　スーパービジョンは、そのときのスーパーバイジーの受け皿によって、その内容は変わります。スナックを食べる腹具合ならスナックを、ビーフステーキを食べる頃合いならば、ステーキ的なメッセージを。それはスーパーバイザーが理解した力動を、そのまま伝えるとよいのか、もうすこし別のコメントがよいのかというような、求められているものによって対応は微妙に違ってくるということです。

6　頭とこころは半分自由に

"一字一句聞く" 危険

❓　「カウンセリングは『人の話をきちんと聞くこと』と本にある。だから"一字一句"聞かなければと思って面接に臨んでいた。でもそうすると、『あれとこれとは重なっている』とか『このことはあのことを言っているんだ』というように、自由にイメージをふくらませながら話しを聞くことが全然できない。カンファレンスではレポーターの言葉から、勝手に連想をふくらませて聞けているのに、一字一句聞いていると、それがかえってまったくできない。それだ

けに囚われてしまう、ということに気がついた」。

🍷 「話しを聞く」ということを妙に意識しはじめると、普段よりもずっと下手な聞き方になるのでは、とこの学生の言葉から思います。

はたして一字一句をしっかりと聞くと、どうなるのでしょう。「ネコが死んだのが悲しい」なら「ネコの死」を悲しんでいる、「さっきの看護婦さんの態度に腹がたった」なら看護婦さんの態度に腹がたつ、というように、ただ文字通りそのまんま、型どおりに受けとめる、それが一字一句の中身です。

でも"語り"はもっと豊かなもの。音楽にたとえるならば、言葉は和音。語りは複数の旋律の総和であり、その流れ。音楽を聞いたり練習するときには、私たちは基本的には主旋律（と自分が思っているもの）を追いながら、その曲を楽しみます。練習をしたり聞いたりしていく過程で、どこかに不協和を感じたり、変だと思ったり、旋律を見失ったと感じたら、その時々に自分自身の楽譜の読み方や音譜の追い方を調べたり、自分の追っていた旋律以外の、副旋律や隠された旋律があるのではというようなことを探りながら、それを含めて味わっていくのではないでしょうか。

言葉と態度が一致していれば、不協和音は生じにくい。例えば「ありがたいと思っている」と言ったとき、もしも暗い表情で語ったら、苦しそうにいったなら、あるいは吐き捨てるように喋ったら、何かがあると思う……というようなとき、私たちは不協和を感じます。そのとき、全体の把握の仕方が変わるでしょう。

"隠された旋律"の感知については、次のような例が考えられます。クライエントが面接で、「自分が話そうとしていると、母が勝手に話を進めてしまう」という内容を語ったとき、それは実際に母親に対する非難を語ったのかもしれません。が同時に、間接的な表現で、セラピストが勝手に話を進めてしまう、ということを暗々裏に伝え、改善して欲しいと思っている語りなのかもしれません。でもこの両者の聞き方は、私たちは日常、普段からしている聞き方であり、別に心理臨床家特有の聞き方ではありません。

セラピーが進んできて、過去や現在の多層な関係を内包した対話がセラピストとの間に奏でられるようになると、誰に向けられた、どのようなメッセージであるのかが、わかりにくくなります。その多層性・多次元性をおびた

メッセージを力動的に把握し、理解していこうということが、おそらく、心理臨床における"聞き方"の大きな課題でしょう。

　しかしそう考えていくと、私たちは力動的な把握の仕方以前の、このごく普通の、あたり前の聞き方も、下手になっているのではないか、という気もしてきます。自分の頭で考えるためというよりもむしろ、主に入学試験や定期試験のために情報を収集し、記憶する、というスキルばかりが過剰に発達していった結果、ふくみをもたせた聞き方に鈍感になっているのかもしれません。だから「しっかりと聞くように」「情報をしっかりと収集しなさい」などといわれると、その言葉の字面ばかりを正確に追おうと躍起になり、一層自由に想像したり連想をふくらませることができにくくなっているようにも思います。

「……と考えてみる」自由さを

　❓「あるカンファレンスのとき。1枚の箱庭のなかに大きな山が2つ、こんもりとあった。フロアーから「乳房のようだ」との感想。それに対してその担当のセラピストが、『これはそうではない』ときっぱり否定。そのとき先生が『その、乳房のように"も"みえるって考えることがセラピーでは必要なの。きめつけない。○○かもしれない……△△かも……とふくらませて捉えてみるといいの』といっていたのが印象に残っている」。

❗　セラピーのプロセスを自分なりに追っていくと、そのセラピストにとっての流れというものが見えてきます。そこには、当事者ならではの思い入れもあるでしょうし、当事者だからこそ、みえてくるものもあるでしょう。

　一方、面接担当者以外の者は、自分なりの、その話を聞いたり箱庭や絵をみたときに感じた触感のようなもので、理解をしようとしてゆきます。そのケースの担当者自身でない、ということは、そのケースの見方について、「当事者ではないわからなさ」「とんちんかんさ」がある一方、だからこそ「ある制約から自由である」といえるのです。自由なこころでみえてくるものをもとりいれ、理解を深めようというのが、第三者の意見を聞くということです。

　いろいろな考えを取捨選択していくのはそのセラピスト自身ですが、あまり見方をきめつけてしまわない方が、よいのだろうと思います。さまざまな

可能性を模索するには、「……として考えてみる」センスが役立ちます。

たどたどしく言うこと

❓ 「『これは意を決して、今度の面接でクライエントに言わなければいけない』と思ったことがあって、スーパービジョンで先生が言ったこと（こんな風に言うといい、というセリフ）を紙に書いて何度も練習しておいて、面接の場に臨んだ。でもいざ『そのとき』になると雰囲気からして違うので、暗記していた文章がふっとんでしまい、しどろもどろにたどたどしく自分の言葉で伝えたら、うまくいったということがあった。それまでセラピストはクライエントに対して、"きちんとしていなければいけない"と思い込んでいたけれども、なめらかにしゃべらなくても伝わるものは伝わるんだ、と思った」。

🍷 もちろん、背伸びが悪いわけではありません。でも同じように、未熟であるということは、けっして悪いことではありません。シンマイさんはどう頑張って格好をつけてみても、白衣を着ても、シンマイさんでしかあり得ません。背伸びをしてもバレバレです。ごまかせるものではありませんし、ごまかす必要もないのです。シンマイだからといって、かならずしも担当替えを申し出られるわけではありません。もちろんクライエントにしてみれば、経験はないよりあるに越したことはないでしょう。でもそれだけが決定打ではないのです。

しどろもどろになる場合、内容が未熟でわかりにくくても、その語っている人の真剣さ、誠実さも同時に相手にまっすぐに伝わります。だから小器用に作られた、格好のまとまった言葉よりも、かえって重みがますのです。あまりにおどおど、びくびくするのは、それはそれで困ったものですが、それと必死に伝えようとしてたどたどしくなるのは別でしょう。経験もないのに知ったふり、体験がないのに断定的にものを言うセラピストの方が、クライエントは困るでしょう。

思ったことを、なるべくそのまま言う

❓ 「面接のなかで具体的にどのようなことを言ったらよいのか、ということは本を読んでもなかなか見えてこないことだった。先生は『自分がそのとき思ったことを、できるだけそのまま、言葉にしてみる』と言っていた。自分の考えの道筋なんか、『言ってはいけないのではないか』と思いがちな自分にとっ

ては、それは新鮮に聞こえた。思ったことを伝えることでより多くのことが共有され、共同作業がより可能になる、ということにも気づかされた」。

「面接やプレイセラピーのなかで自分のなかに素朴にわき起こってきた自然な感情を、うんうんうなりながらスーパービジョンで言葉化したところ、先生は『そのまんまを言えばいいのよ』と言っていた。そのとき自分が相手に対して無防備にさらけだされてしまうような気持ちと、自分がもっと自由に動けるような、そんな気持ちを同時に抱いた」。

♣　こんな話を聞いたことがあります。「あるとき、クライエントの話を聞いていて、その体験にあまりにも大きなショックを受けてしまい、何も言えなくなってしまい、そのまま終わってしまった面接があった。とてもすまない気がして、あのときどう言えばよかったのか……そのことが今もなお、自分の胸に重くひっかかっていて」というセラピストのエピソード。

セラピーのなかで、ある程度の関係が育まれてくると、通常はセラピストが感じた心理的な響きは、語らずともその聞き方の雰囲気のなかにとけこみ、相手に的確に伝わってゆきます。言葉だけが仲介役ではありません。初心者はただやみくもに、言葉にしなければ伝わらない、と思いがちですが、人と人との関係は、それほど無粋なものではありません。

私たちは普段、自分が何かを語ったときの相手の気持ちを、どれだけ"ことさらに"言葉で確認しあっているでしょうか。あるいは今、自分がどのような気持ちになったかということを、どれだけ言葉にしているでしょうか。もちろん、言わなさすぎるのもつれないもの。でも気持ちのすべてを言葉にすると、かえってコミュニケーションはぎこちなく、不自然なことになるでしょう。また、胸がつまるという言い方にあるように、胸にドンと大きなものを受けた場合には、かえって言葉にはなりません。だから、ただ言葉化することにばかり注意をむかせるのはこの、当然伝わるであろう気持ちを無視した、偏った見方です。

とはいえ、どのように相手に響いたのか、言葉で言ってもらえると、「やっぱりそう受けとってくれたのだ」と相手の気持ちの確認ができます。その裏付けとして、言葉化は意味をもつのです。

しかし、とはいえ、セラピストが自分の気持ちを相手に返したいと思ったときには、何とか言葉で返すといいのです。さて、さきほどの例の場合、

「あなたのお話をうかがっていて、あまりにも大きな波が私のこころのなかにわきおこってきました。そのことを何とか言葉にだしたいのだけれども、言葉にならないの。でも、その言葉にならないという気持ちだけはせめて伝えたいの」と言ってみる。この、「言葉にならない、ということを言葉にする」という語りは、私が自分のスーパーバイザーである神田橋先生からいただいた、大きなメッセージです。軽く使いすぎるのは慎みたいものですが、そこから手応えのある対話がうまれるという体験を私はしばしばもっています。

文　献

　　馬場禮子　1997　スーパービジョンをめぐる課題（第9章）　心理療法と心理検査　日本評論社
　　東山紘久　1992　心理療法におけるスーパービジョン　氏原寛他（編）　心理臨床大事典　培風館
　　神田橋條治　1992　治療のこころ　巻2　精神療法の世界　花クリニック神田橋研究会
　　カスロー，F. W.（岡堂哲雄・平木典子訳編）　1900　心理臨床スーパービジョン　誠信書房
　　前田重治　1987　心理臨床家にとってのスーパービジョン——私のスーパービジョン　心理臨床学研究，4(2), 86-89.
　　光元和憲　1997　内省心理臨床入門　山王出版
　　鑪幹八郎・滝口俊子　2001　スーパービジョンを考える　誠信書房
　　氏原寛（編著）　1997　ロールプレイとスーパービジョン　ミネルヴァ書房

第6章 私の考える心理臨床

"関係性の障害とその修復"——心理臨床家としての現在の自分の姿勢をひとことで伝えようとするならば、この言葉が一番ぴったりくるでしょう。それは私自身の心理臨床家としての歩みそのものから出てきています。そこで、今いる自分の位置を明らかにするために、まずは自分の歩みをふりかえってみたいと思います。

私は大学で、フロイトとユングに関心をもつひとりの心理臨床家と出会い、そこから自分の学びをスタートさせました。ユング的な人間観や世界観には、素直にひかれるものがあり、しっくりきました。セラピーの力動的な理解のためには、精神分析的な考えが役立ち、ずいぶん助けになりました。結局のところ私は、どちらかの流派に属して、徹底的にその窓から見えるものを摑んでいくというアプローチをとるということではなく、もちろん自分のなかでその2つの理論を統合しているわけでもなく、かといって、小器用に使いわけているという自覚もありません。心理面接に立ち会うときには、あくまでもセラピストである"自分のこころ"が中心です。"自分が感じる"ということが先にきます。その、中心にくるはずの"自分"を育て、鍛え、磨くために、勉強したそれらの考えが役立っていると思っています。

1　"関係性"への注目

大学院を修了して以降ずっと、私は個人開業のクリニックの神経科に専任の心理臨床家として勤務し、大勢のクライエントに出会ってきました。そこで通常の心理面接やプレイセラピーのほかに、障害をもつ子ども（主にダウン症候群—以下ダウン症と略）とその親への臨床的発達援助という仕事も与えられました。一心理臨床家として、どのように"発達援助"に携わってゆくかというこのとりくみは、以降の自分自身の心理臨床の内容とその方向性

に、大きな影響をおよぼすことになりました（田中、1993）。

　ダウン症とは、主として21番目の染色体が通常の状態とは異なる、先天性の染色体の病気です。この病気がもととなって、発達全般に遅れが生じます。ダウン症それ自体を治すことはできません。発達援助の目的は、この病気によって生じる発達の遅れをできるかぎりくいとめ、その子どもが本来もっている発達の芽をひきだしていこうとすることです。

　ダウン症の子どもの誕生は、多くの場合、親にとっては予期も予測もしない出来事です。ほとんどの場合、出生直後に診断が確定するために、育児の出発点で親、特に母親は幾重もの困難さに直面します。障害を告知されても通常は、ダウン症という、その症候群に関する正確な知識や理解はありません。耳にはいってくる情報も、その子の将来に豊かな希望をもてるような内容のものとは違います。

　だから困惑を先頭に、「なぜうちに？」という疑問、「これからどうなっていくのだろう？」という不安や方向喪失感、悲しみや怒り、絶望感、怖れや焦りの感情が順不同に起こります。同時に、「ダウン症（障害児）なんて嫌、そんなのいらない」あるいは「死んでくれたら」という子どもの存在を否定する気持ちと、それとは反対の「病気だったらなおのこと、何とかしなくちゃ」という保護の気持ちの間で揺れ動きます。子どもに対する拒否的な気持ちは自分自身でももて余すうえに、他者からも「親なのだから」と責められます。このような心理的葛藤の中で、追いつめられていく母親は多いのです。

　いくらダウン症が染色体の病気であるといわれても、「ではなぜ、うちの"この子"がそうなったのか」という、個別の理由はわかりません。親にとっては、そういう意味ではやはり原因不明の病気です。そこで親たちは、何が悪かったのかという追及をはじめます。その、わかり得ない原因を求め、たぐっていくなかで、「自分が悪いことをしたから、バチがあたったのだ」という理由づけさえ起こります。原因がわかると、そこから自分のこころを立ち上げてゆくことができるように思えるから、運命としてうけとめようとするのです。

　初期の頃の母親の心的混乱を分析すると、上記のようにあらわせるのでは、と私は理解しています。ただ、その内実をもっとひとことでいうならば、"漠然とした不安"という言葉でくくれるように思います。「ダウン症なんか

嫌」という感情は、単純にその言葉どおりの意味ではなく、自分が「ダウン症というものがわからないこと、それが何なのか、どう育つのか、どうなってゆくのか」という、その全貌がみえないこと、わからないこと、そのことに根をはる怖れをあらわしているのだろうと思うのです。それは、これまで自分が生きてきた世界とは異なる未知なる世界に、自分の意志とは関係なく、子どもによって、子どもと共にはじめて足を踏みいれる瞬間の、親ならではの惑いのこころ。

　また、ダウン症の子どもを授かったということは、母親が妊娠期間中にこころのなかに描いていたであろう健康な子どもを失うという、一種の対象喪失の体験にもなるのでしょう。そこで現実の子どもを受けとめると同時に、喪失した子どもを胸のなかにおさめてゆくという、グリーフ・ワーク（哀しみの作業）も必要です。"わからないことからくる不安と怖れ"でこころがあふれている母親に、このようなグリーフ・ワークと、現実的な子どもに対する積極的な医療的・療育的なケアが待ったをかけずにせまってきます。だから一層、母親は情緒的に混乱し、子どもに全面的な関心を向けることができにくい。そのために、母親が本来もっている情緒的な応答性や情動調律が機能しにくくなっているのが出産直後の状態といえるのではないか、と私は考えます。

　一方ダウン症の赤ちゃんは、健常な赤ちゃんと比べると、全身の筋緊張が弱いという特徴をもってうまれます。そのために多くのダウン症の赤ちゃんは、特に最初のうちはほとんど動かず、寝てばかり。じーっと見つめたりキョトキョトしたり、手足をバタバタさせたり泣いたり……と、母親の関心を自分に向けさせるパワーが乏しいのです。また赤ちゃんは通常、生後間もなく活発に微笑反応を示し、それが母親にわが子をいとおしく可愛いと感じる気持ちを起こさせる原動力になるのに対して、ダウン症の赤ちゃんは微笑反応それ自体も遅れます。母親の気持ちをひき寄せ、母親からの働きかけをひきださせる力と、子どもから母親に積極的に働きかけていく力の双方が微弱なために、関係に対して"ひたすら待っている"という受け身的な状態にあるといえるのです。

　このように、ダウン症の母子関係には、母子双方に相互作用の活性化を阻む要因があるのです。この阻害要因は、そのままでは、互いにマイナスに作

用しあい、母子の間に関係性の障害をひきおこしかねません。それをどのようにくいとめ、よりよい関係性の育ちへと誘っていくか……"関係性"への注目です。そして関係そのものを扱い、関係を調整し、関係を紡いでゆく、さらには関係をつむぎ直してゆく（関係性の修復）ということが、自分の心理臨床的援助の中心になっていったのです。

また私はこのとき、いわゆる"治す"あるいは"治る"ということを目ざすことのできない問題、それとは方向の違う心理臨床的援助というものの扉の前に立ち、そのことをも考えるようになっていったのだと思います。

2 "発達援助"という名の心理臨床

ダウン症の発達援助は、具体的には、母子の間の相互作用を活性化させ、母子の間の関係性の質を高めることによって、本来もっている一次的な発達障害、および二次的に生じる発達障害をできるだけ抑えると共に、予測される関係性の障害を最小限にくいとめようとする予防的な関わりです。ではここで、そのダウン症の母子援助の、初期の頃のひとコマを、ここに描きだしてみましょう。

面接は母子の同席治療のスタイルです。セラピストである私は母親の話を聞きながら、その合間に子どもにも視線を向け、"3人が一緒"の雰囲気をつくります（子どもに発達検査をしているときは、母親の方にも視線をむけて、という具合になります）。母親との話の合間にもしも子どもが顔を歪めたり、ちょっとでも足手を動かすといった仕種をしたら、その瞬間を逃さずに「そうそう、○○ちゃんのこと、お話しているのよ」などと子どもに言葉を返してゆきます。子どもはそれを受けて、ふたたび何がしかの仕種をしてきます。いえ実際には、ただ偶然にピクっと動いただけ、あるいは反射行動である場合もあるのでしょう。が、そこに"何らかの働きかけのサイン"としての意味を、なかば強引にもたせようとしているといってもよいでしょう。

何も反応しない、何もできないと思っていたわが子が、微弱ではあっても懸命にサインを出している「かもしれない」というメッセージは、母親のこころに一筋の希望の光を投げかけます。もちろん、最初のうちは疑心暗鬼。本当にそうなのかどうかはわかりません。またもし、違ったとしたら、その

ときに失望するのが怖いから、できるだけ揺れないようにこころをひきしめる。でも毎回、自分の目の前で頻繁にくり返されるセラピストと子どもとの関わりに、知らず知らずのうちに母親はひきこまれ、次第に気持ちが動いていく。

あのひきつったような口の歪みは、もしかして微笑では？　あわなかった視線が何となくあうような？　ぼーっとしているように見えても、もしかして私に来て欲しいと思っているのではないかしら……授乳やオシメ替えの折々に、そういう目線で関わると、何となくそんなようにも思えてくる。母親のこころのなかに診断告知以降、凍結されていた子どもに対する情緒的な応答性は、「子どもが自分に働きかけている」と思うことによって蘇えり、母性的な感情を回復させてゆくための、軸の転換点となるのです。

このような母親の変化は、言うまでもなく子どもの発達を促すための、原動力となります。母親からの積極的な働きかけが起こると、それが子どもを刺激して反応をひきだし、子どもの精神発達が促進されます。それを受けて母親がまた変わる、というような円環的・循環的な母子の間の相互作用が、次第に活性化します。この情緒的な交流はただ単に、子どもの発達を促進させるだけでなく、母親の傷ついたこころを癒し、母子の結びつきを深め、安定した愛着を育ててゆく、という関係性の芽を育てていくことにもなるのです。

さて、ここまで私は、母親に子どもの反応性に気づかせることによって、母子の間の相互作用を活性化させる方法を述べています。しかしこの初期の段階の対応には、正反対のやり方をとることの方が有用、かつ必要な場合もあるのです。母親の気持ちを子どもの方に向けさせるのではなく、気持ちのうえで（時には物理的にも）両者をわける、というやり方です。その場合には、子どもへの発達援助的働きかけはあえてせず、一時的に放棄する、より正確に言うならば保留するのです。

この方法が選択されるのは、母親の心理的混乱が激しく、「子どもなんかいらない」という否定的な語りだけが積極的に表現されるときです。この場合にはその母親の子どもへの拒否的な感情を否定せず、「それもまた、自然な反応である」と捉え、その語りを聞いてゆくということだけを徹底的に行います。これは一見、相互作用の活性化と逆のことのようにみえますが、実

はそうではありません。母親たちはそうしてゆくなかで、こころの奥底では「どうしていったらよいか」という、自分なりの明日への希望を探しているのです。それは言い換えれば、母親自身がつくりあげる、自分の母性的感情の回復のための軸の転換点への模索です。だからその希望は、たとえどのようなものであっても、よいのです。それをセラピストが共有し、明日へとつなげる。この危機的に緊張した時期は、そう長くは続きません。私たち援助専門家は、ともすると子どもとの関係を活性化させることを急ぎますが、それが母親の精神的回復をかえって遅らせ、母性的機能の回復を妨げる場合がある、ということも知っておく必要があります。

いずれにせよ、このように子どもの発達の可能性が開花してくると、母親のこころのなかには、「もしかしたら健康な子と同じように発達するかもしれない」という期待がわいてきます。子どもの知的な発達に対する希望が見えてくるのです。私はその気持ちを、「子どもの発達の可能性をできる限りひきだしましょう」と言い換えて共有しています。もちろん、「自分だって、いろんなことがやりたいんだし、できるんだ」と意欲をだし、より一層発達してゆくことへの挑戦は、子ども自身にも起こります。

私はどのような障害であれ、その子どもにまず、健常な子どもと同じように育って欲しいと望むことなしに、親が最初から障害をまるごと受容することはできないのではないか、と考えています。前に進むためには、私たちには"希望という名"の支えが必要です。このことは、子ども自身も同様で、自分を"その気にさせる"何かが必要。どのようなものであれ、"ある種の希望"を意図的につくりだすのは、そのためです。

しかし、やがてその錯覚は崩壊します。多くの場合、歩行開始と表出言語の発達が健常な子どもよりも遅れることを契機として、いくら頑張っても健常な子どもと同じになるのではないらしい、という現実に母子はあらためて直面します。生後約１年目をすぎた頃から徐々におこってくる、脱錯覚の体験です。「ああ、やっぱり違うんだ、"遅れ"はするんだ」と、あらためて思うのがこの時期です。ダウン症の子どもたちは、健常な子どもに比べて、発達の順序性は同じだけれども、そのスピードがゆっくりです。だからもちろん、歩けるし、コミュニケーションもできるようになります。でも発達援助を受けることで加速されたと考えられる、最初の頃の発達のテンポは、どこ

かで壁にぶつかります。その壁が多くの場合、歩行開始の遅れであったり、喋り言葉の遅れであったりするのです。

　このおそらくは、必ず訪れるであろう心理的衝撃に耐えるために、私は錯覚の時期を最大限に活用します。つまり、来談のたびに、ゆっくりながらも確実に成長している子どもの様子をきめ細やかに母親に解説しながら、母親がその子どもをしっかりと見る目を養ってゆくのです。そして知的な発達を育てながらも、同時に、理解力の障害は比較的軽いこと、豊かな感受性ややさしいこころをもっていること、傷つきやすいが故に劣等感を抱きやすく、失敗を回避する行動をとりやすいこと、等々のことを具体的に伝えてゆきながら「ダウン症の○○ちゃん」ではない「その子自身（○○ちゃん）」のもち味を知ることに、全力投球するのです。いえ実は、セラピストである私自身、毎回の発達相談の折々に、子どもの様子を観察したり、母親からの日常の話を参考にしながら、「その子そのものを知ろう」としてゆきます。だからセラピストが最初から"その子のこと"をわかっていて指導するのではありません。もちろん、セラピストにダウン症に関する専門的な知識があるのは大前提ですが、セラピスト・母親・子どもみんなで"一緒にわかって"いこうという、そういう時空間を保障するのが発達援助の場であるともいえるでしょう。くり返しになりますが、ひとことで「ダウン症は」といっても様々で、「日本人は」というのと同じです。あるカテゴリーに分類されても、その個々人はひとりひとり、みんな違う。「自分の子だからわかっている」というのも、勘違い。

　発達援助の目的は、ただ単に、知能をひきあげようとすることではありません。もっと生きることの根本に関すること。その子のもち味を知り、その子の好きなこと・楽しいこと・得意なことをより育て、その子自身が少しでも納得し、それなりに"よし"と思える人生を、歩んでゆくための土台をつくる。それが早期からの発達援助の目的です。その子どもの将来を探ってゆくためにも、まずはその子自身を「一緒に知ってゆく（わかってゆく）」ということです。そのためにあえて錯覚ともいえる時期をつくりだし、そこで得られた時間をつかうのです。このようにしてゆくと、母親たちはその間に、思い込んでいた「ダウン症だから」と一色に塗られたわが子のイメージを、実際に、徐々に変容させてゆくようになってゆきます。

発達の基準を健常な子どもに求めないということはむずかしいことですが、以上の体験をへてゆくと、母親は障害をもつわが子を健常な子どもと比べ、近づけていこうとするよりもむしろ、その子どもなりの発達をうけとめ、喜ぶことができるようになってゆきます。学齢期に達する頃には、「確かに他の子とは違うけれども、それはそれ。比べられない別のこと」と母親は、健常な子どもと比較することのできない、意味ある存在として子どもを受けとめるように、自分のこれまでもっていた価値観を転換させてゆきます。

そして喪失体験から出発し、運命として受けとめて、情緒的な応答性を凍結させることで子育てに携わりはじめた母親たちは、これまでの自分の体験をかけがえのないものとして実感し、子どもによって自分が成長させてもらえたと考えるまでに、内的な変容をとげてゆくのです。これはもう、単なるグリーフ・ワークを越えた、人としての心理的な成長です。またこの過程は、ダウン症の子どもが自分自身を受けいれてゆく過程でもあるのです。何かを達成できないとき、自分に対して失望が起こります。しかしそれでつぶれてしまうのではなく、自分のなかの可能性を模索する。それは自尊感情をもって自分らしく、自分なりに生きる道を探すこと。

もちろん、学齢期以降も錯覚と脱錯覚の体験は、母子ともにくり返し起こります。親が子どもの障害を受容するプロセスも、子どもが自分の障害を受容するプロセスも、ある時期で達成されるというものではありません。大なり小なり一生続いてゆくのであり、そのもっとも激しい時期が出生後の数年間ということなのです。そして、セラピストと共に乳児期から学齢期まで、そのプロセスを体験した母子は、そこで得たコツをいかして、以降は自分たちで生き抜いてくことが可能になっていくように思います。これが私の考える心理臨床的な発達援助の素描です。

3　乳幼児心理臨床のまなざし

子育てとは相互的・互恵的な関係性の過程です。親は子どもを育てるけれども、同時に親自身も子どもによって育てられます。先の心理臨床的な発達援助で目ざしていることを、親の側から言うならば、親が子どもをしっかりと見る目を養うことであり、子どもの側に立つならば、子ども自身も自分を

知り、自分のもち味との折りあいをつけることができるようになってゆく、ということでしょう。親自身の育ち方や育てられ方の影響や時代や社会の状況も加わって、このごくあたり前のように見えることが実はきわめてむずかしい。だからセラピストの役割は、関係性の育ちのために親と子双方をしっかりとむきあわせること。それが最早期からの関係性の育ちへの、直接的な援助です。

しかしこのことは、単に障害をもつ子とその親への発達援助に限りません。健常な子どもの親子の関係でも同様です。虐待を受ける子と、虐待してしまう親、登校しぶりをしながら「何かが違う」と訴える子どもと、その姿に困惑する親、非行に走りながら自分がどこにむかっているのかわからないでいる子どもと、無関心という関心をもつ親……。あるいは家庭内暴力を振るい、「親の育て方のせいで、自分はこんなになったのだ。謝れ、償え。オレの人生を返せ」と訴える子どもを前に、振り回されて疲弊しきった親。よかれと思ってしてきたことが、その子にとってそうではなかったと言われても……。最初から「どうでもよかった」わけではないのだけれども、加齢にしたがい、どんどんこころが離れ、相手が見えなくなってゆく……。

子どもとの関係のこじれがまだ小さかったり、親と子の双方が互いにまだ模索の最中にある場合には、関係性の修復をめざした心理臨床的援助が可能です。子どもへのプレイセラピーや心理面接、同席治療や親に対する並行面接などによって過去をふり返ると共に、あらためて「いま、ここで」の関係性に注目し、たどり直してゆくのです。親とすでに死別していたり、親の変容可能性が望めない場合には、子どもは自分自身のこころの中で、親との関係性のつむぎ直しをしてゆかなければなりません。その場合には、内的な関係性の修復への治療的援助というセラピーになるのです。

親と子の関係の育ちを考えたとき、養育を受けるという意味で、子どもの方が受け身的な立場にいるのは確かなこと。だから親の方が子どもより責任は大きく重いといえます。もちろんここで親を責めるのは簡単です。でもいくら「あなたのやり方が悪かった」「あなたがこうだから、子どもがこうなった」という因果の鎖で考えても、何も問題は改善せず解決してはゆきません。

子どもは子どもなりに、生まれながらのもち味をもっています。その一方

で、親にも親の業や背負ってきた歴史があるわけで、育った時代も社会の状況も違います。そこでお互いのもち味がうまくかみあうとよいのですが、マイナスに作用しあうと事態は深刻。2人だけではにっちもさっちもゆきません。親自身も自分なりに精一杯、与えられた人生を生きてきたはず。とはいえ、親自身が未解決にしたままで残しておいた問題を、子どもがひきうけさせられて症状なり問題行動が起こっていることもあるのです。「親のせいだ」という訴えは、ただ「育て方が間違っていた」ということではなく、親に「自覚して。自分の問題としてあらためてひきうけて、一緒に考えて」と願うメッセージであることも多いのです。

いろいろなものを背負った個々の親と子が、どうお互いに関わってゆくか……私のいう、関係性の調整とは、ただ表面的な関係をあつかっていこうとすることではありません。人と人との触れ合いの原点、その原点のところを今一度、親と子双方でみつめなおし、ズレて、こじれ、もつれたものの、そのくい違ったところを修復し、関係をつくり直してゆく、紡ぎなおしてゆく、ということへの積極的な心理援助。そのために、セラピストは先の発達援助と同じように、自分の視点を子どもの側におくものでも、親の側におくものでもなく、両者のまん中に立つのです。

子どもは親を選べません。同様に、親も子どもを選べません。人生には何とかなる部分もあれば、どうにもならない部分もあって、変えられることよりも、変えられないことの方が圧倒的に多いのです。とはいえ、子どもの訴えによって自分と子ども自身とをふり返り、みつめてゆくことで、親自身も変わってゆくということもまたあるのです。ですから私の関わりは親を変えようとか、子どもを変えよう、ということではありません。親を通して、子どもを通して互いの理解を深め、亀裂を修正し修復してゆこうとする……その結果として、何かが少しだけ変わってくる。

心理療法の世界のなかに悪者はいません。見えない第三のもの、すなわち親と子の関係を扱っていこうとしています。それが家族の再生であり、新たな緊密な関係をもつ家族になっていくプロセスである、といえるでしょう。「こんな家に生まれたくはなかった。親はあんなこと、絶対に自分にすべきじゃなかった。間違っていたよね……それを許すことはできないし、なかったことにもできないよ……でも、そう言っていても何も変わってはいかない。

だけど……」と関係を正確に捉えなおし、「必要なメッセージは言葉にだして、謝ってもらえるものは謝ってもらい、謝ってもらえない場合はまた考えて……」、自分で自分の生をひきうけてゆく。それは言ってみれば自分自身の生への納得、そして親との心理的な和解ということではないか、と私は考えているのです。しかしこの場合の和解とは、実際に家族の間で共有される和解もあれば、それは叶わずに、自分のこころのなかでの内的和解という形をとる場合もあるのです。この後者のプロセスへの治療的援助は相当に困難であり、私自身決してうまくやれているわけではなく、現在進行形で模索中です。

さて、このような私の関係性への着目は、乳幼児精神医学という名で発展してきた世界的な動きとも深い関わりをもっています（Sameroff & Emde, 1989）。それは乳幼児期に発達するのは、赤ちゃん個人のみならず、赤ちゃんと養育者との関係であるという、関係性への着目です。

幼少期に主な養育者である母親と子どもとの間で、互いに影響しあうことによってはぐくまれた関係性が、赤ちゃんのこころの中にとりいれられてゆき、それがその後の対人関係の基盤になります。そしてこの、母子の間に育まれた関係を土台として、父親やきょうだいなど、他の家族との関係性が発達し、この家族との関係性を基盤として、社会との関係性が育ってゆきます。このような、さまざまなレベルの関係性が幾重にも絡みあい、影響しあいながら、人と人との関係性は発達してゆくと捉える視点を乳幼児精神医学は提示し、関係性そのものに直接的に介入する積極的なアプローチを行っています。

"関係そのものをみる"という視点には2つの軸があると考えます。ひとつは同時的にみるということであり、いまひとつは歴史的にみるということです。同時的にみるというのは、先の発達援助の場合のように、今、まさに育ちつつある関係に直接関わり、"いま、ここでの関係"を扱ってゆくことによって、よりよい関係性の育ちを援助するという視点です。一方の歴史的にみるというのは、虐待の世代間伝達という言葉であらわされているような、親の育ちかた・育てられ方が自分の子どもとの関わりに影響を与えていくというような、世代を越えた連鎖で捉える視点です。破壊された関係性とその修復ということは、今やわが国におけるきわめて重要な心理臨床の課題とな

ってきています。乳幼児をめぐる養育環境をどのように整え、豊かで暖かな親子の間の情緒的コミュニケーションを活性化してゆくためには、何をどのようにしたらよいのかが、真剣に問われていると思います。

このように乳幼児期は関係性の原点です。しかし乳幼児だけを対象としているのが"乳幼児心理臨床"ではありません。先にものべたように、私たち大人のこころのなかにも、幾つになっても、"泣いている赤ちゃん"がいます。その"泣いている赤ちゃん"は、振り返ってもらい、ケアしてもらうことを求めています。そのような、大人のなかにいる赤ちゃんもまた、対象です。このように、関係性の育ちの出発点であるところの乳幼児期に基盤をおき、親と子の関係性の発達とその障害、さらにはその修復というような変容過程に立ちあう心理臨床的な関わりを、私は"乳幼児心理臨床"と呼んでいるのです（田中、1997）。

4　人生の伴走者しての心理臨床家

もちろん、精神科医や周囲の援助専門家たちと協力しながら、できるだけ早くクライエントの症状をとる、少しでも良い方向をめざす、あるいは治すということは、私たち心理臨床家の大きなひとつの役割です。そこには従来からある心理療法や新しく開発された治療技法が対応します。しかし同時にまた私たちのもとには、いわゆる"よくなるモデル"で対応してゆくことのできない、別質の相談ももちこまれます。先のダウン症に代表されるような障害の受容とそれ以降の生き方の模索、ある種の生きにくさを抱え、それとどのように自分自身が折り合ってゆくかという自己受容のテーマ、修復するということへの可能性を断ち切られ、そこに望みを託すことができないような重篤な関係性の障害を抱えた人々のこころのケアからターミナル・ケアのような死の受容というテーマまでも、こころの援助は含みます。これらの問題のすそ野は深く広く、"治る"とか"治す"というような次元ではとうてい捉えることはできません。

心理臨床家の仕事とは、その人の人生の真実に深く関わること。子や親としての真実を通して、人としての真実に触れること。そして、逃げ出さずに、その人とその家族の再生へのチャレンジに人として伴走してゆくこと……私

は心理臨床家の役割を、そのように考えているのです。だから私たちは"治療（治す）モデル"だけではなく、併せて質の異なる、"人生の伴走者"という"（クライエントと）共に生きるモデル"をももって援助の場に臨むことが、今まで以上に必要になってきているのではないかと考えます。少なくとも、いわゆる"よくなるモデル"で対応することのできる領域よりも、はるかに多くの層のクライエントが、こころをめぐる専門的な援助を今日求めているのではないでしょうか。

　とはいえ、それはだらしなく長期的に関わる、ということではありません。心理臨床的援助とは、まず、最初にクライエントが持ってきた主訴を解決するなり改善させるために最善をつくすこと。そのことを怠ってはいけません。ただ、そのクライエントの抱えている問題が、それだけで解決していくというよりも、人生全体を通じて抱えていく問題であるようなケースもまた、増えているように思います。目の前の問題への直接的な援助と同時に、求められた必要な時々に相談にのる、という大きな流れのなかでの援助という視点も必要だと感じています。

　このテーマは、いわゆる心理療法の効果に関する問題と絡んできます。しかしそもそも、心理療法の効果とは、何を指して言うのでしょうか？　何をどのように捉えてゆくのでしょうか？　ある問題をもったクライエントにある種のアプローチで関わって、何か変化が起こったとします。その部分だけを切りとれば、確かにその変化の検討は可能でしょう。しかしこの場合、滝川（1998）が指摘するように、2つの問題があると思います。ひとつはクライエントの面接が、その人の日常生活と決して切り離されていとなまれてはいないという点であり、もうひとつは、捉えたものはあくまでもセラピスト側からみたストーリー（変化）の理解である、という点です。

　滝川（1998）は「セラピストが『なに』をしている（つもり）かと、当のクライエントが『なに』と体験しているかとは必ずしも同じではない、ときとして大きなギャップがある」として、「精神療法の成否は、こちらが『なに』をなすかではなく、相手が『なに』をどう体験するかの方にかかっている」と語ります。そして「クライエント側の『なに』は必ずしも治療理論や技法の内側だけで捉えられるとは限らない……精神療法の成否は『〇〇療法』の理論枠・技法枠の外にあるものに見かけ以上に多くを支えられてい

る」と私たちの見るべきところを示しています。

　この2つの要因は、けっしてセラピストが考慮することで包括できるような単純なものではありません。結局のところは不可能なのです。だから効果について検討するという場合、全体の中の一部分、制約づきの、かなり限局されたものを捉えている、という自覚が私たちに必要なのだと思います。そしてその自覚の上での検討なら、十分価値があるのです。

　さて、人間の根本——それは、どう頑張っても、すべてがわかるはずはありません。その、わからないものに真っ向からとりくんで、何とか少しだけでもわかっていこうとするのが心理臨床学という学問の本質であり、面接（セラピー）に代表されるさまざまな心理的援助はその実践。だから、「頑張って理論化を進めてゆけば、やがて人間のこころや心理的な病気や問題のメカニズムの全体が解明され、わかってゆく」というような種類の学問ではありません。

　また、新しい病的な状態や問題が起こってくると、そこに早速名前がつけられ、レッテルがはられ、戦略的とよばれるような技法的アプローチが次々に開発されます。そうなると、すべてがたとえばPTSDならPTSDの、虐待なら虐待の対応というように個別に詳細に研究され検討され、その分野の専門家が誕生します。確かにひとつのレッテルをはって人の問題をみてゆくと、わかりやすくなるものです。でもそうすると、あまりに個別化されすぎてゆき、もっと本質的な問題の要を見逃すおそれがでてきます。つまり、心理臨床が対峙しているのは、多面的・多次元的な人のこころという宇宙。だから、個別化して検討すると同時に全体を鳥瞰するという両方の姿勢が、心理臨床家および心理臨床の研究者に必要であると考えます。別のいい方をするならば、それはさまざまな考え方やアプローチが並立共存するということであり、だから豊かでありうる学問なのです。

　人間とは本来、複雑で曖昧な生き物です。そのまんま、複雑で曖昧なままに見てゆくことがむずかしいから、わかりやすく見てゆこうとする。でも、心理臨床では、そういうわかりにくいところをそのまんま、それそのものをも見つめて関わっていこうとする……だからその人の真実に触れることができるのではないでしょうか。従来の学問とか研究の枠ぐみにあてはめて考えていくだけではなく、そこを抜けて曖昧なこころの苦しみそのものに、でき

るだけ近づいていくことをも追求してゆく……そういう考えが根幹にあるような学問が、これからの心理臨床学といえるのではないでしょうか。「人間はそんなに単純なものではなく、簡単にわかるはずもなく、わかりはしない」ということを、もっと私たちは腹でわかってゆくこと。そうでないと、いたずらに新しい技法や治療的介入・あるいは関わり方のテクニックが考案されて研究が多産されても、かえってうわすべりの対人援助になってゆき、本質から遠ざかってしまう危惧を感じます。

　こころの病はその時代の問題の先取りであり、その時代がうんだ闇の部分のあらわれです。見えない部分の歪みは人のこころに病や問題、あるいは悩みという形をとって出てきます。そのような、こころの病という形で示してくれた人たちの問題に立ち会い、心理臨床的に関わり、あるいは伴走してゆくことを通して、私たちはそのクライエントが抱えている個別の問題を越えて、日本人の生き方のこれまでの方向性の歪みや、これからの行方を考えることができるのです。しかしそういうセンスを磨くためには、「きちんと勉強して既存の問題に対応できるようになる」だけでなく、「今、まさに目の前で問題になっていること」に対して、それを感知できるような鋭敏な感覚をもち、まだ見ぬ事態にも臨機応変に対処し、その背後に潜んでいるものをみつめてゆこうとする姿勢を、個々の心理臨床家がもって面接に臨むこと。もちろん独断専行はいけませんが、そうでないと、時代を先駆けて現れるこころの問題を見逃して、事態が深刻な状態になってから慌てて対応を検討するという、これまでと同じことが続くでしょう。さらには心理臨床の枠組みやアプローチを、相談の場や質に応じて変えていくということは、今後もっと多くなるように思います。通常行われている心理面接を中心におき、そこに軸足をおいて変形ルートとして対応する。わからなくなったら中心に戻って考えてみるとよいのです。

　今、社会全体の方向性がみえにくくなっており、教育もむずかしさを増しています。親が悪い、教師が悪い、子どもが脆弱、等々……それはそうだとしても、時代のせいにしていても社会のせいにしていても、問題は何も解決してゆきません。現代を代表する社会的な問題として、"ひきこもり"という現象が起こっています。学校を卒業する年齢をすぎてなお、社会にでるこ

とができず、その前にたたずみ、惑い、家からあるいは自分の部屋から出ることを拒み、あるいは出る時期を見失い、社会的にひきこもっている。その数は50万人とも100万人ともいわれています。私はひきこもりという現象は、「その人の社会との関係をめぐる問題であり、その底流に"対話する関係"の喪失がある、つまり人と人との関係性の原点における障害ではないか」と捉え、「現代の家族関係のコミュニケーションのズレの象徴」と考えています（田中、1996、2001）。

　私はこの問題はただ単に、「ひきこもっていることは悪いことであり、早くもとのレールに戻すこと」が援助専門家たちの役割であるとは、考えていません。もちろんその状態におかれた子どもやその親の心理的な苦しみや悩み、そして抱えている問題を解決する手助けはしています。しかし彼らの訴えを聞いていると、問題の根は、自分の人との関わりの根本にあるはずの、親と子の間にあるはずの対話する関係が育っていない、だから自分自身の基盤がない、だから社会に出られない……というように響いてきます。もちろんそれがすべての原因ではありませんが、ある部分を占めている問題であるようには思っています。

　この私のいう、"対話する関係"とは、お互いに察したり、語りあいながら、いろいろなことをわかちあいつつ、ズレることをも体験し、傷ついたり傷つけたりしながら、それを修復してゆくことによって、互いにより深く理解しあえる、ということを学んでいく相互的なやりとりのことです。人と人との関係は、このような相互的な絶え間ないやりとりのくり返しによって、豊かに発達してゆきます。しかしそれが、現代を生きる子どもたちにはなかなかにむずかしい。傷つきやすく、いったん傷つくとそこから立ち直ることがなかなかできません。

　このような、現代の子どもたちの関係性の育ちを阻んでいるもの。それはひとつには、敗戦後、世代を越えて私たちのなかに受け継がれてきた、"関係性の障害の特異性"と私が名付けているもの（詳細は、田中、1997を参照）が影響をおよぼしていると考えています。その特異性を背景に、私たち大人が話をきくこと、話しかけることが下手になったために、子どもたちが対話する関係をもたないままに大人になってゆくということがあるように感じます。それを一言でいうならば、語る前に相手を察するという、日本人に

特有の"察するこころの喪失"です。"察するこころ"とは、私が本書の第1章で詳述した、"こころをつかって聞く"ということ。私たちみんなが、そのことが下手になっているように思います。"こころをかけて手をかけず"という言葉がありますが、現代の育児や教育はその逆に、"手をかけてこころをかけず"（田中、1998）になっているように思います。物理的には手をかけてもらっても、肝心要のこころが不在。だからこころが中空状態。そういう希薄な関係性のなかで育ってきたが故に、子どもたちは社会に向けて巣立つことができなくなっているのではないだろうか、と私は考えているのです。だからその家族との、主に親との関係性を再調整し、つむぎ直してゆくことが心理臨床的援助の出発点にあると考えます。

　私たちは"ひきこもり"に代表されるような社会的な現象を、ただ困ったこと、悪いことと短絡的に考えて、どう"治せるのか""どう立ち直らせるのか"と常識的に考える前に、一旦子どもの側にたち、子どもたちがこのようなひきこもりという行為を通して、私たち大人に何を訴えているのかを、しっかりと考えていくことが必要でしょう。そして今、日本の中で起こっている心理的な問題や悩みを聞いてゆくなかで、私たちはそれらの問題の背後に潜んでいる、苦しみの根の部分を感じとり、対応してゆくこと。こころの問題に援助専門家として立ち会うということは、そういうことだと私は考えているのです。

5　心理臨床における研究とは

　最後に大学院に移って強く戸惑いを感じたこと。それは「研究とは何か」ということであり、「論文を書く」ということについてでした。そのことについて思いつくことをそのままに、描いてみたいと思います。
　私自身、大学に移籍するまで、ずっと第一線の心理臨床の現場にいました。大学院に進学するときから、私は現場で働くということしか考えていませんでしたが、なぜか博士課程まで在籍しました。勉強が好きだったわけではありません。またそこで、最新の知見や技法を習得したかったわけでもありません。今ふり返ると、大学院に進学することにした自分の真の動機は「深く考える人になりたい」ということ、「物事の本質をしっかりと見極め、専門

用語でではなく自分なりの言葉で考え、それを人に伝えることができるようになりたい」ということだったのだろうと思います。自分をみつめ、自分のなかにあるもやもやとしたさまざまな思いにじっくりとつきあい、それをとことんつきつめて考え、何が起こっているのかを自分の目でみつめ、自分の言葉で語ることができる自分になりたい、そういう自分の基礎の部分をつくるために大学院にいたのだろうと思います。

　文章を書くということは、自分が漠然と考えている事柄について、時間をかけて自分のなかで発酵させ、熟考させたものを、人に伝えて理解を得られるようなものにまで仕上げてゆくという作業です。私は自分のなかに語りたいこと、伝えたいことがたくさんあるから、本の執筆をひきうけているのではありません。テーマを与えられ、時間を制限されるという、そういう時空間に自分自身を追い込むことによって、その問題について考えようとしているのです。自分がイメージという次元では届いている世界を、もう少し、他者と共有することのできる言語の世界にまで強引に近づけさせようとする、あるいはもっと漠と考えているものをイメージの世界にひきあげるその行為によって自分の考えがより明確になっていくのだと思います。一応表出する（外にだす）から、またそれをめぐって次の段階に自分が移れる、だからもう少しわかってゆく……その連続です。少なくとも私はそうやって、さまざまな理解を深めています。ですから、もしも書いたものを読んでよくわからないとしたら、それは私自身が的確な言葉で捉え、表現することがまだできていない（稚拙である）、ということだと思います。

　基本的には、論文を書くということは、「その事象について専門領域の中で深く考える」ということであり、今述べた文章を書くという作業と同じことだと考えます。臨床の現場にいると、毎日の慌しい仕事のなかで、それをやりくりすることで精一杯、じっくり考えるという時間を確保することがなかなかできません。心理臨床の現場にいる人々が「論文」というものを書きにくいのは、そのためだと言われています。確かにそれもひとつの理由ですが、実はそれだけでなく、いわゆる「論文を書く」ということをめぐって、何か勘違いがあるのではないか、と私は考えるようになっています。

　論文を書くということは、たとえば従来からある研究方法を踏襲するならば、そのノウハウにのって、自分の考えを形にするということ。とはいえ、

時代の流れと共にその方法論も変わります。新しい、多様な描き方も可能でしょう。

いわゆる科学的な手法に依るならば、検証される（証明される）ということが必要です。しかし人の生き方の模索や、こころの痛みや傷つきをめぐる実際の関わりを、検証というまないたの上にだけ載せて検討すればよいということではありません。それはたくさんある解明法のうちの１つであるという位置づけを、あらためて確認したいと思います。また今日、心理臨床の領域でも質的な分析をするための方法論がとりいれられ、積極的に使われるようになっています。しかしその実際は、結局のところ、素朴な問題意識をもった者が、あるフィールドにでてゆき、そこで起こっている多様な出来事を観察というまなざしによってすくいあげ、複雑な事象の絡みやそのひだを、そのプロセスを詳述し、分析し、分類してゆくことによって描きだそうとする試みであると思います。手続きと分析の仕方を細やかに記述することによって、見えてくるものを立ちあげていって考察する。だから他者もまた、その思考の筋を鮮明に追うことができる。他者が「ああ、なるほどね」「そうそう、そうなのね」とうなずけるように「形をつくる」。「形がみえる」から、科学的な「証明」ということとは異なるアプローチだけれども、それなりの納得ができるのです。これもまた、ひとつの方法。だからといって質的分析法を手中に収めれば、心理臨床の第一線の研究者になれるかというと、そんな単純なことではありません。また、これまで行われている事例研究という研究方法も、まだまだ完成されているものではないのに、創意工夫されることなく、既存のやり方が安直に踏襲されているように思います。

さまざまな方法論を勉強しながら、常に自由な発想と自分なりの視点をもって対象をみつめ、そこに生起していることについて深く考え抜いてゆく、自分たちであらたな方法論をつくりあげてゆくくらいの勢いで……。そういう姿勢をもつことが研究するということだと私は考えます。どこかの誰かの理論に依拠して論述するのは簡単です。自分のみている世界に既成の理論を押し込んで、その理論の形に歪めても、それなりの研究論文の形は整います。しかしそういう研究は真実の断片には届いても、どこか表層的でしかないように思います。ごく単純化されたモデルができあがり、それで人のこころをめぐる複雑さを捉えられるかのようなつくりの論考もみうけます。モデル化

だけに専心してゆけば、その大きな構造を捉えることは可能です。しかしコンパクトに整えられたモデルは、相当に抽象化されたものであり、魅惑的ではありますが、現実から乖離したものとなる危険もまた高くなるのです。

またいくら先端的な理論や方法論を手中にしていても、それをどのように使うかということは、その事象に対峙するその人（心理臨床家）自身の「ものをみる力」に依拠します。大雑把にしかみていない人がいくら細かく分析しても、粗いふるいですくったものから真実をみいだそうとしているようなもの。だから細やかにみる目を養う。博士課程にまで進学して勉強するのはそのためです。ただ新しいスキルを獲得したり、知識をえたり、従来型の研究論文を書いて、その道の研究者になるためだけではありません。

現場にいる個々人の心理臨床家たちひとりひとりが、従来からある研究法や論文の書き方をしっかりと知りながらも、そのことに必要以上に囚われず、こだわらず、もっと自由に自分の今いるところで起こっているさまざまな事柄を、自分の言葉で語っていくと、心理臨床の世界はもっと豊かに広がってゆくのではないかと思います。

とはいえ、自分の言葉で語ってゆくということは想像以上に困難です。だからみんな、そのことを手抜きしているのではないのでしょうか。既存の形を踏襲した方が楽ですし、自分で工夫するよりもずっと楽。また誰かの後をついていった方が安全です。しかし心理臨床の現場は、研究という形になる以前の問題のるつぼです。実際のところ、統計的な資料が揃い、その問題に対する対処マニュアルができあがってからでは、その問題への関わりとしては手遅れであるということではないけれども、遅いのです。現実（問題が起こる）の方がはるかに先。だから誰かの最先端の理論や方法を追いかけている限り、現実に生起している最新の問題への対処は遅れてしまうのです。よく現場と大学の乖離ということがいわれています。それはもちろん、大学にいる側にも問題があるのだと思いますが、私は現場にいるひとりひとりの心理臨床家が、学んだものを吸収して現場に応用するということだけでなく、もっとそういう目で物事をみて自分たちから声にならないものを何とか声にだして発信してゆく、という姿勢をもつことが必要なのではないだろうか、と考えます。それは従来型の論文の形でなくてもよいのです。少なくとも両者の乖離というこの問題は双方に責任があり、双方が解決のための模索をも

っと積極的にして協力しあってゆくことがが必要であると考えます。
　この、研究するということと心理臨床における治療的関わりということの関係について考えていったとき、私のアメリカ留学での体験が思い出されました。1年間、ワシントンDCにあるChildren's Hospitalというところで、乳幼児のfeeding disorderという視点から、最先端の治療的関わりをしているシャトーア先生のもとでその治療と研究を手伝いながら勉強しました（その実際は、田中、1997に詳述）。先生はその病院で積極的な心理治療を展開していくと同時に、関連する大学でも教鞭をとり、後続の学生たちの指導をし、さらにはさまざまな機関から研究費を勝ち取って、質の高い研究をする、という複数の役割をこなしていました。というよりもその病院で働くということは、これらすべての役割を担うことが責務になっているのだと聞きました（それはまるで、かつてのアメリカの女性が、キャリアをこなし、家庭では妻であり、よき母であるという三役を完璧にこなせてはじめて一人前、あるいはそれが理想とみなされたという、あの無理な注文を想起させます）。もちろん先生は、今日のアメリカ精神医学会の方針を踏襲し、個体内の心理的な要因を探るだけでなく、身体の生物的な側面の検討、さらには家族との関係や社会的側面の要因をも捉え、多次元的にfeeding disorderについて明らかにしようとしていました。
　自分が今手伝っているところが、それらの研究のどの領域のことなのか、わかるようなわからないようなめまぐるしさのなかで、私が一番好きだった時間。それは先生からケースについてのパーソナルな印象を聞くときでした。彼女の部屋で数人でおしゃべりをしているときや、個人的に会っているとき、つまりきわめてパーソナルな場で、私が気になったケースや今会ったばかりのケースについて尋ねると、先生はちょっと遠くの方をみるようなまなざしになり、一呼吸おいて「私、思うのだけれどもね……」と必ずひとこと前おきしながら、控え目にではあるけれども自分の思うあれこれを熱っぽく語るのでした。統計的にも実験的にも確定的なバックアップは得ていないのだけれども、彼女の長年の経験がいわしめる、おそらくは確かにそうであろう、そのケースの真実に近いところに触れている語りを聞くのが私は大好きでした。それが一番役にたちました。
　しかし先生は公式の場では違います。学会やその病院でのプレゼンテーシ

ョンなどのときには、けっしてそういう個人的な感想を語りません。「統計的にいうと……」あるいは「○○年での調査によると……」あるいは「自分のした○○研究では……」など、実に手堅い応答をするのです。「もっと自由に、私がふだん聞いているような話をしたらいいのに……」と私は勝手に感じていました。しかしこの先生の姿勢は、その人の個人的な問題というだけではなさそうだと、そのうち思うようになりました。それは現代のアメリカの精神医学や心理臨床の世界のふところの狭さそのものを反映しているということであり、言い換えれば「研究」ということの狭い意味に縛られている、ということです。いわゆる目にみえる確かなもの、どこかにその証明の源をたぐれるようなものだけを基盤に、それぞれの問題について確認しあってゆくというその姿勢が、かえってそれに載っていかないものを表舞台にあげることを阻んでいるように感じます。もちろん、だからこそ「みえてきて、わかってくること」はあるのです。けれども、「それだけがすべて」になったら違うのです。

　だから日本の心理臨床家が、そういうアメリカのあり様を手本にして、そこを目ざしてゆこうとしたら危険です。もっと自由に、自分たちが思っていることを語りあい、わかちあってゆく。世界との共通言語をもつことも、研究知見や技法を参考にすることも必要だけれども、日本人の感性で、今私たちの目の前で起こっていることをすくいとって言葉にしてゆく。そこで共有され得ないものは、おのずからふるわれて淘汰されてゆくはずなのです。

　では研究する、あるいは論文化するということは、具体的にはどういう作業になるのでしょうか。この問題を考えるにあたって、ある学生の寄せてくれたレポートがひとつのヒントを与えてくれます。この学生は「現場（さまざまなフィールド）にはいって相手と直接会うと、苦しくなる」という自分自身のあり様をみつめてゆくなかで、「現場でデータをとることの意味」や、それを研究というものに立ち上げていくことの意味について、次のように語ります。

　まず、ひとつの研究をスタートさせて一応終わりにするまでの自分のスタンスは、次の4つの段階があるといいます。

　① 先行研究をレビューしている頃：「そのことに多くの関心を寄せ、相手（研究対象）へのよりよい関わりとは何かを問うている良心的なおと

な」。
②　研究計画を具体的にたてているあたり：「スマートにデータをとりたい職業人（搾取に一番近い態度になる頃かもしれない）」。
③　現場にはっているとき：「いくら研究者のつもりでも、相手を前にするとただのひとりのなまの人間（そのことに気づかざるを得ない、こころと身体をつかう時期）」。
④　ふたたび机に戻って考察・論考化しているとき：「相手（子どもなり大人なり）にもらったいっぱいのメッセージを、学術的手段にのせて、どうにか世の中に伝えられないかと苦悩している代弁者」。

　この学生は続けます。「ここで大切なのは、④の"代弁者"にまで自分がなりきれるか、ということなのではないか、と思います。相手と直接関わって、相手と関係を築いて（しかも相手と自分との間にしか築けない、世界でたったひとつの関係を築いて）、もう相手を"サンプル"などと切り離して考えたりはできないくらいになって、相手がくれたメッセージの重さを胸いっぱいに抱きしめてあたためて、それを相手にかわって学術論文という形の声にしていくのが、研究といういとなみなのかもしれません。

　データという形のこころからのメッセージをくれた方々をひとりひとり思い浮かべ、その一言一言の重みをかみしめれば、"代弁者"としても俄然力がわくというものです。これがもし、"サンプル"から得た"データ"を冷静に分析するというスタイルでは、"代弁者"としての重みまではとても生まれないのではないでしょうか。なぜなら相手に成り代わった代弁者ではないのですから、たとえ相手の発したメッセージをすくい落としても、自分の苦しみにはならないからです。『今回のデータからは、仮説は支持されなかった』とスマートに終わることができてしまう。もし相手に成り代わった代弁者なら、自分が精一杯発した声を聞いてもらえない"苦しみ"を味わうはずです。

　『現場（保育園や幼稚園、あるいは施設などのフィールド）でデータをとることの意味とは』に対する今のところの答えは、自分が感じている"苦しみ"を自分のこととして感じられなくならないため、そして代弁者として声を発するときの力をもらうため、としておきたいと思います。考察や論文化の段階では、出会ったおひとりおひとりの顔を思い浮かべることが、何より

の力になります。相手の自己治癒力を信じて、相手と自分とのなまのやりとりのなかでうまれたもの＝相手と自分との間でしかうまれ得なかったものをみつめられる研究者になっていけたら……と思います」と。

　ここに描かれている研究には、あたたかな血が通っています。ところが一般に、研究とか論文というと、何かひやっとする冷たさがイメージされます。人の何かを知るためにではなく、研究のために人が対象となってしまったような場合に、そう感じられるのではないでしょうか。

　少なくとも、心理臨床学はそういう学問であってよいはずはありません。研究という形にするのも、そのなかに"いのち"を吹き込むのも、研究者自身の姿勢と能力に依っています。そのことを忘れて、研究にとりくむのは間違いです。また、いくら数多くの研究をしたとしても、緻密にものを見て捉える視線がなければ、そこから出てきた結果（成果）は結局のところ、何の役にもたちません。

　日本のなかでは、いわゆる専門家による心理臨床といういとなみと研究の双方とも、欧米に比べて歴史が浅く、「こころのケア」という言葉が市民権を獲得したのも、まだここ数年のことでしかありません。それはいわば、まだ幼年期から児童期あたりにしか成長しておらず、これからやっと成熟してゆく段階にある領域なのではないでしょうか。欧米では心理臨床の実践と研究部分を別立てで担う、つまり心理臨床をしない研究者もいて、補いあって心理援助をめぐるさまざまなことが発展していると聞いています。しかしそれは、こころのケアをめぐる社会全体の層の深さと成熟という歴史があってこそ、はじめて可能になっているのであって、日本がもしそうなっていくとしても、まだ50年か100年は先のことになるだろうと思います。よく心理臨床の実務家の養成と研究者養成ということがわけて捉えられ語られていますが、私はまだその段階にはいたっていないと考えます。心理臨床というこころをめぐる専門的援助の世界がどのように発展し、豊かさを増してゆくのか……それが今、そこに携わっている私たちひとりひとりに課せられているのではないか、と考えます。

文 献

コール, J. D. 他（小此木啓吾監訳） 1983 乳幼児精神医学 岩崎学術出版社
Fraiberg, S. 1989 *Selected writing of Selma Fraiberg*. Ohio State University Press.
丹羽淑子（編著） 1993 母と乳幼児のダイアローグ――ルネ・スピッツと乳幼児心理臨床の展開 山王出版
Sameroff, A. J. & Emde, R. N. 1989 *Relationship disturbances in early childfood*. Basic Books.
スターン, D. N.（小此木啓吾・丸田俊彦監訳）1989, 1991 乳幼児の対人世界 理論編・臨床編 岩崎学術出版社
滝川一廣 1998 精神療法とはなにか 星野弘他（著） 治療のテルモピュライ――中井久夫の仕事を考え直す 星和書店
滝川一廣 2001 こころはどこで壊れるか 洋泉社
田中千穂子 1993 母と子のこころの相談室 医学書院
田中千穂子 1996 ひきこもり――対話する関係をとりもどすために サイエンス社
田中千穂子 1997 乳幼児心理臨床の世界 山王出版
田中千穂子 1998 子育て不安の心理相談 大月書店
田中千穂子 2001 ひきこもりの家族関係 講談社＋α新書
Winnicott, D. W. 1988 *Babies and their mothers*. Free Association Books.

あとがきにかえて

　「こんな心理臨床の本なんて、見たことない」……書いているときにも手本はありませんでしたし、書きおわって眺めてみても一層強く、そういう感じがしています。自分が考えそうなことはたいてい、ほかの誰かも考えているものです。ですから、これまでこういう本がなかったということは、「そんなことは意味ないから」か、「作ることがむずかしいから」ということだろうと思います。意味があるか否かはともかくとして、書き上げることが途方もなくむずかしかったのは確かです。

　4年半前、開業クリニックから新米教官として大学に移籍した自分を迎えてくれたのは、「心理臨床家になりたい」という、言い知れぬほどの熱い思いを胸に秘めた、幾つものまなざしでした。たくさんの"？マーク"を頭と心のなかに抱え、心理面接を始めたばかりの大学院の学生たちが集まって、「田中研（ゼミ）」ができました。彼らは20数年間の私のキャリアを、まるごと食べつくしてしまいそうなほど貪欲にかつ真剣に私を求めてくれました。書物や授業で得た知識を、私自身の経験知に照らしてあらためて確認しようとする問いかけや、初心者ならではの素朴な疑問、ぞっとするほど本質的であるけれど、そうだからこそ、ふだんは問うことさえされないだろう事柄まで、その内容はいろいろだったように思います。「○○ってどういう意味？どういうこと？」と学生から発信されるひとつひとつの疑問や質問に、夢中で、自分の体験と知的理解力を総動員し、自分のなかから答えになりそうなエッセンスを探りだそうとしてゆきました。自分の答えに納得できず、何日も何ヵ月もかけて練り直したこともしばしばでした。私から返ってきたメッセージに満足できず、あるいはそれに触発されて、わきおこってきた次なる疑問を投げかけてくる学生たち……おそらくは永遠に"正答"はでないであろう答案用紙を前に、一緒に解こうとしているような雰囲気です。お互いに"それなりに腑に落ちるまで"安易にわかった気になるまいとして、一歩一歩手さぐりでたぐっていこうとする粘りと心理臨床にむける熱意、さらには無骨なまでのきまじめさが、私と学生たちの双方にあり……この数年の「田

中研」はさながら、小さな興奮の大きな"るつぼ"と化していたように思います。

　伝えるためには、自分の考えを何らかの形で表現しなければなりません。しかし私たちはふだん、自分の内奥で感じていることをそれほど自覚的に摑んでいるわけではありません。自覚できているのは、おそらくはほんのわずかな部分でしょう。学生たちの容赦ないまでの"こころの援助をめぐる素朴かつ新鮮な知的好奇心"は、私自身が心理面接の場で何を感じ、何を考えているのか、なぜそうしているのかということを、イメージや言葉で摑むことを強いてゆきました。そのお蔭で私は、大学に移った頃よりは、少しは自覚的に、自分が考えていることを捉えることができるようになったと感じています。しかしそうなると一層、わからない部分の大きさや、イメージや言葉ですくいとれない領域の大きさに、圧倒される日々ですが……。

　招かれたスーパービジョンなどで出会う、心理臨床をはじめて数年の間の心理臨床家は特に、本書に描かれているような、「どこにも書かれてはいないけれども、日常臨床のなかでしばしば遭遇すること」に迷い、悩んでいるように思います。ところが彼らの直接の問いかけは、面接やプレイセラピーをセラピストとしてどのように進めていくかということ（いわゆる介入）や、ケースの力動をめぐる理解や解釈といったいわば深遠なものだったり、テクニカルな内容のものだったりなのです。「もっと手前のところでつっかえているようだけど……。あまりに当たり前のことは、格好悪くて聞けないのだろうか？」と考えたりもしたのですが、どうもそういうわけばかりでもなさそうです。いえ、問題はもっと深刻で、結局のところ、自分が実際の面接のなかで「何がわからないでいるのか」「何に困っているのか」ということを自覚できていないように思えます。だから「"問い"という形にすら、立ち上がっていかないのだ」と私は考えるようになりました。だからこそ、本書のようなあまりにも素人的な疑問とそれに対する私の雑感が、自分の「わからないことを摑んでゆく」ための扉を開く誘いになるのではないか、と思うようになりました。そういう意味では、ありふれたこと、ごく当たり前のことだけれども大切なことを集めてみたといってもよいでしょう。「ああそうなのか」とヒントになる場合もあるでしょうし、「ええ、そうなの？」という疑問、あるいは「これは違うよ」という場合もあるでしょう。何もなけれ

ば賛同することも批判することもできません。あるいは応用することもできません。自分のこころの響きを感じ、自分なりに考えていくルートを拓いてゆくための、本書はひとつの捉え方、参照枠の提示であるといってもよいでしょう。

　心理臨床は最近、社会や時代の要請をも受けながら、大きな転換期を迎えているように思います。この学問の心臓部にあたる"心理臨床的援助"に関していえば、いかに早く治療するかということや、新しく出現したかに見える心理的な問題にどんどん名前をつけたり、それらをめぐる介入や技法を追求することに力がそそがれているように思われます。「早くよくなる」ということが大切な要素であることは確かです。しかし「セラピーそのものを短期化させる」ことばかりに重点が置かれ、「長期的に関わる」臨床援助が否定されたり軽視されるなら、それは間違いです。短い面接で対応してゆくことのできるケースがある一方に、長期にわたって人生全体に関わっていくケースもまたたくさんあります。本人が本人なりに、自分の抱えているテーマや問題を解決したり、何とか折り合いをつけながら生きてゆく、そういう個々人の生のいとなみへの伴走という応援も、心理臨床家だからこそ、できる援助であると考えます。

　人が人を簡単にわかる、何とかできる、変えられる、操作的に対処できると考えるのは人間の奢りであり、勘違い。しかし特に、心理臨床を学びはじめた学生たちの頭のなかには、まるでそういった対処方法を習得すれば、こころの援助ができるというような図式があるかのように見うけられます。いくつかの注意をしさえすれば、こころの世界をうまく扱えるかのように書かれてある心理臨床の本にも出会います。

　ひとのこころの手当てである心理臨床の中核は、"とりあえず、目の前のクライエントに対し、セラピストが自分のこころと頭を最大限に使いながら、できることをしてゆく"こと。相手の内的世界を理解し、関わっていくための羅針盤となるのは、心理臨床家自身のこころの動き。ところでこの、"自分のこころを使う"ということの具体的な内容は、「支える」「抱える」「逆転移を使う」「○○というテーマを扱う」といった用語で表現されています。棒や布を用いたり、鋏を使って対処するわけではあるまいに、まるでそういう対処方法があるかのような錯覚を抱かせる、これらの言葉。つまりモノ

（道具類）の使用方法と同様の用語を借りて、私たちはこころの世界へのアプローチを表現しようとしているように思います。そうだからこそ、心理臨床の初学者たちが「どうやったらそうできるのか、それの使い方を教えてよ」と物理的に処理できるかのように聞いてくるという、即物的な問いが起こるのだろうと私は考えるようになりました。

　こころの世界を表す用語は、モノの使用法とは異なって、"何かをする"ことの前にまず、"自分のこころの響きを聞く"ということが先にきます。「気持ちのなかで"ひっかかっていく"ことを"ひっかけていく"」というような、きわめて感覚的なこころの触感が出発点にくるのです。自分の感情を羅針盤に、イメージをふくらませ、さらには専門知識をも味方につけて、次に「どうしたらよいのか」を考える。もちろん、間違った対応をしてしまってから気づくことは多いのです。それぞれのケースに対して、心理臨床家として一本筋が通りながらも「何度でも気づき直し、対応を模索し続けてゆく」というやわらかさと自由なこころをもち、その"くり返し"のなかに自分の身をおき続けること。しかもそこに埋没するのではなく沈潜して、そこからの浮上の過程を相手と一緒に模索する。ふり返ってみつめてみるときにも、専門用語で大雑把にくくらずに、できる限り自分の言葉で精緻にたどり、考える。この一連の作業のすべてをすること、それが私たちこころの援助専門家に求められているのだと思います。

　勉強することは必要です。しかしそれは身につけるものを増やす（身重になる・頭でっかちになる・教条的になる）ためではありません。心理臨床における勉強の目的は、身を軽くして"自分のこころと頭を自由につかえるようにするため"です。すっかりと消化吸収され、自分の血肉となったものには、すでに元の重さはありません。そこを目ざして勉強する。

　その意味で、技法や方法論を習得すれば、その道のエキスパートになれるというような職業ではありません。このように考えていくと、私たちこころの援助専門家たちは、まだまだ借り物の言葉でしか、こころの問題とその対応を語れずにいる状態であるといえそうです。しかし同時に私は、「そんな、こころの領域を扱う特別な言葉など、ないのではないだろうか」とも思います。つまりそれほどに、こころの世界触れるということは"ことさら"なことであり、それを簡便にかつ的確に言い表すことなど、できるはずもないほ

どにゆたかでむずかしい領域である、ということを意味しているのだと思います。心理臨床の世界をより科学的により専門的に論じようとすればするほどに、こころのあり様の複雑さという現実から離れてゆく危険が内包されている、心理臨床とはそういう領域に位置しているとあらためて思うのです。

　くり返しになりますが、クライエントとの関係のなかでわきおこったセラピストの感情こそが、セラピーを拓き進めてゆくための最大の手がかりです。"こころをつかう"ということが心理臨床の基礎であり本質であり、土台そのものです。その上に各種の技法が役立つわけで、ただ技法だけを習得しても、それは土台なくして家を建てようとするようなことに等しい、と私は考えています。

　さて、この本で私は、いわば自分の「手のうちをさらけだし」ています。立場としては中堅の心理臨床家ですが、「その道のプロである」とは言いえない自分を痛感しています。何とかそれなりになっていくセラピーもたくさんある一方で、わからなさ故に混乱したり、妙に力をいれすぎて、肝心のところを外してしまい、せっかく傷の手あてに来られた方に正反対のことをしてしまう場合もあるのです。そんな自分を自覚しています。そのことをごまかそうとは思いません。ですから、高みから初心者を指導しようというのが本書の意図ではありません。自分なりに歩んできた、そのプロセスのなかで摑んできたものを、ありのままに書き表すことによって今いちど、心理臨床家として何度目かのふりだしに戻ってみたい、それもまた、私が本書を世にだすための、大きな動機になりました。

　学生との対話によって私のなかで触発され、言葉化されてきたものはまだまだ粗く、もっと精緻化させることもできそうです。専門家として、もう少しは深みをもった力動的な理解をも伝えたい気持ちも動きます。あまりに平板なことを日常的に語っているようで、専門家としての自己愛がうずくのでしょう。しかしその一方で、これが今の等身大の自分であることもまた確か。これをまず世に出すことで、私は次の段階にひとつ駒を進めることができるのだと思います。

　またあらためて読み返してみると、自分が学生に語っていることのなかに、当然のことではありますが、私が学び、教わったもの（つまり誰かから得たもの）がたくさんあることにも気づきます。とはいえ、それらはすでに自分

のなかで血肉化しており、自分と切り離して出典を明らかにするということはほとんど困難なものになっています。いえ、もう少し正確にいうならば、教えていただいたことを私流に勝手に解釈したり使っているということで、ですからもともとの意味や意図とは異なって理解しているものも多いのだと思います。この点お許しください。言葉には翼があり、言葉は自由にどこにでも飛んで、そして降りてゆきます。私の言葉にも小さな翼がはえているといいなー……と思います。

　本書の「学生のコメント」の部分は、1997年4月から2001年9月までの大学院の授業で行ったワークでのレポートをもとに作成しています。その都度、受講生たちにはいずれ本にしたいということ、その際の考えるヒントとしてレポートの断面や断片を使わせて欲しいという主旨を伝え、大枠での了解を得ています。個々のレポートは大事にしつつもプライバシーを守るために、ある程度内容に手を加えるという、事例研究における作業と同様の配慮はしています。しかし当事者同士が読めば、誰のレポートかという推測はおそらくはできるでしょう。「あの頃自分はこういうことを考えていたんだ」「あの人はあのとき、こんな気持ちだったんだ」「先生はこの発言から、こんな風に考えたんだ」など、なつかしく思い出しながら、明日からの臨床に役立つ何かになり得ていくと嬉しいです。第5章のスーパービジョンに関しては、「田中研」のメンバー（2000年10月現在、在籍していたメンバーによるグループ・インタビュー）とのやりとりです。田中研をたちあげた初代のメンバーとの出会いがなければ、そして彼らがこれほどまでに私に食いついてきてくれなければ、私はこのような本を書こうという気にすらなることはなかったでしょう。個々人の名前を列挙するのも妙な感じがしますので、授業の年度を明らかにすることで、限りない感謝の気持ちをお伝えします。「出会えたことに感謝をこめて」。みなさん、ありがとう。

　最後に、東京大学出版会、編集担当の伊藤一枝さん。本年9月に引退されると聞きました。このこともまた、私にダッシュをかけさせた要因となりました。企画の段階からそれなりの実りが得られるまで、とにかく後ろむきな私を前へ前へと押し進め、ひっぱっていってくれました。本当にお世話になりました。くり返しになりますが、心理臨床というこころの傷をめぐる手当てには、心ならずも患部にさわってしまう危険が伴います。そうはすまいと

いうこころの覚悟は常にもちつつも、もしも起こってしまったら、そのことから逃げ出さず、何が問題だったのか、今の自分だったらどうしてゆけたかを考え続ける……そんな心理臨床家でありたいと考えています。私にとってこころの援助専門家としての道のりはまだまだ険しく、"遙かに遠いところ"をめざして、歩んでいるさなかです。

2001年9月
田中千穂子

手びきの言葉

あ 行

あいさつのレッスン　113
空いた部屋がないとき　171
相手に耳を傾ける　99
相手によって変わる自分　127
あがいてみようとする　47
アクティング・アウト　23, 150, 151
頭でっかち　121
頭でわかる　2, 103
頭のなかだけで考える　34, 148
頭の中の○○先生とのやりとり　177
頭もこころもパニック状態　31
新しい風をいれる　178
あたり前の感覚　169, 170
当ててもらえた喜び　120
安心できる時空間の提供　38

言い当てようとする　137
言い回しの真似　175
行き違い　150
生きる覚悟　92
意識的な動き　89
意識的な作業　88
一字一句聞く危険　181
一時的悪化　146
一緒に嘆く　46
一緒に腑に落ちる　181
いのち　9, 87, 88, 110, 210
　　──のうごき　106
イメージの世界　11, 88
イメージの力　9, 10
イメージのなかの関係　165
イメージをつかう→想像力をはたらかせる
医療的・療育的なケア　189

ウソをつく　50, 78
うなずきのレッスン　118, 126, 130
裏読みの世界　170

負い目として自覚して　42
応答のレッスン　119, 120, 136
大きなエピソード　152
お帰りのごね　50, 76, 78
おき手　84, 96
　　──とみ手の関係性　83, 85
音を出す　55
思いをとどける　98
面白くないといわれる　71
玩具についての気配り　53
玩具についての知識　52
思わずする行為の意味　55
親との関係性のつむぎ直し　195
親との心理的な和解　197
親面接　39
終わらせ方　28, 76, 78, 138, 160
終わるこころの準備　77

か 行

解決策の処方箋　155
解答マシーン　46
カウンセラーは友だちになれるか　164
カウンセリングって何？との問い　149
「かえって悪くなってきた」と親に言われる　145
帰るためのはずみ　50
抱え環境（holding environment）　138
関わったから言われるクレーム　31
関わっていない自分の不安　31, 38
加減を気にする　64
仮説の修正　65
仮説をたてる・仮説を壊す　148

仮説をもつ 64
形をつくる 205
刀での切り合いの遊び 64
語り返す 110
語り言葉 22,109,111,126
語りのワーク 15,109,113
語れるまでにいたる 11
価値観の転換 194
家庭内暴力 176,195
からだ：
　——全体で聞く 110
　——言葉 22,109,110,112,126
　——で知る（わかる） 8,27,123
　——の感覚 14
　——の緊張 122
　——のワーク 121
借り物としてつかう 146
カルフ（Kalff, D.） 83,85
考えること 7
関係がこじれてゆくとき 47
関係性 163,187,190,195,197
　——の修復 53,187,190,195-197
　——の修復への治療的援助 195
　——の障害 187,190,198,202
　——の育ち 195
　——を同時的にみる 197
　——を歴史的にみる 197
関係の安定 161
関係のなかで変わる 173
感じたことを操作しない 102
感謝と負担の按配 161
感謝の気持ちの表明 170
感じること 7,8,35,103,106,187
簡単にわかってもらっちゃ困る 137

聞けていない 111
機転と工夫 68
希望という名の支え 192
きまったルールに従って遊ばせる 53
気持ちの収め方 79
共感（通じる） 23,30,47,53

禁止する 60,65,66
緊張に気づく 15,121,123,125
筋肉弛緩 114,123

偶然を味方に 61
空洞化された対話 111
クール・ダウン 23
苦情を言う困難さ 175
クライエント：
　——が自分自身を受けいれてゆく過程 194
　——が自分の世界にはいりこんでしまう 63
　——が逃げているとき 168
　——と息があう 74
　——と一緒に嘆く 46
　——の痛みを感じる 33
　——の言った言葉をくり返す 111
　——の苛立ち 46,47,58,60
　——の訴えは何か 32
　——の側に身をおいた体験 16
　——の感じ方 51
　——の期待や信頼 48,78,146
　——の気持ちに思いをめぐらす 51
　——の攻撃性 53,57,60,63,64
　——の誘い 164
　——の主体性を重んじる 43
　——の情動のコントロール 66
　——の心理的な成長 194
　——のセラピストに対する拒否の自由 156
　——の創造的可能性 87
　——の体験（ストーリー） 3,35,51,153
　——の試し 47,48
　——の話すことへの躊躇 101
　——の身になる 127
　——への敬意 100
　——への言葉づかい 57
　——を傷つけたくない 136
すべてを任される——の重荷 42
クライン, メラニー（Klein, M.） 83

グリーフ・ワーク　189,194
くり返される問い　149
クレームをつける　71

稽古する　180
ケース・バイ・ケース　166
ケチること　79
限界設定　66
研究
　　——とは何か　203
　　あたたかな血の通った——　210
　　ひやっとした冷たさを感じる——　210
言語的コミュニケーション　19
現実感覚の必要性　36
現実を生き抜く　151

行為　19,26,35,38,54,164,166
合意の強化としての言葉　26
肯定のレッスン　119
行動を制御　66
五感で知る　123
こころ：
　　——が勝手にうごく　103,104
　　——が揺さぶられる体験　30
　　——の苦しみ　2
　　——のケア　2,210
　　——の病　201
　　——のリラックス　122
　　——をつかう　10,12,112,187,209
　　——をつかった関係　164
　　——をつかった対話　110
　　——をつかわない手抜きの援助　33
個性化過程　87
言葉：
　　——以外のメッセージ　111
　　——がどのように響くか　79
　　——世界の貧しさ　8
　　——だけの意味　8
　　——で表現すること　131
　　——にすることはよいことか　74
　　——にならない苦しさ　11

　　——による確認　26,131,185
　　——は魔術　9
　　——を表面的に受けとる　11
ごねるという関わり　32,48
困ったときの対応の仕方　23
困っていることに近づく　37
コミットしてくれる相手　173
「これっていつまでやるの？」と言われる
　　70
コントロールしている自分　102

さ　行

最悪の事態の予測　158,159
最初の数回の面接　156
させられ体験　32
察するこころ　7,10,11,112,203

しがみつきを呈している子　24
自己主張をできないクライエント　145
自己紹介　57
自己理解→自分を知る
自殺企図　159
知った（わかった）気になる　62
失敗すること　35,150
実務と理論の間の断層　2
質問の意図も加えて語る　153
死と再生　67
自分：
　　——が自分になる（つながる）　89,93,
　　134
　　——が自分らしくなくなる　70
　　——自身の生への納得　197
　　——自身の全体性　83
　　——なりに関わってみる　31
　　——に真摯にむきあう　45
　　——の意識化　91
　　——の気持ち　103
　　——のキャッチした感覚　167
　　——のクセを知る　34,119,129
　　——のこころに届く　14,87
　　——の言葉で言える　176

――の作品に対する嫌悪感　101
――の世界の表現　99
――の属性をとぎすます　52
――の存在をかけた納得　124
――の鈍感さを認める　52
――のなかの決定的な必然性　179
――の不安を解消するために関わる　31
――の目で子どもをみる　31
――の求めるもの　95
――への気づき　122
――流の遊び方　54
――を受けいれる　101,102
――を知る　84,91,92,94,95,101
――を他者にみせる苦痛　100
社会との関係性　197
シャトーア（Chatoor, I.）　207
自由なこころでみえてくるもの　183
自由にしてよいと言われても　42,43
受理面接　156
常識的な気配り　171
常識と非常識　54
象徴解釈　86
象徴的な意味をもたせる　34
象徴表現　84
情緒的応答性　189,191,194
情動調律　189
初回の導入（プレイセラピー）　36
初回面接　156
　――の際に聞くポイント　40
初学者のための手びき書　3
初心者の困惑　23
初心者の不安や緊張　36
初心者へのスーパービジョン　179
シングルマザー　169
真実に触れる　198,200,207
人生の伴走者　199
身体の緊張（を緩める）　114,124
心理的な和解　197
心理療法的援助のキー・ポイント　26
心理療法における枠　138
心理臨床学　203

心理臨床の実務　2

数回は"試し"　157
スーパーバイザー　141,142,151,170,172,174,178,179,180
　――と一緒にわかる　181
　――への苦情　175
　――への悔しさ　179
スーパービジョン　15,141
　――で残っていく体感　180
　――でめげるとき　173
　――のマイナスの側面　179
ストーリーを読みとる　35
ストップをかけるつよさ　63,65,66
砂と箱　83,84
砂に触れる　84
素の自分　30,69,128,129
ズレてもよい　89,120
ズレの共有　91
ズレることでわかる　45,89,202

制約　163
背のびをしないで面接に臨む　42
セラピスト：
　――が叫びだしたいとき　31
　――が逃げているとき　168
　――としての不安　35
　――の傷つき　26,136
　――の自己愛　137
　――の仕事　46
　――の存在　71
　――の手応えが感じられないとき　58
　――の手抜き　40,160
　――の方向喪失感　167
　――のぼやき　160
　――の無力感　167
　――の理解のストーリー　26,34,51,153
　――は魔術師ではない　52,72
　――への気配り　174
　――への期待感　47
　――へのクレーム　68

背をむけて箱庭をつくる　96
想像力をはたらかせる　33,44,91,106,
　　125,126,181
相談以前の段階　36
相談室でのごっこ遊び　49
そのまんまみる　200
そのまんまを言う　185
それなりによしと思える人生を　193

た　行

ターミナル・ケア　198
大学院でのスーパービジョン　142
体験してみないとわからない　61,173
体験知　11,173
第三者の意見を聞く　183
体調も整える　123
代弁者　209
対話する関係　23,202
ダウン症　188-190
他者の視線　96
ただ耐えること　33
脱錯覚の体験　192,194
脱力　123,125
　　——のレッスン　114,117-119,120,123,
　　124
たどたどしく言う　184
楽しくないといわれたとき　32
黙って傍にいる　35
断固とした態度表明　61,63,67
担当者を変わって欲しい　13
担当は私でよいか　156

力ある言葉　134,135
力のいれどころ・抜きどころ　157
父親の来談　39,40
チャット的な関係　169
注意深い観察者　73
超越的機能（transcendent function）
　　86
直接行動で実現させる　165

治療契約　37
　　——の見直し　71
治療（治す）モデル　199
沈殿する　47

疲れている　169
つくったもののうそっぽさ　101
伝わった（響いた、通じた）　133

ていねいな言葉　57
手応えのある対話　186
でたとこ勝負　148
手をかけてこころをかけず　203
手を貸すこと　55
転換点　60,61
電話面接　39

登校をしぶる子　52
同席治療　25,37,38,39
導入のオリエンテーション　39
○○と考えてみるセンス　184
友達とうまく遊べない子　26

な　行

内緒話　39
泣いている赤ちゃん　198
長引かせる　163
中休み　158
投げ出さない双方のふんばり　63,144
何かしなくちゃいけないという気持ち　51
何かをする vs 何かをしない　74
何も言えなくなる　185
「何もしたくない」といわれたとき　43
何をして遊ぼうか？　69
並びのレッスン　113,128

苦手なことを知る　33
逃げにつきあう　168
二重同時話者　19
日常的なやりとり　58,152,153,168
日常のいとなみ　152

乳幼児心理臨床　194
乳幼児精神医学　197

ぬいぐるみいじめ　59
ぬいぐるみをいじる　49

ネガティブな感情のわきおこり　33

脳みそは身体の隅々にある　123
ノン・バーバル・コミュニケーション
　　19-21,49,148

は　行

バーバル・コミュニケーション　20,21
破壊的なプレイ　63
漠然とした不安　188
箱庭　167
　　――作成のプロセス　98
　　――のしんどさ　94
　　――の砂の色　93
　　――のパーツ　84
　　――療法　14,83
　　――ワーク　83,90
　　――を味わう　106
はじめてプレイセラピーにつれてこられた
　　　親と子　28
はずれてもいい　147
発達援助　187,190
八方塞がり　62
発話　19,38,166
話しかけない　73
話しかける　109
話の共有　173
話を聞く　109
母親の不安　41
母親の心的混乱　188
母親面接　41
はやく何とかしなくちゃ病　125
腹でわかる　2,201

ひきこもり　152,201,203

非言語的なメッセージ　9,147
ぴったり感　75,83
人って単純　131
人との関わりに問題をもつ子ども　31,72
非日常から日常へ　59
表面的なコミュニケーション　21

feeding disorder　207
フィードバック　119
フィーリングを手がかりに　5,7,13
深く考える　180,203
ふくらませて捉えてみる　183
布図　90
負の感情を関係のなかで役立てる　63
ふりかえりのディスカッション　121
ふれあいのレッスン　113
プレイセラピー　11,13,19,162
　　――でのやりとりの意味づけ　40
　　――のロールプレイ　13,14,29,127
プレイの中での加減　64
プレイルーム　162
　　――の玩具　172
フロイト（Freud, S.）　187
雰囲気がほぐれる　26

並行面接治療　38
部屋にはいる順番　69

他の家族との関係性　197
母子相互作用　191
母子の結びつき　191
母性的機能　192
ほめ言葉への反発　133
ほめられること　131,132
ほめる（肯定する）こと　98,131,132
惚れ込める　143
本気で頭にきた　76
本当に嫌なら来ない　44
本当の自分（自然な自分）　102

ま　行

前の面接が延びていたら　161
貧しい言葉がゆきかう世界　16
貧しい対話　9
貧しいプレイ　54
まず、しっかりと聞く　131
待つ　52
まっとうな反応　37
マニュアル　206
　　──世代　2
招きのレッスン　117, 126, 128
真似してみる　177, 178

見境なく吸収する　143
みた瞬間に感じること　87
見立て　25, 148, 153
み手　84, 85, 96
　　──の言葉のゆくえ　99
　　──の姿勢を味わう　98
　　──の想像力　107
　　──のフィーリング　105
　　──の読みと期待　85, 98, 100
見通しをもって進むということ　146

無意識的な動き　89
無理のないペースでの面接　170

メッセージを無視しない　71
目の前のその子どもについての情報　31
面接：
　　──が続かない　157
　　──の軌道修正　71
　　──の構造を柔軟に変える　39
　　──の進み方　155
　　──の流れ　147, 148, 166
　　──を休みたい　12
　　──を辞めたい　12

目次の提示　39
ものをみる力　206

文句や苦情をいわれる　52
問題の共有　39

や　行

約束の時間　162, 163
やりとりのつらなり　147

譲ること　77
豊かな言語がゆきかう世界　16
豊かな対話　9, 11
夢を共有する　166
ユング（Jung, C. G.）　83, 187

抑うつ状態　174
よくなる方向　93, 197, 198
予想外の展開　60
呼びかけのレッスン　117, 126, 134
予防的な関わり　190
読みとったことに対するアクション　35
読みとりの技術　109
読みとる能力　105

ら　行

理解の深まり　148
理解は慎重に　155
理論という基本枠　2

例外　161
劣等感　107
連想をつむぐ　120

ローエンフェルド（Lowenfeld, M.）　83
論文を書く　203

わ　行

和解の提案　26
わかちあう体験　30
わかった気になる　73, 88
わかってもらえたと感じる　5
わからない　6, 7, 99, 155, 200, 201
　　──状態も含めて一緒に歩む　154, 155

わかりたいという願い 99
わかる 5,6,155,193,200

枠を越えること 77,79,160,165
ワン・ウエイミラー 29

著者紹介

1954 年　東京生まれ
1983 年　東京都立大学大学院人文科学研究科心理学専攻博士
　　　　　課程修了
1990 年　文学博士
1993-94 年　Children's National Medical Center (Washington D.C.) 留学
　　　　　花クリニック精神神経科，東京大学大学院教育学研究科助教授等を経て
現　在　学習院大学文学部教授．臨床心理士

主要著書

『体験箱庭療法』（共著，山王出版，1991）
『母と子のこころの相談室』（医学書院，1993）
『ひきこもり』（サイエンス社，1996）
『乳幼児心理臨床の世界』（山王出版，1997）
『子育て不安の心理相談』（大月書店，1998）
『受験ストレス』（大月書店，2000）
『ひきこもりの家族関係』（講談社＋α新書，2001）

心理臨床への手びき　初心者の問いに答える

2002 年 3 月 6 日　初　版

［検印廃止］

著　者　田中千穂子（たなかちほこ）

発行所　財団法人　東京大学出版会
　　　　代表者　五味文彦
　　　　113-8654 東京都文京区本郷 7-3-1 東大構内
　　　　電話 03-3811-8814　Fax 03-3812-6958
　　　　振替 00160-6-59964

印刷所　株式会社新日本印刷
製本所　有限会社永澤製本所

ⓒ2002　Chihoko TANAKA
ISBN 4-13-012036-0　Printed in Japan

Ⓡ〈日本複写権センター委託出版物〉
本書の全部または一部を無断で複写複製（コピー）することは，著作権法上での例外を除き，禁じられています．本書からの複写を希望される場合は，日本複写権センター（03-3401-2382）にご連絡ください．

本書はデジタル印刷機を採用しており、品質の経年変化についての充分なデータはありません。そのため高湿下で強い圧力を加えた場合など、色材の癒着・剥落・磨耗等の品質変化の可能性もあります。

心理臨床への手びき──初心者の問いに答える

2016年7月26日　　発行　　①

著　者　　田中千穂子

発行所　　一般財団法人　東京大学出版会
　　　　　代 表 者　古田元夫
　　　　　〒153-0041
　　　　　東京都目黒区駒場4-5-29
　　　　　TEL03-6407-1069　FAX03-6407-1991
　　　　　URL　http://www.utp.or.jp/
印刷・製本　大日本印刷株式会社
　　　　　URL　http://www.dnp.co.jp/

ISBN978-4-13-009110-7
Printed in Japan
本書の無断複製複写（コピー）は、特定の場合を除き、
著作者・出版社の権利侵害になります。